HEYNE <

Das Buch

Peng! Hinauskatapultiert in eine andere Dimension. Als die Schmerzen unerträglich werden, verlässt Sabine Mehne ihren Körper. Plötzlich sieht sie sich von oben im Krankenbett liegen, ist eingehüllt in ein heilsames Licht und fühlt sich grenzenlos frei. Doch niemand – und sie selbst am wenigsten – versteht, was mit ihr geschehen war. Nach ihrer Genesung führt sie eine Art Doppelleben, nach außen hin versucht sie zu funktionieren, ihre Rolle als Mutter von drei Kindern zu erfüllen. Doch insgeheim sehnt sie sich zurück in das allumfassende Licht – und lernt zwischen den Welten hin- und herzuwechseln.

Sabine Mehnes Bericht über ihre Nahtoderfahrungen ist eindringlich und leicht zugleich. Mit Poesie und frischem Humor nähert sie sich den existenziellen Fragen nach Leben und Tod.

Die Autorin

Sabine Mehne, Physiotherapeutin und systemische Familientherapeutin. 1995 erkrankte sie an Krebs und erlebte während eines lebensbedrohlichen Zustands eine Nahtoderfahrung. Sie ist Mitgründerin des Netzwerkes *Nahtoderfahrung e.V.* hält u.a. zusammen mit Pim van Lommel zahlreiche Vorträge im deutschsprachigen Raum. Sie lebt in der Nähe von Darmstadt.

Sabine Mehne

LICHT OHNE SCHATTEN

Leben mit einer Nahtoderfahrung

Mit einem Nachwort von Pim van Lommel

WILHELM HEYNE VERLAG
MÜNCHEN

Die Originalausgabe erschien im Patmos Verlag
der Schwabenverlag AG, Ostfildern.

MIX
Papier aus verantwortungsvollen Quellen
FSC® C014496

Verlagsgruppe Random House FSC® N001967
Das für dieses Buch verwendete FSC®-zertifizierte Papier
Holmen Book Cream liefert Holmen Paper, Hallstavik, Schweden.

Taschenbuchausgabe 10/2014

Printed in Germany 2014
Umschlaggestaltung: © Julia Jonas, Guter Punkt, München
Herstellung: Helga Schörnig
Satz: Christine Roithner Verlagsservice, Breitenaich
Druck und Bindung: GGP Media GmbH, Pößneck

ISBN 978-3-453-70260-8

http://www.heyne.de

Für meinen Mann, die Liebe meines Lebens.
Für unsere Kinder F + F + B + ♥

Inhalt

Es gibt nichts Qualvolleres, als
eine nicht erzählte Geschichte
in sich herumzutragen.

ZORA NEALE HURSTON

Prolog

Mein Körper liegt in einem weißen Krankenhausbett. Rechts ein weißes Schränkchen auf Rollen, das Telefon, eine Lampe, ein Glas Wasser. Das Bett ist der sichere Aufbewahrungsort für diesen kranken Körper, wie eine Garage, die das Auto vor Regen und Schnee schützt. Keiner weiß, wie die Krankheit heißt, die mich seit Monaten in Schach hält. Ich weiß, dass sie mich töten kann, doch darüber spreche ich nicht. Stattdessen tauche ich ein in eine andere Dimension meines Bewusstseins. Dieses Bewusstsein ist klar und rein und wird zu meinem inneren Maßstab. Mein Körper verwandelt sich in eine Hülle, ist eine weiche Masse am Stück, Arme und Beine stülpen sich wie Würste heraus. Der Kopf eine Kugel, wie bei einem Strichmännchen, von Kinderhand gezeichnet. Die Körperhülle ist das Experimentierfeld der Ärzte. Ich überlasse sie ihnen. Mein Inneres verpuppt sich und steckt in einem Kokon, wie eine Kugel in einem Sack, der oben mit einer Kordel zugebunden ist. Darin bin ich, mein Wesen, mein wahres Selbst. Es ist zart und fein, es leuchtet und fühlt sich frei und beschützt. Mein

Wesen ist sicher verpackt, umhüllt von meinen Atemzügen. Mein Wesen fühlt eine tiefe Liebe und Geborgenheit und tritt in den Raum der All-Einheit. Die Schmerzen sind außerhalb des Kokons. Dort stöhne und jammere ich und fühle die volle Wucht der Schmerzen. Wochenlang haben sie mich schon im Griff, als gebäre ich Kinder im Akkord. Mein Wesen blickt von innen auf die Außenwelt, mit großer Klarheit und hoher Konzentration. Ganz wach sehe ich jede Spritzennadel und jede Medizinerhand. Oft habe ich Angst, riesengroße Angst. Ich möchte flüchten, mich verkriechen und schreien.

Aber mein Fluchtreflex versagt. Ich stelle mich tot. Lege die Hülle auf den harten Röntgentischen ab, verkrieche mich in meinen Kokon und halte mich fest an dem inneren Licht. Wenn es vorbei ist, dehne ich mich langsam wieder aus, bis an die Schmerzgrenze. Mein Zeitempfinden ist neu getaktet. Stunden dauern ewig. Sie werden unterbrochen von Momenten, in denen ich das größte Glück, das lichterlohe Bewusstsein als pure Essenz des Lebens fühle. Meine Atmung, meinen Herzschlag, das nackte Sein in seiner ganzen Größe und Erbärmlichkeit. Aber am stärksten spüre ich die Gefühle der anderen. Jeder, der das Zimmer betritt, hat eine Botschaft, die ich schon beim ersten Öffnen der Tür fühle. Es sind Nachrichten, Fragen, Anordnungen. Es ist ein liebevolles Lächeln, ein besorgter Blick und manchmal ein Moment, der länger ausfällt als geplant beim Berühren meiner Hand. Ich spüre sofort, wer unsicher, verlegen oder müde ist und wer Angst hat vor dem Tod.

Teil 1

Die Zeit der Verwirrung
1996 bis 1999

Wolkenspringerei

Ein gutes Jahr war ich krank, lag immer wieder wochenlang im Krankenhaus. Die Chemotherapie hat mich plattgemacht. Alle Muskeln sind schlapp. Ich will unbedingt wieder ganz gesund werden, so schnell wie möglich. Nichts Schöneres auf dieser Welt, als einfach losrennen zu können! Doch gerade das geht nicht. Ich kann es nicht! Warum will ich es einfach nicht begreifen? Alle Ärzte haben doch gesagt: »Es dauert mindestens sechs Monate, bis Sie wieder zu Kräften kommen!«

Könnte ich rennen oder wenigstens schnell gehen, dann könnte ich ja vielleicht vor mir selbst davonlaufen! All diese Erinnerungen, die mich ständig im Geiste heimsuchen, einfach abschütteln. In Gedanken übe ich ständig zu gehen. Unentwegt stelle ich mir vor, wie ich wieder lachend mit den Kindern durch die Wiesen streifen werde. Aber die Realität sieht anders aus. Unsere zweijährige Tochter kann schneller laufen als ich. An der Straße kann ich sie nicht beschützen, wenn sie sich von meiner Hand losreißt. Ich habe keinen Mumm in den Knochen, keine Kraft in den Beinen. Schlimmer noch: Kindergeschrei und Kinderlachen sind mir viel zu laut. Es tut mir körperlich weh, wenn sich alle drei Kinder um mich scharen. Dann kriege ich mich fast nicht ein vor seelischem Schmerz in meiner Brust. Jedes Mal nehme ich mir vor, das auszuhalten, es sind doch meine Kinder, ich liebe sie und ihre Lebensfreude, und schließlich war ich sonst doch auch nicht so zimperlich.

Ich beginne an mir selbst zu zweifeln. Ich fühle mich wie eine löchrige Luftmatratze. Ich träume mich an einen Strand und blicke sehnsüchtig aufs Meer. Weil es das vor meinem Fenster nicht gibt, nehme ich mit dem Himmel und den vorbeiziehenden Wolken vorlieb. Dieser Anblick ist mir vertraut. Monatelang war dieser Ausschnitt des Himmels das Einzige, was ich von der Welt draußen von meinem Krankenbett aus zu sehen bekam. Ich hatte mir immer und immer wieder vorgestellt, wie sich mein Inneres auf einer dieser Wolken befindet und sich vom Wind in Richtung Heilung blasen lässt. Ich konnte mich in zwei Ebenen teilen: Die eine, mein kranker Körper, lag in diesem Bett; die andere, mein wahres Selbst, schwebte auf dieser Wolke. Meine Seele, oder wie auch immer sich dieser Teil nennen lässt, ist etwas Unzerstörbares, das sich von keiner Hochleistungsmedizin beeinflussen lässt, das jeden noch so gravierenden Eingriff überleben kann. Immer, wenn es mir gelungen war, dieses Etwas auf eine Wolke zu bringen, spürte ich in mir einen tiefen Frieden, eine Art Zauber, etwas unaussprechlich Schönes, ein Kraftschöpfen. Meine Überlebensstrategie. Der Himmel hat für mich etwas Tröstliches.

Ich ertappe mich dabei, wie ich dem Kindergeplärr zu entkommen versuche, indem ich mich im Kinderzimmer in eine Ecke ans Fenster setze, meinen Kindern den Eindruck vermittle, ihre Mutter säße bei ihnen, passte auf sie auf, schlichtete Streit, beobachtete wohlwollend ihr Spiel und liebte sie über alles. Doch was dort sitzt, ist nur meine Hülle. Meine Essenz hingegen, dieses innere Selbst, schicke ich nach draußen auf die Wolken, lasse es sich vollsaugen mit der Kraft des Himmels, tauche ein in dessen Frieden und vergesse jegliche zeitliche Dimension. Ich möchte immer öfter in diesen Zustand verschwinden und erfinde Vorwände, die mir die Möglichkeit dazu geben.

Die Einsamkeit ist die höchste Stufe der Wolkenspringerei. Ich möchte weg, weit weg, nur noch alleine sein. Bin ich bescheuert? Bin ich krank? Habe ich einen an der Waffel? Vermutlich ja, sage ich mir selbst. Und ich sehe, wie unsere zweijährige Tochter leidet. Sie will mich keinen Moment mehr aus den Augen lassen. Sie unterbricht jedes Spiel, wenn sie merkt, dass ich innerlich weggehe. Dann kommt sie zu mir, wie ein kleiner Hund, blickt mich mit ihren braunen Kinderkulleraugen fragend an, schmiegt sich an mich, krabbelt auf meinen Schoß und lockt mich mit ihrer Kinderstimme. Bemüht, mich von ihr verzaubern zu lassen, spüre ich dennoch eine gewisse Wut. Warum lässt sie mich nicht? Warum raubt sie mir meine Freiheit? Und gleichzeitig regt sich mein schlechtes Gewissen, fühle ich mich mies, dass ich so denke.

Kannst du dich nicht beherrschen, fauche ich mich an. Du bist hier die Erwachsene, das Kind hat ein Recht auf seine Mutter, du warst lange genug weg. Reiß dich am Riemen und mach endlich ein fröhliches Gesicht. Ich zwinge mich in eine gekünstelte Fröhlichkeit, die mich aber nur noch trauriger werden lässt.

Unser Kind will zu niemand anderem mehr gehen. Als würde sie spüren, dass ich ihr sonst ganz entgleite, als würde sie sonst für immer von mir getrennt werden. Jedes Abschiednehmen wird zur Tortur. Sie weint, schreit und tobt. Mein schlechtes Gewissen wird immer größer, und trotzdem weiß ich nicht, wie ich den Wunsch, mich in den Himmel zu beamen, abschalten kann. Ich kann diese Sehnsucht nicht bezwingen. Wieso gelingt mir das bloß nicht? Ich bin doch sonst so zielstrebig und korrekt.

Jede Nacht kommt unsere Tochter in unser Bett gekrabbelt. Jede Nacht werde ich mit schlechtem Gewissen wach, weil ich weiß, dass sie nur nachsehen will, ob ich überhaupt noch da bin. Wenn sie dann zwischen mir und meinem Mann wieder eingeschlafen ist, nah an mich gekuschelt, liege ich wach. Schlagartig ist mein Geist auf Hochtouren. Es rattert in meinem Kopf, ich kann denken wie der Blitz. Doch eigentlich sollte ich schlafen und Kraft sammeln für den rauen Alltag mit zwei Schulkindern, einem Kleinkind und einem Mann, der das Geld verdienen muss. Es soll noch Jahre dauern, bis ich wieder einen einigermaßen vernünftigen Schlafrhythmus lerne und bis ich verstehe, was eigentlich mit mir geschehen ist.

Bett-Universität

Eigentlich müsste ich an einer Rehamaßnahme teilnehmen, doch ich will keine kranken Menschen und kahlen Köpfe mehr sehen. Ich will niemals mehr in einem Krankenhausbett liegen müssen. Und ich bringe es für nichts auf der Welt übers Herz, unsere Kinder erneut zu verlassen.

Ich erlebe unser Haus wie eine Schutzhülle, wie eine weitere Haut. Ich wusste bis dahin nicht, wie wichtig eine bauliche Umgebung für das Innere eines Menschen ist. Wie bedeutungsvoll eine Raumatmosphäre für das Empfinden von tiefer Geborgenheit ist. Dass Genesung etwas Entscheidendes mit dieser äußeren Umgebung zu tun hat.

Unser Haus ist wie eine Oase, die meine Essenz, mein Wesen nährt, die mir hilft mich auszuloten und Ruhe in mir wachsen lässt. Eine neu eingestellte Haushaltshilfe kümmert sich um das Einkaufen, um gesundes Essen und die Wäsche. Zusätzlich kommt unsere Kinderfrau Gudrun. Sie ist schon lange bei uns, weil ich beruflich sehr eingespannt war in meiner Praxis für Physiotherapie. Jetzt wird sie noch mehr zu einer Zweitmutter für unsere Kinder und zu einer Freundin für mich. Sie schenkt mir immer wieder freie Zeit, in der ich ruhen kann. Wenn sie da ist, kann ich mich entspannt in mein Zimmer verziehen, weil ich weiß, dass alles gut läuft, dass die Kinder sich bei ihr wohlfühlen. Sie ist einfach unersetzlich. Mit ihr kann ich auch immer wieder wunderbare Gespräche führen, die uns beiden guttun.

In diesen Ruhephasen besuche ich die von mir gegründete Bett-Universität. Mein Geist braucht Beschäftigung, sonst kommt er auf dumme Gedanken und will wieder Ehrenrunden durch die Zeit der Krankheit mit ihren Grausamkeiten ziehen. Ich stopfe mir ein Kissen in den Rücken, sitze im warmen und kuscheligen Bett, habe ein Beintablett auf dem Schoß und klappe meinen Laptop auf. Ich wage die ersten Schreibversuche. Es geht mühsam vorwärts, weil ich mich nur schwer konzentrieren kann, aber jedes Wort, das ich schreibe, befreit mich. In dieser Zeit verfasse ich einen Bericht über meine Erfahrungen mit moderner Hochleistungsmedizin, der später von der Deutschen Krebsgesellschaft in einen Ratgeber für Stammzelltransplantation einfließt. Später folgen sogar Bücher und ein Manuskript für ein Theaterstück.

Während dieser Schreibphasen lehne ich mich oft zurück auf mein Kissen und gehe auf die mir nun schon vertraute Wolken-Himmelsreise. Ich brauche das, auch wenn ich nicht verstehe, warum. Ich kann daran mein Inneres weiten, habe Freude an meinen Gedanken und das Gefühl, etwas Sinnvolles zu tun. Meine geschwächte Körperhülle kann ich so besser ertragen, ich kann freundlicher zu mir und den anderen sein, wenn ich den Geist freigeben darf.

Alltag

Ein Zahnarzttermin steht auf meinem Wochenplan. Eigentlich keine große Sache, es muss nur eine Füllung erneuert werden. Für mich ist das schwierig. Ich hasse es, wenn aus medizinischen Gründen an mir herumhantiert wird, auch wenn mein Verstand mir einzureden versucht, dass es sich hier um eine Lappalie handelt. Ich hasse Betäubungsspritzen und Schmerzen. Warum ich ausgerechnet heute die Heldin spielen will, verstehe ich selbst nicht, aber ich entscheide mich tatsächlich dafür, das Ganze ohne Betäubung zu versuchen. Der Stuhl wird nach hinten gefahren, mein Kopf hängt schräg, im Nacken drückt ein Polster, das eigentlich für Entspannung sorgen soll. Ich lege die Füße übereinander und die Hände auf meinen Bauch. Ich schließe die Augen und ergebe mich in die Situation. Rede mir ein, dass es nicht so schlimm werden wird, dass ich schon viel Schlimmeres ausgehalten habe. Ich rede mit mir, als müsste ich einen verängstigten Hund beruhigen. Ist ja alles gut, bleib schön ruhig, komm, sei kein Frosch, es ist nur ein Zahnarztbesuch und der Mann gibt sicher sein Bestes. Atme zu deinen Händen, los jetzt! Verkrampf dich nicht in den Schultern, das bringt auch nix. Du weißt doch, dass alles irgendwie gut wird. Der Bohrer surrt, es tuckert im Kopf, das Absauggerät gurgelt und schmatzt in meinem offenen Mund. Eklig. Ich spüre, wie ich mich im tiefsten Inneren zusammenziehe, wie sich alles, was mich ausmacht, punktförmig versammelt, sehr vertraut.

Plötzlich überrumpelt mich dieser Nervenschmerz, als säße ich auf dem elektrischen Stuhl. Ich zucke, der Zahnarzt bietet mir erneut die Betäubungsspritze an. Nein, jetzt erst recht nicht, das stehe ich durch! Ich will nicht stundenlang mit einer tauben Backe herumlaufen! Er bohrt weiter, ich atme tief aus. Ich fühle, wie ich mit dieser Ausatmung leichter werde, wie der Bohrer leiser und leiser wird, und wie ich mich plötzlich von oben aus anschaue, von dieser grellen Lampe aus. Kein Schmerz, keine unangenehmen Geräusche mehr, ein kurzes Ausruhen, eine Zeitverschiebung.

Ich schaue dem Zahnarzt genau auf die Finger. Interessant – so ein offener Schlund! Wie genau und sicher er den Bohrer hält, um bloß nicht einen Millimeter zu verrutschen. Ich spüre seine Konzentration und seine Freude, dass er es bald geschafft hat. Ich bin so fasziniert und erleichtert, dass ich ihn machen lasse und innerlich weiter weggehe. Ein kurzes Eintauchen in die Ewigkeit, einfach weg, einfach so. Es fühlt sich leicht und schön an. Ich könnte noch Stunden so verbringen. »Würden Sie bitte mal ausspülen!« Ich rege mich nicht. Die Assistentin klopft mir auf die Schulter. »Wir sind fast fertig, Frau Mehne, bitte spülen Sie mal kräftig aus!« Ich zucke und bin wieder auf diesem Stuhl und ringe damit, die Augen zu öffnen. »Ist alles in Ordnung?« Ich habe keine Lust zu antworten und spüle langsam und behäbig aus. Lege den Kopf zurück, öffne den Mund und gebe Zeichen, fortzufahren. »Ist wirklich alles in Ordnung?«, höre ich den Zahnarzt besorgt fragen. »Ja, ja«, antworte ich verlegen. »Ich habe so eine Art Technik gelernt«, höre ich mich sagen, »mit der ich ganz tief entspannen kann.«

Auf dem Heimweg lächele ich in mich hinein. Was habe ich ihm denn da aufgetischt? Eine Entspannungstechnik? Hä, geht's noch? Aber warum eigentlich nicht, dann nenne ich es eben so, klingt gut! Komisch fühle ich mich trotzdem, denn eigentlich kam ja alles wie von selbst. Ich habe das doch nicht selbst gemacht. Oder doch? In welchem Film bin ich unterwegs? Warum schiebe ich die Verunsicherung nicht einfach weg und sage mir: Wieder etwas gut überstanden, ist doch klasse!

Es nagt ein seltsames Gefühl in mir, eine undefinierbare innere Verwirrung, wie ein fernes Donnergrollen bei einem Sommergewitter. Wieder fühle ich Frieden, Leichtigkeit, Dankbarkeit. Und dann könnte ich wieder nur heulen. Mir laufen die Tränen einfach so aus den Augen, es schüttelt mich innerlich, keine Chance, das zu unterdrücken. Wie gut, dass ich hier auf dem kleinen Waldweg niemandem begegne und mich erklären muss. Ich gehe langsam, ich weine, bleibe stehen, blicke nach oben in die Baumkronen mit dem Blau des Himmels dazwischen. Und da kommt ein Lächeln in mich hinein, ein tiefes, gutes Lächeln. Ich fühle mich wie neugeboren, aber auch müde und geschafft.

Geburtstag

Viele Menschen fürchten sich vor ihrem vierzigsten Geburtstag, weil er die ersten Falten mit sich bringt und die besten Jahre vorbei zu sein scheinen. Mein vierzigster Geburtstag ist für mich Anlass zur Freude, egal wie viele Falten ich mittlerweile habe. Denn das erste Jahr nach der Knochenmarktransplantation habe ich ohne Rückfall überlebt! Meine Ärzte hatten mir routiniert sachlich erklärt, dass dieses erste Jahr von großer Wichtigkeit sei, denn die Gefahr eines Rückfalls sei dann besonders hoch. Medizinisch hätten sie im Falle eines Rückfalls für mich nichts mehr tun können. Sie haben alle Therapie-Kanonen zu Beginn verfeuert, weil diese Strategie für mich und meine Krebsart eine achtzigprozentige Heilungschance versprach.

Mein Hämatologe begrüßt mich heiter bei der Jahreskontrolle. Er meint, eine Flasche Sekt könne ich schon mal köpfen und auf dieses Ereignis anstoßen. Das will ich gerne tun, auch wenn ich mir aus Alkohol nicht mehr die Bohne mache. Ich vertrage keinen Tropfen mehr, aber das finde ich nicht schlimm. Nur bemerkenswert, wie es gesellschaftlich wichtig ist, so ein Glas in der Hand zu halten und einen zu trinken. Ich fülle mir immer etwas farblich Entsprechendes in mein Glas und kann auch ohne Alkohol lustig sein, wenn ich es will.

Ich entschließe mich, diesen Geburtstag mit einem kleinen Gartenfest zu feiern, und freue mich, dass ich mittlerweile wieder etwas Mumm in den Knochen habe. Am Tag davor stehe ich in der Sonne auf unserer Terrasse, um die Lage zu peilen und mich innerlich auf das Fest einzustimmen. Ich fühle eine innere Ergriffenheit, die mich zum Hinsetzen zwingt. Ich gönne mir einen Moment Ruhe, ein Anhalten des Alltags.

Mich erfüllt ein inneres Vibrieren, als wären alle Fasern meines Seins auf Empfang gestellt, als wollte sich etwas Schönes in mir manifestieren, als wäre mein Körper ein Gefäß, das mit heiliger Kraft gefüllt werden wird. Ich friere und lausche den Vögeln. Es kommt mir so vor, als ob die Luft zart und rein schwinge. Als wäre meine Haut eine Folie mit hunderttausend Löchern und ich wäre aus Luft und könnte fliegen. Ich sitze ganz still. Ich spüre, wie das Blut in meinen Adern fließt, jedes Blutplättchen, jedes weiße Blutkörperchen, die roten, die den Sauerstoff huckepack transportieren, und all diese anderen kleinen Teile, die nun mein gesundes Knochenmark bildet und die sich zu der roten Flüssigkeit zusammentun. Meinen Atem fühle ich als kleine lustige Welle im Bauch. Mein Darm gluckert, als wäre zu viel Luft dabei, und meine Füße berühren den Boden. Mein Kopf sitzt wie eine kleine, goldene Kugel obendrauf. Ich lebe! Ich bin da! So wie ich gerade bin, bin ich gut und richtig. Ich muss nichts vorweisen, keine Heldentat, es reicht, dass ich hier sitze, einfach so. In diesem Moment bin ich glückselig. Ein wunderschönes Gefühl ist das. Plötzlich formen sich in meinem Geist Worte und ich sage sie mir laut vor. Ich hole ein Blatt Papier, schreibe und frage mich, wer das hier alles schreibt? Ich fühle, dass ich wie geführt werde, so als ob da etwas Großes wäre, das mich dazu befähigt.

Ich lese mir die Worte laut vor und staune. Mir kommen die Tränen. Es ist so unfassbar für mich, dass ich lebe und gesund bin. Ich ahne, dass ich auch wieder heil werde. Das wird aber noch dauern. Lange wird es noch dauern.

Was ich geschrieben habe, war: »Überall das Licht.« Ich empfinde tief in mir, dass mich dieses Licht begleiten wird, komme, was wolle.

Sommer 1997

Vor mir
das Leben

Über mir
der Himmel

Unter mir
die Erde

Hinter mir
das Schwere

Und in mir
die Zuversicht

Und überall
die Sonne

Und überall
das Licht.

Am liebsten möchte ich das Gedicht zur Begrüßung meiner Gäste vorlesen. Ich tue es auch, spüre aber, dass meine Stimme hier in der Runde nicht mehr diesen Hall hat, den sie tags zuvor in der Stille entfalten konnte. Ich schäme mich, mein Inneres so nach außen zu kehren, und es wundert mich nicht, dass sich diese Beklemmung auf meine Gäste überträgt. Eigentlich will es keiner hören. Alle sind gekommen, um mich zu feiern. Sie möchten fröhlich und lustig sein. Nicht so viel Tiefgang bitte! So wie immer soll es sein. Schade, aber auch in Ordnung. Ich beschließe, ihnen den Gefallen zu tun, und bin lustig. Ich bin überrascht, dass ich es sogar hinkriege. Es wird ein schöner Abend. Ein Gartensommerfest mit Lampions, die Kinder spielen ein paar Sketche vor, wir lachen und Grüppchen bilden sich zum Klönen. Es wird gegessen und getrunken, wie immer, wie all die Jahre, wie es sich gehört. Nur ich bin anders. Ich mache zwar mit, aber ich habe ständig eine zweite Ebene in mir präsent, meinen doppelten Boden. Im Geiste lese ich ständig mein Gedicht und fühle mein kleines Glück, am Leben zu sein, für mich allein.

Kontrolle mit Nebenwirkungen

Eine weitere Kontroll-CT-Untersuchung in der Uniklinik Mainz steht an. Ich traue mich, alleine mit dem Auto zu fahren. Ich befürchte nichts Schlimmes. Den Ablauf kenne ich zur Genüge und Schmerzen werde ich keine haben müssen. Nur die Nadel im Arm und das Kontrastmittel. Die nette Tonbandstimme, die mir den Atemrhythmus vorspricht, könnte ich, wie jedes Mal, abwürgen. Sie hat keine Ahnung, wie Menschen atmen. Ich beschließe zum wiederholten Mal, einen Brief an die Herstellerfirma zu schreiben, was ich natürlich nie machen werde. Aber wenn ich zum absoluten Stramm-Stillliegen verdammt bin, kommen mir halt immer solche Ideen. Wieder bin ich froh, dass ich einen Kopf zum Denken habe, wenn schon alle restlichen Teile von mir sich an irgendwelche Vorschriften zu halten haben. Keiner weiß, was ich damit alles zu denken und zu fühlen vermag. Mein Rest Privatsphäre, ein kostbares Gut. Die Gedanken sind frei, dieses Lied aus Kindertagen schiebt sich in mein Hirn. Ich muss mich beherrschen, den Takt nicht mit den Füßen mitzuwippen, denn die müssen ja absolut stillliegen.

Am Ende der Untersuchung schüttelt mich ein starker Hustenreiz. Der Arzt befürchtet eine Allergie auf das Kontrastmittel und spritzt mir ein Gegenmittel. Ich werde langsam schläfrig, diese bekannte bleierne Schläfrigkeit, die auch was Schönes hat. Weil ich den geplanten Ablauf durcheinanderbringe, werde ich auf eine rollbare Trage verfrachtet. Aus Platzgründen muss ich meinen »Rausch« auf dem Flur vor den Kabinen ausschlafen. Das ist mir egal. Ich bin so müde, dass ich froh bin, ein Gestell unter mir zu haben, sei es auch hart und schmal. Nur liegen. Ab und zu kommt eine Schwester und schaut nach mir, doch irgendwann kann ich ihr keine Antwort mehr geben. Ich höre sie wohl, aber ich bin weit weg. Das führt zu großer Hektik. Im Eiltempo werde ich zur nahe gelegenen Notaufnahme gerollt. Diesen Weg verfolge ich außerhalb von mir. Ich schwebe über mir und sehe auf meinen Körper auf der Trage hinunter. Er ist mir egal. Ich bin eingehüllt in ein helles Licht, als schwebte ich auf Wolke sieben. Ups, denke ich, warum rennen die so schnell? Die schieben meinen Körper weg und ich komme nicht mehr hinterher. Ich will meine Ruhe haben, es ist so schön hier. Hallo, will ich rufen, machen Sie doch bitte mal langsam, es ist alles in Ordnung. Es scheint mich keiner zu hören. Der Abstand von meiner Wolke zu meinem Körper auf der Trage wird immer größer, beängstigend groß. Ich fürchte, dass mein Körper gleich weg sein wird und ich ihn womöglich nicht mehr wiederfinde, hier in der riesigen Klinik mit den vielen Gängen. Ich beeile mich, hinterherzukommen, und schaffe es gerade noch, durch die sich automatisch schließende Tür der Notaufnahme durchzuhuschen. Jetzt, da ich wieder näher an meinem Körper dran bin, werde ich ruhiger und finde das alles erheiternd. Die Notaufnahme ist auch voll und wieder werde ich an eine Seite auf den Flur geschoben. Ich sehe von oben, wie mir Blut abgenommen wird, was ich nicht spüre, und wie ein Arzt mir mit einer Lampe in die Augen leuchtet. Ich höre eine erleichterte Frauenstimme: »Jetzt reagiert sie wieder. Sie ist wieder da.« Ich bin irre müde und genervt, schaue mich um und habe ein Plastikding am Finger klemmen.

Auf dem Heimweg bin ich wenig gesprächig. Mein Mann musste extra mit dem Zug anreisen, um mich und das Auto an der Uniklinik Mainz einzusammeln. Er ist verdutzt über den Vorfall. Ich kann ihm nicht genau erklären, was da heute passiert ist, und bin froh, dass er nicht weiter fragt. Er ist immer sehr geduldig mit mir und hat sich eine dicke Schicht an Gelassenheit zugelegt.

Die Tage danach bin ich völlig durch den Wind. Ich habe eine Sehnsucht in mir, für die ich keinen Namen weiß. Eine anonyme Sehnsucht also, eine, die mich fast erdrückt und im selben Moment fast zum Zerbersten bringt. Ich fühle mich in mir so eingeengt wie eine in Folie eingerollte und eingeschweißte Matratze bei Aldi auf der Holzpalette. Wieder muss ich heulen. Wie viel habe ich in den letzten Jahren schon geheult? Woher kommen all die Tränen? Eigentlich müssen sie längst aufgebraucht sein. Hat jeder Mensch ein bestimmtes Kontingent an Tränen?

Ich heule heimlich, denn heulende Mütter sind für Kinder einfach grässlich und meinen Mann mache ich damit sowieso komplett hilflos. Alles nervt mich. Ich frage mich, ob ich doch verrückt geworden bin? Wäre eigentlich normal. Wie kann ein Mensch nur so viel Medizin aushalten, wie ich sie bekommen habe? Dabei normal zu bleiben, ist doch verrückt! Aber nein! Ich will doch leben und ich bin doch dankbar, dass ich es bis hierher geschafft habe. Warum um alles in der Welt kann ich nicht einfach fröhlich sein und das Leben schön finden?

Als ich zwei Wochen später den Besprechungstermin bei meinem Professor habe, ist er wie immer freundlich und eröffnet mir in seiner sachlichen Präzision, dass der CT-Befund gut ausschaut. Dieses Mal freue ich mich nicht so wie sonst, ich habe erwartet, dass sie nichts finden werden. Alles andere wäre grässlich. Ich spüre seine Verklemmung, als er auf den »Zwischenfall« zu sprechen kommt. Medizinisch sei der nicht wirklich erklärbar. Dass ich eine Allergie auf das Kontrastmittel habe, will er nicht hoffen, dann könnten wir keine weiteren Kontrolluntersuchungen mehr durchführen. An seinem Ton höre ich, dass er nicht sagen möchte, was er glaubt, dass nämlich alles psychisch zu erklären sei. Er ist sehr vorsichtig mit mir, will mir nicht zu nahetreten. Ob ich vielleicht doch mal darüber nachdenken wolle, mir psychologische Hilfe zu holen, fragt er dann doch. Auf meinem Stuhl ihm gegenüber sacke ich zusammen. Mein Blick geht an ihm vorbei auf dieses Bild in seinem Sprechzimmer, diesem einzigen Kunstdruck, der den Patienten eine angenehme Atmosphäre mitten in der onkologischen-hämatologischen Ambulanz bieten soll. Diese Blumen mit hellem Blau im Hintergrund und ganz viel Gelb und Rot. Optimismus? Nein, Sarkasmus! Rot ist die Farbe des Blutes, hier bin ich doch in der Abteilung der Bluterkrankungen. Ich habe schon so viel Blut hergegeben, fast so viel wie Tränen. Nein, nicht schon wieder die Psyche herholen, wenn es keine Erklärung gibt. Auf dem Ohr bin ich taub! Es gab genug Menschen, die meinten, es sei alles psychisch, nur weil die Ärzte sechs Monate lang keine Erklärung für meine Krankheit finden konnten. Mit mir geht diese Nummer nicht mehr! Keine Psychotherapie, was soll ich denn dort sagen? Er schweigt, lässt mir Zeit, spürt, dass er mich getroffen hat. Er räuspert sich. Ich kriege den Augenkontakt wieder zustande und blicke in sein vom vielen Arbeiten müdes Gesicht. Er lächelt und rät mir, mir mehr Ruhe zu gönnen.

Schöne Begegnung

Der Edeka-Markt liegt bei uns mitten im Ort, gegenüber der Grundschule und der Apotheke. Dort erfährt man die wichtigsten Neuigkeiten in Windeseile. Ich treffe auf Frau

Tillich, die vor einer Woche ihren Mann beerdigt hat. Ihre Augen leuchten, als sie mich sieht. Schnurstracks steuert sie auf mich zu. Ich überlege kurz weiterzugehen, denn ich habe keine Zeit, doch im Näherkommen spüre ich, dass sie darauf drängt, von mir nach ihrem Wohlergehen gefragt zu werden. Wir stehen zwischen den Regalen mit den Spaghetti und den Tomatensoßen, und sie berichtet mir von der letzten Stunde ihres Mannes. Wie sie neben ihm gesessen und gespürt habe, dass sein Körper langsam immer hohler geworden sei, und sie in seiner Todesminute ein helles Licht über seinem Kopf gesehen habe. Ich nicke, bemerke nicht, wer alles an uns vorübergeht oder mithören könnte. Zwischen den Nudeln fühle ich mich auf unerklärliche Weise unverschämt vertraut. So, als wäre es das Normalste von der Welt, dieses Thema hier zu erörtern.

Sie hat Tränen in den Augen, sie ist erfüllt und angerührt, ihre Hände zittern leicht. Auch mir steigt das Wasser hoch. Ich schniefe und krame nach einem Taschentuch. Unsere Blicke treffen sich, wir schauen uns in die Augen. Es kommt mir vor, als sähe ich bis auf den Grund ihres Wesens. Ich erinnere mich an das Spiel aus meiner Kindheit, wer eher wegschauen musste, hatte verloren. Wir können diesen Blick lange halten. Wir sind beide Gewinner. Es ist mir, als könnte ich ihre Gefühle komplett und exakt auf gleicher Wellenlänge mitfühlen. Mehr noch, auch die ihres Mannes in seiner letzten Stunde. Aber das ist doch unmöglich, er ist doch längst tot! Ich fühle alles, was ihn ausgemacht hat, obwohl ich ihn kaum kannte. Sabine, wo bist du gerade? Hallo, hier ist der Edeka-Markt, du bist beim Einkaufen, komm mal zu dir!

Sie flüstert: »Aber sagen Sie das niemandem, sonst denken die hier, ich wäre jetzt auch noch wahnsinnig.« Ich schüttele meinen Kopf und streiche ihr zart über die Wange. Sie steht still, wie für einen Moment festgetackert, und atmet erleichtert aus. Ein kleines, fast schelmisches Lächeln huscht über ihr Gesicht. Ihre Augen mitten im faltigen, vom Leben gezeichneten Gesicht leuchten. Mit einem Ruck sind wir wieder in der Einkaufsrealität und wechseln die Rollen. Ganz nüchtern verabschiedet sie sich von mir und im letzten Moment sagt sie: »Es ist schön, dass Sie mir zugehört haben.«

Ich fühle eine seltsame Freude in mir, eine Leichtigkeit. Und gleichzeitig zieht wieder dieser Sehnsuchtsfaden an mir. Ich krame meine Sachen unkonzentriert zusammen, schiebe mich durch die Kasse und laufe heim. Wie kann es sein, dass ich immer und immer wieder mit dem Tod so gut klarkomme? Ich fühle überhaupt keine Angst. Ich wäre in der Lage, jeden Menschen beim Sterben zu begleiten, aber ich würde vor Angst vergehen, müsste ich jemals wieder in einem Krankenhausbett liegen. Als ich durch die Haustür trete, freue ich mich, dass ich wieder in meinem vertrauten Heim gelandet bin und Nudeln für die Kinder kochen muss.

Beerdigung

Gegen jede Vernunft beschließe ich, zur Beerdigung von Kirsten zu fahren. Die Kinder habe ich verteilt, obwohl es mich unendlich viel Kraft und ein schlechtes Gewissen gekostet hat. Vor mir liegen zwei Stunden Bahnfahrt. Die erste, die ich nach der Krankheit ohne Begleitung wage. Das Abteil gehört mir ganz alleine. Das schwarze Kostüm ist gewöhnungsbedürftig, der Rock zu weit, der Blazer fühlt sich steif und fest an. Er drückt mich innerlich noch mehr zusammen und ich finde diese schwarze Maskerade auf einmal so blöde. Etwas Helles wäre doch viel passender!

Am Fensterplatz mache ich es mir bequem. Meine Augen springen in die Landschaft. Sie ziehen im Wackelmodus mit dem Zug mit. Erinnerungen kommen hoch. Kirsten war mein Engel in der Nacht. Sie teilte mit mir das erste Zimmer in der Uniklinik Mainz, nachdem ich mit meiner Krebsdiagnose dorthin verlegt worden war. Die erste Chemotherapie bekam ich neben ihr, sie hatte schon unzählige hinter sich. Sie passte auf mich auf, sie machte mir Mut und war in dieser Zeit der wichtigste Mensch für mich. Sie zeigte mir ihre Häkelmützchen, sie erzählte mir, wie es ist, wenn die Haare ausfallen, und ließ mich sogar ihre Perücke aufsetzen. Wir lachten das Lachen Todgeweihter und redeten nächtelang, weil an Schlaf sowieso nicht zu denken war. Wir weinten zusammen, denn ihre Prognose stand weit schlechter als meine.

Sie war zehn Jahre jünger als ich und hatte vor einigen Jahren geheiratet. Kinder durfte sie keine haben, eine chronische Leukämie plagte sie seit ihrem neunzehnten Lebensjahr. Die Ärzte hatten ihr damals noch fünf Jahre gegeben, jetzt hatte sie schon das Doppelte an Lebenszeit herausgeschunden. Kirsten war müde und zart. Ihr Gesicht hatte diese typische gelbbräunliche Hautfarbe, die viele Menschen nach der Chemotherapie haben. Ihren nackten Kopf verpackte sie meist unter ihrer hellblauen Mütze. Zur Toilette schlurfte sie gebeugt und sehr langsam. Den Infusionsständer zog sie wie einen Dackel neben sich her. Zwischen uns existierte ein sofortiges gegenseitiges Verstehen. Wir beide konnten alles, was die andere sagte, blitzartig und in einem rasanten Tempo verstehen. Gesunde schaffen das selten, auch wenn sie sich wirklich sehr bemühen. Ich verdanke ihr viel. Im Zugabteil spüre ich, wie kostbar diese Zeit mit ihr war. Sie war mein bestes Omen.

Am Eingang zum Friedhof kaufe ich eine große rosafarbene Rose. Die Verkäuferin erklärt mir den Weg zur Kapelle. Dort angekommen, höre ich die Musik von *Time to Say Goodbye* und muss augenblicklich weinen. Boah, das geht mir durch und durch. Die Kapelle platzt aus allen Nähten, lauter junge Leute, ich kenne niemanden hier. In der ersten Reihe erblicke ich ihren Mann. Er kam so oft er konnte ins Krankenhaus. Von meinem Stuhl aus, den mir freundlicherweise jemand abgetreten hat, starre ich auf das große Foto von ihr. Ich kenne es. Sie hatte es mir kurz vor ihrem Tod zugeschickt. Als ich es damals aus dem Briefumschlag fingerte und betrachtete, wusste ich: Dieser Brief ist ihr Abschiedsbrief an mich, obwohl sie mir darin alles von ihrem Leben erzählte.

Als eine der Letzten stehe ich an ihrem Grab, vor diesem Loch. Ich bin erschöpft. Meine Rose werfe ich zusammen mit allen guten Gedanken in die Erde und merke, wie mir die Beine schwach werden. Alle Lebenskraft fließt aus mir heraus, hinein in dieses Erdloch. Für einen kurzen Moment verspüre ich den Drang, einfach in das Loch zu fallen. Ich fühle so etwas wie Neid. Ich bin neidisch darauf, dass sie es geschafft hat, dass sie nun frei ist, dass sie in Frieden ist. Alles davor war doch nur noch Qual. Sage mir einer, die Hölle komme nach dem Tod, und ich schreie ihn an, dass dies gelogen ist. Die Hölle gibt es auf der Erde, vor dem Tod. Vierundzwanzig Stunden in einem kranken Körper eingesperrt zu sein, das ist ein Teil der Hölle! Was wisst ihr Moralapostel und unerbittlichen Mutmacher schon vom Leid? Ihr könnt mich alle mal. Der Tod ist etwas Gutes! Ich weiß es, aber sagen darf ich es nicht.

Ich schwanke und knicke in den Knien ein, da packt mich eine große Hand am Arm und zieht mich hoch. Ich schwitze, zittere und möchte mich am liebsten hinlegen. Stattdessen blicke ich in die Augen von Kirstens Mann. Seine Freude, mich wiederzusehen, ist ihm ins Gesicht geschrieben. Er schnappt mich und drückt mich. Was sollen bloß die anderen denken? Doch das ist mir piepegal. Sein fester Halt tut mir unendlich gut. Es ist mir, als fließe von seiner Kraft wieder etwas in mich zurück, so, wie man mit dem Blasebalg eine Luftmatratze aufpumpt. Voller Freude bietet er mir seinen Arm an, ich hake mich unter und wir laufen zu der Gastwirtschaft, in der sich alle schon zum üblichen Leichenschmauskaffee versammelt haben. Er stellt mich allen vor, und ich weiß gar nicht, wie mir geschieht. Alle freuen sich, dass ich es geschafft habe, dass ich eine derjenigen bin, die Kirsten in ihrer schweren Zeit begleiten durften, obwohl sie eher mich gestützt hat. Ich erfahre, dass sie viel von mir erzählt hat und mich einige der Anwesenden also schon kennen. Wie ein kleiner Star, eine Überlebende, eine, die den Krebs besiegt hat, werde ich gefeiert. Ich tue allen den Gefallen und strahle wie ein Honigkuchenpferd, das Strahlen einer Geretteten. Offensichtlich verkörpere ich für alle die Hoffnung, den Tod überwinden zu können. Das ist unglaublich, als wäre Kirsten schon vergessen.

In mir fühle ich sie ganz präsent. Ich fühle diesen freien Teil ihres Selbst, den, der unzerstörbar sein muss. Es ist ein sehr schönes Gefühl, zart, fein, hell. Es ist ein heiliges Gefühl.

Auf dem Rückweg im Zug nistet sich eine seltsame Traurigkeit in mir ein. Ich kann nur daran denken, wie frei Kirsten jetzt ist und wie gefangen ich noch bin, obwohl ich die Gnade des Weiterlebens habe. Hier in der Einsamkeit eines Zugabteiles der Deutschen Bahn schäme ich mich nicht. Ich kenne den Tod, ich weiß, was Sterben bedeutet, und ich fühle mit der ganzen Wachheit meines Seins, dass es nicht schlimm ist. Ich möchte auch frei, aber noch nicht tot sein. Warum geht nicht beides zusammen?

Wald

Nur zweimal um die Ecke biegen und ich bin im Wald. Dieses Glück, den Wald so nah zu haben, schätze ich besonders dann, wenn ich über wenig Kraft verfüge, aber dringend die frische Luft benötige. Dieses Stück deutscher Wald wurde im Laufe der Jahre zu meinem besten Freund, zu meinem Seelsorger, zu meinem Therapeuten. Dort habe ich mich nie einsam gefühlt, dort habe ich meine mühsamen ersten Trainingsgehversuche gestartet, dort habe ich Selbstgespräche geführt, geweint, gelacht, meine Ängste vergraben, meine Sehnsucht gestillt und mich absolut aufgehoben und behütet gefühlt. Es ist diese Mischung aus dem Duft des Waldes, besonders nach einem Regenguss, und der beruhigenden Farben, der Ruhe und Weite. Diese Verbundenheit, dass ich mich in meinem tiefsten Wesen mit den Bäumen und der ganzen Natur wie eins fühlen kann. Das hat für mich etwas Heiliges. Mir ist schon klar, das dies seltsam klingt und mich mancher spätestens jetzt für nicht ganz dicht hält, aber wie soll ich es anders sagen, als so, wie ich es fühle? Ich empfinde eine tiefe Ergriffenheit, ein stetes Verbundensein mit etwas Größerem, ich sage mal »Gott«, obwohl mir dabei nicht ganz wohl ist. Ich bin es so gewohnt. Ich sage es so und ich suche ihn ständig. Ich suche diese Verbundenheit, die ich im Wald spüren kann. Ich suche sie auch in der Kirche, denn eine Kirche ist ein heiliger Ort für mich. Ein Gotteshaus, auch wenn von Menschenhand erbaut.

Die Kirche in unserem Ort ist mir vertraut. Dort wurde ich konfirmiert, dort wurden unsere Kinder getauft. Ich habe den Kindergottesdienst gehalten und war sogar im Kirchenvorstand aktiv. Und trotzdem erlebe ich, dass all dies nach meiner überstandenen Krankheit anders geworden ist. Ich fühle mich fremd. Die Lieder und die Orgel sind für meine Ohren viel zu laut. Ich höre jede Dissonanz. Es klingt so schräg, wenn Menschen singen, auch wenn sie es aus vollem Herzen tun und ich hier niemandem zu nahetreten möchte. Die harten Bänke sind eine Zumutung für Kranke und Alte, jeder Knochen schmerzt. Das alles könnte ich ertragen, denn aushalten habe ich gelernt, doch ich fühle ausgerechnet an diesem Ort keine innere Verbundenheit mehr. Dieses Heilige, das ich so liebe, ist dort für mich nicht im Geringsten zu spüren. Es ist weg, obwohl ich in der Kirche bin. Dort muss es doch sein!

Ich stelle mir erstmalig die Frage, ob all die anderen es spüren können oder ob sie sich darum gar nicht kümmern?

Was fühlen sie, wenn sie in der Kirche sind und das »Vater Unser« beten? Ich fühle eine Starre. Ich möchte es nicht mehr mitsprechen. Es einfach so runterraspeln, das geht mir nicht mehr über die Lippen und erst recht nicht über mein Herz. Meine Sehnsucht verwandelt sich in eine innere Spannung und Verzweiflung. Das halte ich nicht mehr aus. Ich stehe auf und renne raus.

Draußen höre ich die Gesänge wie durch einen Nebel. So sind sie erträglicher. Ich fühle mich elend, alleine und verlassen. Lieber Gott, rufe ich in kindlicher Manier, was machen die da drinnen nur mit dir? Ich fühle dich dort nicht, aber du fehlst mir so. Ich schäme mich sehr, dass ich mich nicht beherrschen konnte und einfach rausgestürmt bin. Was müssen die anderen nur von mir denken?

Ich tröste mich und lobe mich dafür, dass ich gegangen bin, um mich erst mal in Sicherheit zu bringen. Ob jemand herauskommt zu mir und mich fragt, was los sei? Ich wünsche es mir fast, aber es kommt keiner. Auch später spricht mich niemand an. Ich bin froh darüber, denn ich hätte keine verständliche Erklärung oder Rechtfertigung formulieren können.

Viele Male habe ich versucht, mich in der Kirche wieder heimisch zu fühlen. Es ist mir nicht gelungen. Im Wald, wo das Moos wächst und die heruntergefallenen Blätter in vielen Schichten übereinander liegen, wo die Käfer frei herumlaufen und die Vögel ihren Gesang abhalten, dort fühle ich mich Gott so nah. Dort fühle ich mich unverschämt glücklich. Dort fühle ich, wie unglaublich schön mein Leben ist und welches sagenhafte Glück ich hatte. Dort fühle ich auch die Energie all jener, die schon gestorben sind, in Reinform.

Ich könnte platzen vor Glück, ich könnte tanzen und jubeln, als feierte ich einen Gottesdienst nur für mich.

Wieso ist das so? Wieso kann ich nicht einfach zu meiner alten Gewohnheit zurückfinden? Wieso hinterfrage ich alles? Wieso bin ich so kritisch? Wieso kann ich so unglaublich viele und intensive Gefühle überhaupt fühlen? Und was fühlt hier? Bin ich das oder ist es eine Kraft, die ich empfangen kann? Wieso fällt es mir so schwer, mein inneres Verändertsein zu akzeptieren? Und warum ist der Alltag so entfernt, so langweilig, so öde, warum fühle ich diese Glückseligkeit dort so selten? Gibt's die nur im Wald?

Schizophrener Wollpullover

Kann es sein, dass sich mein Körper verändert hat? Er fühlt sich jedenfalls anders an. Wie ein zu heiß gewaschener Wollpullover, der steif wie ein Brett und viel zu klein geworden ist. War die Therapie meiner Krebserkrankung für mich einfach zu viel, war sie wie ein gut gemeinter und notwendiger Heißwaschgang, der mich dann aber verbrüht hat? Beim Blick in den Spiegel, sehe ich ganz normal aus. Eine Frau in den besten Jahren mit einem flotten Kurzhaarschnitt, schmal, aber wieder aufrecht stehend, sogar die Wimpern und Augenbrauen sind nachgewachsen. Die Sonne hat mein Gesicht leicht gebräunt.

Schaue ich nach innen, dann fühle ich mich viel zu klein, zu steif und zu eng an. Gleichzeitig empfinde ich die Möglichkeit, mich freier und weiter zu fühlen, entdecke aber, dass dieses Freiheitsgefühl eher einer anderen Struktur entspricht, womöglich diesem Teil in mir, der unzerstörbar ist, dem Teil, der sich zusammenziehen und ausdehnen kann. Und wie funktioniert es, dass ich gleichzeitig zwei oder mehr Möglichkeiten meines Menschseins spüren kann?

Sind das die ersten Anzeichen einer Schizophrenie? In meinem Bücherregal steht noch der *Pschyrembel*, das klinische Wörterbuch, ein Relikt aus meinen beruflichen Jahren als Physiotherapeutin. Habe ich früher darin geblättert, dann wurde mir immer heiß und kalt bei diesen Beschreibungen von Krankheiten, von deren Existenz ich nichts wusste und deren Begriffe bisweilen kaum auszusprechen sind. Kleine hässliche Bilder zeigen verkrüppelte oder von Parasiten zerfressene Körperteile. Ein Buch zum Fürchten. Ich suche unter »Sch«. Schimmelpilze, Schirmer Test, Schistosomiasis, ach da ist sie, die Schizophrenie: Die veraltete Bezeichnung lautet Spaltungsirresein oder: eine Form der körperlich nicht begründbaren Psychose, die durch ein Nebeneinander von gesunden und veränderten Erlebens- und Verhaltensweisen gekennzeichnet ist. Das passt, aber ich glaube nicht, dass ich das habe! Weiter unten die Symptome: Denkstörungen, Wahn, Sinnestäuschungen, Ambivalenz, Autismus, psychomotorische Störungen wie Katatonie, Störungen der Affektivität und so weiter. Mir ist komisch zumute. Ich habe Denkstörungen, ganz klar, und wenn ich weiterlese, werden sie sogar stärker. Und gespalten fühle ich mich auch. Die Diagnose, so lese ich, kann nur aus der Beobachtung eines längeren Verlaufes gestellt werden. Das ist gut. So schnell geht es also nicht! Denn dann hätte sich schon früher etwas dieser Art zeigen müssen. Meine Denkstörungen und dieses Auf-vielen-Ebenen-unterwegs-sein-Können habe ich doch erst, seit ich krank wurde, oder nicht?

Wen könnte ich fragen? Und muss ich befürchten, dass ich dann sofort diesen Stempel aufgedrückt bekomme, wie damals, als keiner eine Erklärung für meine Krankheitszeichen hatte? Der Stempel: psychisch krank, schlimmer noch: geisteskrank! Gibt es auch geistesgesund? Ich finde den Stempel eigentlich nicht so schlimm, aber es kommt einem so vor, als wäre es das Letzte auf der Welt, eine psychische Erkrankung zu haben. Als hätte man Pest und Cholera zusammen. Unser Denken ist doch sehr stark nach Schubladen geordnet. Je nach Umfeld oder Weltbild bastelt sich jeder seine Bewertungen zusammen. Ich habe gelernt, wie ich zu klagen habe, um die Aufmerksamkeit eines Arztes zu bekommen. Ich habe auch gelernt, was ich nicht sagen darf, damit nicht sofort eine Schublade aufgeht und ich entsprechend behandelt werde. Schlüsselreize nennt es die Verhaltensforschung, das wiederholte ich kürzlich, weil unsere Tochter das Thema gerade in ihrem Bio-Leistungskurs durchnimmt.

Dazu fällt mir ein Erlebnis ein: Etwa vier Wochen nach der Knochenmarktransplantation geht es mir plötzlich schlecht. Ich atme schwer, als läge ein Brett auf meiner Brust. Im Liegen ist es noch schlimmer. Ich bin extrem müde und schlapp, löchrige Luftmatratze hoch drei. Im Liegen gesellt sich Angst dazu, Todesangst. Ich überlege: Gehe ich zum Arzt, wenn ja, zu welchem, oder halte ich es erst mal aus und beobachte weiter? Ein Kontrolltermin in der Uniklinik Mainz steht wenige Tage später sowieso auf dem Plan. Ich beschließe, es bis dahin auszuhalten. Es ist verdammt mühsam, weil ich fast nur mit hochliegendem Oberkörper, auf etliche Kissen gepackt, schlafen kann. Der Termin ist an einem Freitag. Ich schildere zaghaft meine Beschwerden, weil ich weiß: Trage ich zu stark auf, dann wird hier nicht lange gefackelt, dann folgt eine stationäre Aufnahme. Und das ist definitiv das Allerletzte, was ich jetzt ertragen kann. So kurz nachdem ich gerade wieder in Freiheit bin. Es käme einem Todesurteil gleich. Jegliche Therapie kann zu diesem Zeitpunkt auch unter medizinisch noch so gut gemeinten Bedingungen nicht funktionieren. Das Einzige, was mir hilft, ist in meinem eigenen Bett zu sein. Mehr nicht, weniger aber auch nicht. Es ist wie mit der armen Maus, die von der Katze mehrmals attackiert wird und sich tot stellt, um ihr zu entkommen. Auch wenn die Katze von ihr abließe und sie weglaufen könnte, stirbt die Maus nicht an den Verletzungen durch die Katze, sondern an den Folgen der Starre und des Stresses. Mir würde es wie einer solchen Maus ergehen, auch wenn das schwer nachvollziehbar klingt.

Mein kluger Hämatologe kennt mich schon und ordnet verschiedene Untersuchungen an, die bis in den Nachmittag andauern. Zur Besprechung komme ich als letzte Patientin an die Reihe. Ich sehe sofort seinen ernsten Gesichtsausdruck. Er teilt mir mit, dass ich unbedingt stationär aufgenommen werden müsse, weil ich einen Erguss am Herzen entwickelt hätte. Blitzartig bin ich hellwach und mein Gehirn funktioniert wie geschmiert. Nein, so einfach geht das nicht mit mir! Wie auf Kommando schießt die richtige Frage aus mir heraus: »Was ist denn die schlimmste Komplikation bei einem Erguss?«

»Sie können daran sterben!«

Oh, das hatte ich nun nicht erwartet, aber die Option zu sterben schreckt mich weniger, als das ganze Wochenende eingesperrt im Krankenhaus verbringen zu müssen. Das Gesicht meines Arztes verrät, dass er es ernst meint und ich diesmal schlechte Karten habe, mich gegen seine Anweisung zu stellen. Ich muss vorsichtig taktieren. »Herr Professor, ich verstehe, dass Sie mich einweisen müssen, aber bitte erklären Sie mir noch, was passieren würde, wenn ich doch zu Hause bliebe und mein Herz dort verrücktspielen würde!«

»Dann müssten Sie sofort den Notarztwagen rufen und sich in die nächste Intensivstation bringen lassen!«

Ich schweige. Er wird unruhig, es ist Freitagnachmittag, sicher will er endlich mal nach Hause. In mir schreit es: NEIN! Kein Krankenhaus zum jetzigen Zeitpunkt, lieber sterben, davor habe ich keine Angst. Ich nehme meinen ganzen Mut zusammen, setze mich kerzengrade auf und höre mich sagen: »Die Zeit, die vergeht, bis mir ein Arzt hier im Klinikum in einem Notfall wirklich helfen kann, schätze ich als genauso lang ein, wie die Zeit, die vergehen kann, bis mich ein Notarztwagen abholt und während der Fahrt schon behandelt! Ich möchte nach Hause, ich nehme das Risiko zu sterben auf meine Kappe!«

Er hat verstanden, dass er mich nicht umstimmen kann. Er hat auch verstanden, dass ich es ernst meine. Weil er mich kennt, schenkt er mir sein Vertrauen. Das ist ein großer Moment in meinem Leben als Patientin. Als Geste seines Vertrauens gibt er mir seine Handynummer, für alle Fälle. Mein Professor rückt seine Handynummer raus! Und er besteht auf einen Kontrollanruf am nächsten Tag.

Vertrauen in einen Patienten setzen, das ist für mich etwas Lebensnotwendiges. Genauso lebensnotwendig wie eine Infusion oder eine Reanimation. Schließlich muss ein

Patient seiner Behandlung, dem Eingreifen der Ärzte zustimmen, nicht nur juristisch, sondern auch innerlich. Mit einem Arzt auf gleicher Augenhöhe verhandeln zu können, ist für mich wichtig. Ich mache es oft so und es kommt jedes Mal etwas Vernünftiges dabei heraus.

Doch wie soll ich jetzt einem Arzt beschreiben, geschweige denn mit ihm darüber verhandeln, dass ich mich fühle wie ein Pullover nach einer zu heißen Wäsche oder wie eine durchlöcherte Luftmatratze? Wie soll ich vernünftig erklären, dass ich genau fühlen kann, was ein anderer fühlt und denkt? Wie soll ich erklären, dass ich eine heilige Ergriffenheit in mir verspüre, die mich als unabänderliche Instanz durch dieses Leben führt und die mich meine Freude, überhaupt am Leben zu sein, bei jedem Atemzug erfahren lässt? Wie soll ich es sagen, dass ich trotz allen verdammten Leids eine Liebe fühle, die so viel größer ist als alles, was ein Mensch nur fühlen kann? Eine Liebe, die von anderer Existenz sein muss. Wie kann ich meine seltsamen Veränderungen schildern, ohne dabei in die Schizoecke gesteckt zu werden? Ich weiß mir keinen Rat.

Teil 2

Die Zeit der Erkenntnis
1999 bis 2002

Begreifen

Es ist eine schlechte Angewohnheit, im Bett liegend fernzusehen, überhaupt sollte der Fernsehapparat aus dem Schlafzimmer verbannt werden, fordern renommierte Schlafforscher. Doch, wie so oft, bestätigen Ausnahmen die Regel. Ich musste für mein Leben mehrere Ausnahmen postulieren, dazu gehört das Fernsehen im Bett. Der Fernseher war für mich in den langen Wochen im Krankenhaus das Fenster zur Welt. Durch ihn tauchte ich in die Alltagsrealität der anderen ein und entfloh der eigenen. Ich sammelte Informationen und konnte das Leben, an dem ich nicht teilhaben durfte, wenigstens ansehen. Gefühle, die sich in mir stauten, vor allem die Liebe zu meiner Familie, fanden ihre Befreiung in diesen Herzschmerzsendungen, die ich zuvor nie angesehen hatte. Die Stimmen der Nachtnachrichtensprecher verhalfen mir oft zum ersehnten Tiefschlaf. War dieser mitten in der Nacht schon wieder beendet, dann hatte ich wenigstens eine Stimme im Zimmer und ein Flimmern an der Wand, das mich ablenkte und in mancher Nacht auch tröstete.

Im November 1999 zappe ich müde und gelangweilt durch die Programme des öffentlich-rechtlichen Fernsehens, in der Hoffung eine Sendung zu finden, die mir beim Einschlafen hilft. Ein rundlicher Mittvierziger auf dem Bildschirm fasziniert mich. Ich habe fast das Gefühl, er stünde mitten in meinem Zimmer. Dort erzählt er von seinem Herzstillstand, davon, dass er aus seinem Körper ausgetreten sei, sich von oben habe sehen können und die Reanimation mitverfolgt habe. Seine verstorbene Großmutter, die er nie hat kennenlernen dürfen, habe plötzlich neben ihm gestanden und habe ihn freundlich lächelnd begrüßt. Er habe denken können, ohne zu denken, weil er alles gewusst habe. Und dann erzählt er von einem schönen Licht, einem Licht, das es so gar nicht gebe, das aber so wunderschön gewesen sei und ihn in Frieden eingehüllt habe.

Hellwach sitze ich im Bett und nicke dem Mann bei jedem Wort zu. Wie eine Kurzsichtige, der man die passende Brille aufsetzt, sehe ich schlagartig klar. Wie ist es möglich, dass ich die Geschichte eines mir fremden Menschen kenne? Am Ende seines Berichtes schildert er noch, wie schmerzlich es für ihn gewesen sei, als er wieder in seinen Körper zurückkehren musste. Er habe eine große Wut empfunden, überhaupt gerettet worden zu sein. Im Untertitel lese ich immer wieder seinen Namen und das Wort »Nahtoderfahrung«.

Das muss es sein. Das ist es, was auch ich erfahren habe! Und diese Wut! Diese Wut, zurückkehren zu müssen, von der dieser Mann sprach! Wie auf Knopfdruck macht sie sich in mir breit, ohne mich um Erlaubnis zu fragen. Sie bemächtigt sich meines Körpers, meines Geistes, meiner Essenz, meines ganzen Ichs. Sie erfasst mich durch und durch, als wäre alles gerade erst geschehen. Nein, will ich schreien, mein Pullover, er ist zu eng, er hält das nicht aus, die Nähte werden reißen. Es brodelt in mir. Ich will wegrennen. Doch dann überlasse ich mich den alten Bildern. Es hat keinen Zweck! Gib dich hinein, Widerstand macht es nur schlimmer.

Die Erinnerungen rollen wie eine Dampfwalze über mich hinweg. Ich liege auf der internistischen Station unseres städtischen Krankenhauses, habe Angst und starke Schmerzen. Seit Wochen schon spüre ich die Unsicherheit der Ärzte, ihr redliches Bemühen, dieses krampfhafte Suchen nach der Ursache meiner seltsamen und ernsthaften Krankheitszeichen. Diese Schmerzen, das hohe Fieber, diese absolute Kraftlosigkeit, die roten Punkte auf meinen Armen und Beinen. Später erfahre ich, dass es Hautblutungen waren. Solche Dinger produziert ein Organismus nur, wenn er in ernster Bedrohung ist. Und diese Nächte! In diesen Nächten schrien die armen alten Menschen um Hilfe. Deren Türen standen offen, weil eine Nachtschwester nicht überall helfen kann. Und diese Toiletten über den Flur, dieser Geruch, die Kälte wegen des offenen Fensters.

Alles begann mit einer heftigen Grippe, wie ich es bis dahin noch nicht erlebt hatte. Hohes Fieber und sehr starke Knochen- und Muskelschmerzen zwangen mich lange nieder. Eines Nachts im Mai 1995 wache ich schweißgebadet auf, bin hellwach, meine innere Stimme meldet sich lautstark zu Wort und eine Vorahnung macht sich breit: Ich weiß, dass diese Krankheit den Tod im Gepäck hat. Aber ich traue mich nicht, darüber zu sprechen. Außerdem habe ich Angst, womöglich als Hypochonder abgestempelt zu werden. Trotz peripherer Lymphknotenschwellung, Nachtschweiß, Fieber, Gewichtsverlust und dieser Einblutungen in die Haut folge ich dem Rat meines damaligen Hausarztes, abzuwarten. So zieht sich dieser Zustand über vier Wochen hin, bis ich auf eigenen Wunsch einen Facharzt aufsuche, der mich für weitere Untersuchungen sofort in eine Klinik einweist.

Anfangs wird noch der Verdacht auf eine Herzklappenentzündung diskutiert. Wenige Tage später beraten die Ärzte darüber, einen Lymphknoten für Diagnosezwecke zu entfernen. Dabei fällt zum ersten Mal das Wort »Hodgkin-Lymphom«. Diesen medizinischen Begriff kenne ich vage und meine Alarmglocken schlagen an. Das klingt nach Krebs.

Doch meine Ärzte halten sich bedeckt. Verständlich, denn keiner will mich unnötig ängstigen. Die Histologie der entnommenen Lymphknoten ergibt kein eindeutiges Ergebnis. Später erfahre ich, dass die Fachärzte eine Krebserkrankung weder dementieren noch bestätigen konnten, sie sprachen von einem ungewöhnlichen Fall. Durch die Einnahme von Cortison erhole ich mich und werde nach Hause entlassen.

Anfang September 1995 fühle ich mich erneut sehr schlecht. Ich habe Fieber, leide unter unsäglichen Bauchschmerzen und muss erneut die Klinik aufsuchen. Mit hohen Dosen an Schmerzmitteln und unterschiedlichen Untersuchungen versuchen die Ärzte, mir zu helfen. Sie sind ratlos. Es stellen sich Komplikationen ein, wie eine Darm- und Blasenlähmung. Mein Zustand verschlechtert sich rapide. Fast täglich steht eine Untersuchung auf dem Plan, um der Ursache meines erbärmlichen Zustandes näher zu kommen. Ich werde künstlich ernährt, auf Morphium eingestellt und habe im Inneren mit meinem Leben abgeschlossen.

Am 6. Oktober 1995 können die Ärzte meiner Krankheit einen Namen geben: hochmalignes Non-Hodgkin-Lymphom, vom T-Zell-Typ im Stadium IIIB. Umgehend werde ich in die Uniklinik Mainz verlegt, weil dort moderne Therapieverfahren zur Verfügung stehen. Ein weiteres halbes Jahr verbringe ich mit fünf Chemotherapiezyklen und einer Hochdosis-Chemotherapie mit anschließender autologer Knochenmarktransplantation.

Im April 1996 werde ich nach Hause entlassen. Ich habe meinen Kokon mit meinem wahren Selbst in einer inneren Schatzkammer verschlossen. Den Schlüssel dazu habe ich verloren. Bis jetzt!

Mir wird übel. Alle Erinnerungen an die schlimmste Zeit meines Lebens sind plötzlich wieder da. Ich rutsche in meinem Bett nach unten und schalte den Fernseher aus. Dunkelheit im Zimmer. Nur das rote kleine Lämpchen am Apparat leuchtet. Ich liege und starre auf dieses Lämpchen, aber ich sehe nichts. Ich bin reine Angst, reines Entsetzen und eine Welle von Wut, die mir fast den Atem nimmt.

Auf einmal reißt es mich hoch, ich schalte meine Nachttischlampe an. Licht an und Augen auf!, befehle ich mir selbst. Es klappt, ich bin hellwach und kann wieder klar denken. Die Worte von dem Mann im Fernsehen wirken in mir, als hätte sich ein verstopftes Ventil geöffnet. In meinem Inneren versammeln sich Worte. Worte wie Wassertropfen beim Öffnen des Wasserhahns. Ich habe Worte. Ich habe Begriffe, um all das zu beschreiben, was ich offensichtlich auch erleben musste, oder soll ich sagen: durfte? Ein neues Gefühl vertreibt die alte Angst, verrückt zu sein, denn ich könnte platzen vor Erleichterung. Worte! Was tun Worte gut! Ich rede mit mir selbst. Ich rede, rede und empfinde mit jedem Wort eine innere Befreiung, als wäre ein wichtiger Teil von mir vier Jahre lang in Handschellen gefesselt und verschleppt gewesen.

Raus aus dem Bett! Ich trete ans Fenster und blicke in einen sternenklaren Nachthimmel. Mein Blick verliert sich in der Ferne. Plötzlich fühle ich mich ganz weit weg, leicht und frei. Ich bin nicht verrückt, ich bin nicht verrückt, neeeiiiinnn, ich bin es nicht, schreit es in mir. Ich bin ein ganz normaler Mensch, einer, der dem Tode sehr nahe war und der eine andere Dimension erlebt hat. Eine, die hier keinen zu interessieren scheint. Aber welche Dimension ist es eigentlich? Wie soll ich sie benennen?

Mein Mann ist noch im Wohnzimmer. Ich überlege, ob ich zu ihm gehen und ihm alles erzählen soll. Doch ich traue mich nicht. Zu oft habe ich ihn in den letzten Jahren mit meinen überwallenden oder verzweifelten Gefühlsattacken in Anspruch genommen. Ich weiß, dass er die kostbare und ruhige Zeit am Abend für sich benötigt. Sein Arbeitspensum ist enorm und zusätzlich hilft er mir immer mit den Kindern. Ich verkrieche mich in mein Bett und versuche zu schlafen. Doch die Gedanken kreisen in mir wie heftige Windböen bei einem Orkan. Ich versuche, entspannt zu atmen, mich zu beruhigen, wie ich es immer tue. Komm, Sabine, sage ich mir, lass es zu. Es wird alles gut. Die Welt dreht sich weiter, egal, was du denkst. Oder etwa doch nicht? Kann ich mit meinem Denken die Welt beeinflussen? Kann ein Mensch überhaupt etwas tun gegen oder für den Strom der Welt? Lieber Schlaf, komm doch endlich zu mir. Lass mich abtauchen in deine Urgründe, in denen ich nicht denken muss. In denen ich frei bin. Mein Hirn rattert und ich bemerke, wie mein Mann ins Zimmer tritt und behutsam in seine Bettseite steigt, weil er denkt, ich sei schon eingeschlafen. Wenig später höre ich sein tiefes Atmen. Vorsichtig stehe ich wieder auf und schleiche durch das Haus. Hier ist mein Zuhause, denke ich, und meine Seele war auf einer großen Reise. Aber zu Hause ist sie noch lange nicht. Ich will sie suchen!

Doppelleben

Wenig später habe ich wieder einen Kontrolltermin bei meinem Hämatologen in der Uniklinik Mainz. Zaghaft, aber mutig wage ich es, ihn als ersten Mediziner zu fragen, ob es aus seiner Sicht möglich sei, dass ich damals eine Nahtoderfahrung hatte. Bei dem Wort Nahtoderfahrung spüre ich, wie er innerlich leicht zurückschreckt. So als hätte ich einen Raum betreten, der ihm nicht ganz geheuer ist. Aber er ist ein Profi in seinem Geschäft mit Patienten und er versucht es sich nicht anmerken zu lassen. Ich spüre es trotzdem, es verunsichert mich auch, aber ich lasse mich davon nicht beirren. Er lehnt sich in seinem Stuhl nach hinten, hält die Arme vor seiner Brust verschränkt und blickt an mir vorbei. Das tut er immer, wenn er mir etwas zu sagen hat, was nicht einfach für ihn ist. Er schweigt, runzelt die Stirn und gibt mir dann zu verstehen, dass er sich das gut vorstellen könne. In meinem damaligen erbärmlichen Zustand sei die Wahrscheinlichkeit für ein solches Erlebnis hoch gewesen. Er fragt mich nicht, was ich denn genau erlebt habe, sondern ist sichtlich erleichtert, dass er mir die Adresse eines Kollegen nennen kann, der sich sicher damit auskenne und den ich auf alle Fälle konsultieren solle.

Dieser Kollege leitet den interdisziplinären Arbeitskreis für Thanatologie, in dem sich Mediziner, Psychologen und Theologen auf wissenschaftlicher Ebene mit dem Sterben und dem Tod befassen.

Im Dezember 1999 fahre ich innerlich angespannt zu Professor Ochsmann. Ich erzähle zum ersten Mal einem fremden Menschen mein ganzes Erlebnis, besser gesagt das, was ich bis zu diesem Zeitpunkt in Worte kleiden kann. Es fällt mir schwer. Immer wieder muss ich pausieren und ich kann ihm nicht direkt in die Augen sehen. Ich suche mir mit den Augen einen Punkt im Zimmer, der mich hält und bündelt. Außerdem fühle ich eine bohrende Scham, weil ich meine, dass ich etwas Heiliges preisgebe, das eigentlich gar nicht in diese Welt gehören kann. Ich verspüre eine ungeheure Spannung in meinem Körper. Mein zu heiß gewaschener Pullover hält mich heute zusammen. Dieses Körpergefühl, das mich sonst einengt, verleiht mir jetzt Kraft und zentriert mich. Ich beginne meinen Pullover zu mögen und zu begreifen, dass alles für irgendetwas gut sein muss.

Auf dem Weg zum Auto überfällt mich eine Erschöpfung. Alle Kraft, die ich eben noch hatte, ist weg. Wie abgesaugt. Wie soll ich so nach Hause kommen? Ich hocke mich ins Auto und mit den Tränen, die wie ein Wasserfall aus mir herausbrechen, fülle ich mich langsam wieder mit Lebensenergie. Es sind Tränen der Erleichterung. Denn ich weiß nun ganz sicher, dass ich nicht verrückt bin. Ein Fachmann hat meine Erlebnisse, so unglaublich sie auch sind, als real erlebt eingestuft und als vollkommen nachvollziehbar anerkannt.

Weltenwechslerin

Es ist grausam für mich. Obwohl ich endlich weiß, was mit mir los ist, und ich am liebsten darüber sprechen würde, spüre ich von allen, von meiner Familie, meinen Eltern und Geschwistern, von meinen Freunden den Auftrag: »Sei jetzt bitte wieder normal. Lass alle Themen wie Krankheit und Tod endlich ruhen. Wir alle haben lange genug um dich gebangt und wollen dich endlich wieder fröhlich und gesund wissen. Sei so, wie du immer warst. Unsere lachende und tatkräftige Sabine!«

Sie haben recht, ich habe allen Grund fröhlich zu sein. Es war für alle eine schwere Zeit und jeder ist über seine Kräfte gegangen, um mir und uns zu helfen. Ich erinnere mich, wie grässlich ich mich fühlte, weil ich mit meinem kahlen Schädel und der akuten Bedrohung, das Leben zu verlieren, alle in Aufruhr versetzt habe. Meine bloße Anwesenheit löste bei vielen die Angst vor dem eigenen Tod aus. Das erzeugte immer wieder Beklemmungen, die eigentlich kein Kranker gebrauchen kann, die ich aber aushielt aus Liebe zu allen, die sich natürlich auch ganz tief um mich und meine Familie sorgten. Die Menschen hatten oft Tränen in den Augen, wenn sie mich besuchten. Es waren ihre Tränen, ihr Schreck über die eigene Vergänglichkeit und das Entsetzen über das Leid in der Welt. Ich fühlte, dass es mit mir nicht wirklich etwas zu tun hatte, sondern dass ich ein ständiger Angstauslöser für sie war. Ich fühlte mich verantwortlich, die anderen zu trösten, obwohl ich selbst Trost gebraucht hätte.

Ich selbst würde alles darum geben, jetzt wieder die Alte sein zu können. Doch das ist nicht möglich.

Ich entscheide mich dazu, mein Doppelleben weiterzuführen und nenne mich eine Weltenwechslerin, eine Traumtänzerin, eine Überlebenskünstlerin im wahrsten Sinne des Wortes. Ständig wechsele ich die Ebenen. Das kostet unendlich viel Kraft und kommt zu allem, was ich sowieso schon zu leisten habe, noch hinzu. Ich mime die Fröhliche. Ich versuche meine irre Dünnhäutigkeit und meine Geräusch- und Geruchsüberempfindlichkeit zu verbergen und entwickle Techniken, die mir helfen, wie durch den Mund zu atmen, um nicht erbrechen zu müssen. Um das Abendessen zu überstehen, bei dem drei Kinder die Erlebnisse des Tages loswerden wollen und wild durcheinanderplappern, trage ich einen Gehörschutz aus dem Baumarkt. Dieser riesige Kopfhörer trägt zur Belustigung der Kinder bei. Doch sie lernen so auch zu verstehen, dass ich um diese Tageszeit nur noch wenige Kraftreserven habe.

Am schlimmsten finde ich, dass das Irdische so mühsam ist. Jeder Schritt will gegangen sein. Doch ich weiß, wie herrlich schön es ohne diesen Körper sein kann. Mein eingelaufener Wollpullover wird für mich endgültig zum Symbol für dieses unglaubliche Missverhältnis.

Selbsterforschung

In meiner heißgeliebten Bett-Universität starte ich mit meinem Masterstudiengang in Selbsterkenntnis. Ich verspüre einen unbändigen Heißhunger, alles über Nahtoderfahrungen wissen zu wollen. In einem Telefonat mit meiner jüngeren Schwester erfahre ich, dass ich eine gehörige Bildungslücke aufzuholen habe. Sie ist überrascht, dass ich die Bücher von Raymond Moody nicht kenne und empfiehlt mir seinen Weltbestseller *Leben nach dem Tod – Die Erforschung einer unerklärlichen Erfahrung*, den ich sofort verschlinge. Professor Ochsmann hatte mich auf das Buch *Berichte aus dem Jenseits, Mythos und Realität der Nahtod-Erfahrung* des Soziologen Prof. Dr. Hubert Knoblauch hingewiesen. Er wertet darin die Berichte über Nahtoderfahrungen von über zweitausend Menschen in ganz Deutschland aus. Zum anderen lese ich von Viktor Frankl *… trotzdem Ja zum Leben sagen – Ein Psychologe erlebt das Konzentrationslager.* Dieses Buch hat er mir ans Herz gelegt, obwohl es nichts mit Nahtoderfahrungen zu tun hat. Er sagte, dass ich an diesem Buch lernen und verstehen könne, welche Kraft in Menschen möglich wird, die ein schweres Schicksal gemeistert haben. Er wollte mich anregen, auch in mir diese Kraft zu entdecken, die Viktor Frankl im Konzentrationslager als Überlebensenergie mobilisiert hatte. Und mit diesem Rat trifft Professor Ochsmann bei mir ins Schwarze. Die Schilderungen von Herrn Frankl kommen mir ganz vertraut vor. Ich kann mich beim Lesen exakt in seine Situation einfühlen, so als wäre ich selbst in einem Konzentrationslager gewesen. Wie kommt das? Und diese Kraft, von der er spricht, die kenne ich auch. Ich fühle sie in meinem Inneren, wie einen kleinen Motor. Rätselhaft.

Leider ist das Lesen immer noch mehr als mühsam. Ich kann mich bisweilen nicht länger als fünf Minuten konzentrieren. Trotzdem ist es erstaunlich, dass ich oft sofort verstehe, was gemeint ist, obwohl ich niemals in der Lage wäre, alles wortgetreu wiederzugeben. Doch zu diesem Zeitpunkt ist mir das völlig unwichtig. Ich sauge alle Informationen, die in mir eine Resonanz erzeugen, wie ein trockener Schwamm auf. Außerdem habe ich in meinem Studium keine Prüfung zu bestehen. Ich habe nur ein Ziel vor Augen: zur eigenen Erkenntnis zu gelangen, wie immer ich es auch anstelle.

Eine Frage lässt mir keine Ruhe: Wäre ich schneller in der Lage gewesen, mein Erlebnis einzuordnen, wenn ich über Vorwissen verfügt hätte? Hätte ich so weniger innere Not gehabt?

Ich stelle mir vor, wie einer, der Bescheid weiß, aus der Bewusstlosigkeit nach einem Herzstillstand aufwacht und gleich sagt: »Ich hatte eine Nahtoderfahrung. Wow! Das war unglaublich, das war toll, was ich erlebte.« Nein, beruhige ich mich, das ist unmöglich. Es gibt doch keine Worte für all die Erlebnisse aus dieser anderen Dimension. Jeder muss sie doch erst finden. Ich gelange zu der festen Überzeugung, dass die meisten Menschen, die eine solch tiefe Erfahrung machen, einen Begleiter, einen Übersetzer, einen Wegführer brauchen. Bei einer schwierigen Bergtour sucht man sich ja auch einen erfahrenen Bergführer, um unbeschadet ans Ziel zu gelangen. Mein erster Bergführer war der Mann aus dem Fernsehen. Wie gut, dass es Journalisten gibt, die dieses Thema stilvoll auf die Mattscheibe bringen.

Nachtgeschenke

Manches wird einem in der Nacht geschenkt. Es gibt Leute, die behaupten, man lerne im Schlaf. Obwohl ich meine drei Bücher nicht unter meinem Kopfkissen liegen hatte, trifft das bei mir zu, denn deren Inhalt rüttelt mich wach. In den Nächten erlebe ich eine große Klarheit und Wachheit im Geist. Ich gelange in eine besondere Bewusstseinsstufe, die sich ohne mein Zutun einstellt. Egal, was ich unternehme, selbst mit der Einnahme von Schlafmitteln ist kein durchgehender Schlaf garantiert. In dieser Phase meines Lebens wird der kräftezehrende Zustand, den ein chronischer Schlafmangel mit sich bringt, trotzdem von großer Bedeutung. Dieses klare Bewusstsein in der Nacht offenbart mir Erinnerungen, die lange verschüttet waren und die ich benötige, um das Mosaik meines Lebens verstehen zu lernen.

In einer Nacht von Freitag auf Samstag im Januar 2000 wache ich auf. Zack, peng, hier beginnt mein Tag. Ich knipse kurz die Lampe an und sehe, es ist vier Uhr. Unsere Tochter schläft selig, quer in der Mitte des Bettes, mein Mann liegt an der äußersten Kante. Ein Wunder, dass er nicht rausfällt.

Aus einer längst vergessenen Zeit tauchen die Bilder in rasender Schnelligkeit und Klarheit in meinem Kopfkino auf. Ich komme endlich da an, wo alles seinen Ursprung nahm.

Wir drei Mädels sind an einem sonnigen Nachmittag alleine zu Hause. Die Eltern sind unterwegs. Ich bin etwa acht Jahre alt. Meine drei Jahre ältere Schwester ist unsere Aufpasserin. Sie hasst es, auf uns zwei Energiebündel achtgeben zu müssen. Lieber hat sie ihre Ruhe und liest in ihrem Zimmer. Als

Ältere hat sie diese Aufgabe von den Eltern übertragen bekommen. Meine eindreiviertel Jahre jüngere Schwester und ich sind wie Kletten, wir spielen viel zusammen. Manchmal, wenn wir uns der Stärke unserer Zweisamkeit bewusst sind, sind wir zu unserer älteren Schwester ziemlich frech. Wir Kleinen rächen uns dann gerne mit einer Gemeinheit an ihrer von den Eltern eingeforderten Strenge. Sie hat es nicht leicht mit uns. Wir können gut lügen oder sie anschwärzen, was aber leider wegen ihres Altersvorsprungs doch meistens auffliegt. Im Gegenzug hat es die große Schwester gut drauf, uns zu bestechen. Wer für sie abtrocknet, darf sich etwas bei ihr aussuchen. Sie ist eine Meisterin im Basteln und Herstellen der schönsten Puppenkleider, auf die wir natürlich ganz spitz sind.

Im Garten vor dem Haus steht die Hundehütte unseres Chow-Chows. Auf das flache Dach stellen wir viele kleine Töpfchen mit Blumen. Wir spielen Blumenverkauf. Meine jüngere Schwester muss die Blumen pflücken, ich das Wasser besorgen. Um die Ecke steht die Regentonne, in die bei Regen aus der Dachrinne das Wasser einläuft. Sie ist etwa bis zur Hälfte gefüllt. Meine ältere Schwester weiß um die Gefahr und ermahnt uns mit strengem Tonfall, aufzupassen. Wir versprechen es ihr. Sie geht nach oben in ihr Zimmer. Ich beuge mich mit meinem Becher in die Tonne hinein, strecke meinen Arm nach unten, um besser an das Wasser zu gelangen, und schon passiert es:

Ich falle kopfüber hinein und stecke fest. Panik erfasst mich. Mit Leibeskräften zappele ich mit den Füßen, versuche mich mit den Armen herauszuschieben. Ich drücke und stemme mich gegen den Innenrand der Tonne. Dann verlässt mich all meine Kraft. Ich sehe mich von oben, mit einer Art Rundumblick nehme ich alles wahr. Die Füße in der Luft und meine Haare, wie sie im Wasser schweben. Mein Gesicht ist voller Schrecken. Ich sehe meine jüngere Schwester, wie sie hinter dem Haus kleine weiße Unkrautblümchen pflückt, unser Hund schnuppert aufgeregt neben ihr unter den Büschen herum. Die andere sehe ich oben in ihrem Zimmer über ein Buch gebeugt. Weit weg kann ich die Eltern in ihrem blau-weißen VW-Käfer sitzen sehen. Plötzlich fühle ich mich ganz leicht und frei. Ich schwebe aus der Tonne empor, hoch zum Himmel. Ab und an schaue ich nach unten und merke, wie sich alles wie durch einen Schleier verklärt. Ich bin in Watte gepackt. Ich fühle mich rein, liebevoll und überglücklich. In der Ferne sehe ich einen Lichtschimmer, der mich fasziniert, der mich magisch anzieht. Ich spüre eine allumfassende Kraft. Sie nimmt mich auf. Als würden mich große Arme emporheben und beschützen.

Ein heftiger Ruck durchfährt meinen Körper. Meine ältere Schwester packt mich und zieht mich aus der Tonne heraus. Sie schreit mich an und haut mir auf den Rücken. Ich spucke Wasser, ringe nach Luft und heule. Sie beruhigt mich und zerrt mich ins Haus, die Treppe hoch ins Badezimmer. Dort hilft sie mir, die nassen Sachen vom Leib zu kriegen. Sie rubbelt mich trocken und blökt wütend, ich solle ihr verdammt noch mal helfen und nicht so lahm herumstehen. Sie föhnt mir die Haare. Das Kämmen danach schmerzt furchtbar. Ich stehe schlotternd da, fühle mich klein, alleine und verlassen.

Im Badezimmer steht die Wäscheschleuder und es ist streng verboten, sie in Gang zu setzen. Dieses Gerät ist die neue Errungenschaft unserer Mutter. Doch sie hat gewisse Tücken. Bepackt man sie falsch, dann hüpft sie wie Rumpelstilzchen herum und erzeugt mächtigen Lärm. Aber viel schlimmer ist es, wenn man den Deckel zu früh öffnet, während sich die Trommel noch dreht, und langt hinein. Meine ältere Schwester schleudert nun meine Kleider, um bis zur Heimkehr der Eltern die Spuren unseres Missgeschickes zu beseitigen. Doch gerade in diesem Moment kehren die Eltern nach Hause zurück und spüren, dass etwas nicht stimmt. Mutter eilt nach oben, erwischt meine ältere Schwester an der Schleuder und ein Donnerwetter entlädt sich über uns. Sie fängt sich eine Ohrfeige ein und ich spüre die Ungerechtigkeit. Sie hat mir geholfen und wird bestraft. Aber ich traue mich nicht, etwas zu ihrer Verteidigung zu sagen. Ich fühle mich nur elend, ausgehöhlt und würde mich am liebsten verkriechen. Wir werden zur Rede gestellt und drucksen mit der Wahrheit herum. Keine von uns rückt raus, was wirklich geschehen ist. An diesem Abend herrscht die Strafstimmung. Sind die Eltern böse, reden sie nur das Nötigste mit uns. Und das in einem Ton, der hart und abweisend ist. Sie lassen uns unser Versagen fühlen, indem sie uns zwar versorgen, ansonsten aber nicht beachten. Ich hasse diese Atmosphäre. Auflösen können wir Kinder sie nur, indem wir wieder »lieb« sind und wie kleine Hunde angekrochen kommen. Dann reden wir in einer verstellten Sprache, ein kindisches Geplänkel, um die Eltern zu erweichen.

Ende der Vorstellung, Ende der Bilderfolge. Das ist ja unglaublich. Wieso waren die Erinnerungen über Jahrzehnte einfach weg? Waren sie in einer Geheimtruhe in mir verschlossen? Wie ist das nur möglich? Ein Streich meines Gehirns? Ein Schutz, um mich nicht auseinanderbrechen zu lassen?

Ich zittere, obwohl ich unter meiner Daunendecke liege. War das womöglich ein erstes Nahtoderlebnis gewesen? Keine Ahnung, wen soll ich fragen? Ich bin so aufgewühlt, dass ich mich aus dem Bett schäle. Die Bett-Universität ist noch nicht geöffnet, besser gesagt fremdbesetzt. Ich nehme meinen Laptop und schleiche mich nach unten. Ich koche mir einen Pott grünen Tee, wickele mich in eine Wolldecke und klappe den Computer auf. So frisch, wie diese Eindrücke sind, muss ich sie festhalten. Meine Finger fliegen über die Tasten, als schrieben sie von selbst. Ich denke in einer Schnelligkeit, die mich berauscht. Egal, die Fehler kann ich später korrigieren, nur raus mit den Gedanken. Raus aus meinem Kopf, damit der endlich wieder frei wird.

Ich fühle mich wie eine Detektivin, die ein Protokoll ihrer Fahndungsversuche erstellt. Außerdem spüre ich bei diesem ungeheuerlichen Thema, dass wissenschaftliche Akribie, mit deren Hilfe ich meine Beobachtungen zu einem späteren Zeitpunkt überprüfen könnte, nicht verkehrt sein kann. Gelernt ist gelernt. Die Dokumentationspflicht habe ich schon in meiner Arbeit stets für wichtig erachtet. Und da ist noch was, eine zarte neue Empfindung: Ich weiß, dass alles wahr ist. Dieses Wissen fühlt sich stark und unwiderlegbar an. Ich weiß ganz sicher: Bevor ich mich anderen anvertraue, traue ich erst mal nur mir selbst. Ich beschließe, dass ich von nun an selbst meine beste Psychologin bin. Dafür sind meine Notizen von großer Bedeutung.

Der Slogan der Krebsgesellschaft fliegt mir durchs Hirn:

»Durch Wissen zum Leben«, heißt es dort. Damals musste ich mich auch erst mal schlau machen. Wochenlang prüfte ich sorgfältig die verschiedenen Aspekte, um zu der Entscheidung zu gelangen, ob ich wirklich dem Rat der Ärzte folgen und der Knochenmarktransplantation zustimmen sollte. Ich hatte eine irre Angst, dabei zu sterben. In Ermangelung von Literatur musste ich herumfragen. Ich verfügte damals über eine erstaunliche Überzeugungskraft und gelangte immer an die richtigen Menschen, die mir weiterhelfen konnten. So vermittelte mir eine Oberärztin die Adressen anderer Patienten und ich konnte aus erster Hand erfahren, wie es jenen, die eine solche Prozedur schon hinter sich hatten, ergangen war. Ich telefonierte mit dem damaligen Chefarzt Herbert Kappauf in Nürnberg, dessen Buch *Nach der Diagnose Krebs – Leben ist eine Alternative* ich gelesen hatte. Es ist mir heute noch ein Rätsel, wie ich es überhaupt geschafft hatte, ihn an die Strippe zu kriegen. Er nahm sich viel Zeit, war überaus freundlich und verstand alle meine Zweifel und Ängste vor dieser gewagten und neuen Therapieform. Er erläuterte mir die Fakten einer Knochenmarktransplantation, was mir sehr half. Am Ende des Telefonates schlug ich ihm vor, mir eine Rechnung zu schicken. Ich höre noch heute seine Stimme: »Nein, das ist nicht nötig, machen Sie sich einen schönen Tag und werden Sie wieder gesund!«

Ich schreibe weiter. Dazwischen einen Schluck Tee, draußen ist es dunkel, im Haus alles still. Ich zünde mir noch eine Kerze an. Plötzlich taucht eine dunkelhaarige, schlanke Frau in einem schicken Kostüm auf und spricht mich an: »Ich bin Detektivin. Sollten Sie Ihre Fallstudien mit mir besprechen wollen, dann bin ich gerne für Sie tätig.« Sie legt mir ihre Visitenkarte auf den Tisch und verschwindet. Nee, halluziniere ich jetzt doch? Zeigt sich hier eine krankhafte Persönlichkeitsstörung? Ich muss schmunzeln, meine Fantasie ist einfach klasse. Sich durch etwas hindurchzufantasieren, kenne ich ja schon. So habe ich mich in vielen Stunden im Krankenhaus am Leben erhalten. Warum soll es nicht jetzt wieder für etwas gut sein? Ich lege die Akte »Mehne-Nahtod-Kuriosum« an und beschließe, demnächst mit dieser netten Frau Kontakt aufnehmen.

Kaum habe ich diesen Gedanken beendet, öffnet sich ein weiteres Fenster meines Bewusstseins und zeigt mir glasklare Bilder aus meiner Kindheit, die ich sofort notiere.

Rückblick in die Fünfziger- und Sechzigerjahre

Wir lebten das klassische Leben einer Wirtschaftswunderfamilie. Vater und Mutter hatten es beide nach dem Krieg geschafft, einen Studienplatz in Pharmazie zu erhalten und sich an der Uni kennengelernt. Sie kamen aus »guten Verhältnissen«, wie man so schön sagt. Vater musste lange warten, bis er Mutter heiraten durfte. Sie wollte erst ihr Studium beenden und musste ihre Eltern davon überzeugen, dass ihr Auserwählter der Richtige für sie war. Den Krieg müssen beide als schwere Zeit erlebt haben. Vater kämpfte in Frankreich und verlor dabei seinen Fuß. Als junger Mann bekam er ein »Holzbein«, wie wir es immer nannten. Die Prothesen waren damals noch nicht so perfekt wie heute. Wenn er abends von der Arbeit kam, erkannte ich ihn schon von

Weitem an seinem Hackschritt. Trotzdem konnte er alles machen, tanzen, wandern und Rad fahren. Mutter musste einen Teil ihrer Jugend beim Bund Deutscher Mädels verbringen. Beide Eltern haben im Krieg einen Bruder verloren. Die Schwester meiner Mutter ist meine einzige Tante. Sie hat ein zartes und feines Gemüt. Leider blieb sie ihr ganzes Leben alleine, sodass ich keinen Cousin und keine Cousine habe und unsere Sippe klein und damit immer auf sich bezogen blieb.

Im Jahr 1953 heirateten meine Eltern. Ein Jahr später kam meine Schwester zur Welt. Meine Mutter hatte nur kurz in ihrem Beruf gearbeitet. Sie erfüllte das für die damalige Zeit geltende Frauenbild voll und ganz. Eine Frau und Mutter bleibt zu Hause bei den Kindern. Sie wollte ganz bewusst unsere Erziehung selbst in die Hand nehmen. Damals musste eine Berufstätigkeit vom Ehemann schriftlich gestattet werden. Mein Vater war stolz, dass er als Alleinverdiener seine Familie ernähren konnte. Meine Eltern zogen im Spätsommer 1957, als ich gerade zwei Monate alt war, von Nürnberg nach Darmstadt. Vater hatte dort eine gute Stellung in einem pharmazeutischen Betrieb angetreten. 1959 kam meine jüngere Schwester zur Welt.

Vater verdiente schnell gutes Geld und Mutter war eine sparsame Familienmanagerin. Sie nähte und strickte unsere Garderobe zum großen Teil selbst. Leider habe ich einige Kleidungsstücke gehasst, sie kratzten oder hatten unmögliche Stoffe, die Mutter aufzubrauchen pflegte. Am schrecklichsten war das Winterdirndl, das wie ein Wanderpokal weitergereicht wurde. Der Rock war steif mit seinem viel zu breiten Saum, der je nach Kind rausgelassen oder umgeschlagen wurde. Das hätte ich noch ertragen, aber den Stoff fand ich grässlich: roter Untergrund mit schwarzen Figuren, die wie unheimliche Fratzen aussahen, Totenfratzen. Die Tage, an denen ich dieses Dirndl tragen musste, waren Totentage für mich. Ich fühlte mich dann wie in ein Korsett eingezwängt und innerlich leer. Solcherlei Empfindungen traute ich mich selten zu äußern. Tat ich es doch, ging meine Mutter darüber hinweg. Es gab kein Erbarmen, ich musste das Dirndl tragen.

Meine Mutter konnte sich schwer in meine Realität einfühlen. Das war für sie Firlefanz. Wo kämen wir denn hin, wenn jedes Kind auch noch seine Bedürfnisse äußerte! Für sie gab es nur die Sparsamkeit und ihre Freude, aus alten Stoffen etwas Neues geschaffen zu haben. Sie war im Nähen sehr geschickt und lebte so ihre kreative Ader aus. Später in meiner Pubertät nähte sie mir auch tolle Sachen. Einen schicken Hosenanzug aus dunkelgrünem Cord für die Tanzstunde. An unzähligen Nachmittagen hat sie uns auch das Nähen beigebracht. Das waren schöne Stunden und ich habe mir einige Klamotten nach meinen Vorstellungen gefertigt.

Mutter erzählte oft, dass sie eigentlich gerne Schreinerin geworden wäre. Ihr Vater hatte abgeraten, weil sich dieser Beruf für ein Mädchen nicht geschickt hätte. Dafür hat er ihr stets gutes Werkzeug besorgt und Mutter hat früh schöne Figuren geschnitzt, viel gebastelt und anderen damit eine Freude bereitet. Außerdem kochte sie alles selbst und legte großen Wert auf eine ausgewogene Ernährung. Nach heutigen Kriterien wäre ihre Umweltbilanz bezüglich Nachhaltigkeit und Wiederverwertbarkeit hervorragend.

Süßigkeiten gab es bei uns sehr selten. Ich musste immer auf die Fastenzeit meiner katholischen Schulkameradin warten, die dann ihre Süßigkeiten unter dem Bett versteckte und mir gerne etwas abgab. Meine Eltern hatten bald genug Geld gespart, um ein eigenes Haus zu bauen und uns eine Kindheit mit Freiheit im Grünen zu ermöglichen. Wir spielten nachmittags stundenlang im Freien und lebten unsere Fantasie nach Herzenslust aus. Wir gründeten eine Kartoffelkäferschule und sammelten Gold in einem Bächlein im nahe gelegenen Schilf. Stundenlange Streifzüge durch den Wald gehörten zur Nachmittagsgestaltung, wenn die Schulaufgaben erledigt waren. Angst hatten wir keine, waren wir doch eine Herde von Kindern aus der Nachbarschaft. Heute ist so ein freies Spielen völlig unmöglich, wie schade. Der Fernseher hielt 1964 Einzug in unser Wohnzimmer. Das Größte war, wenn wir freitags, nach Vaters Arbeit, alle *Dick und Doof* guckten und dabei Mutters Schnittchen verspeisten, die sie uns zum Abendbrot reichte.

Äußerlich waren wir eine Vorzeigefamilie. Alles bestens. Wenn da nicht doch ein paar Sorgen und Nöte gewesen wären, über die man aber nicht sprechen durfte. Es ziemte sich nicht, etwas nach außen zu tragen. In der Familie galt die unausgesprochene Regel, die wirklich schweren und traurigen Dinge unter Verschluss zu halten. Über Gefühle wurde nicht geredet, sie wurden auch nicht gezeigt. Das, was mich im Inneren beschäftigte, hatte keinen Platz in den Unterhaltungen.

Wir waren als Kinder immer gut versorgt. Unsere Eltern waren wie alle Eltern der Welt bemüht, alles für uns zu geben. Trotzdem fühlte ich mich oft unterernährt in Bezug auf

Geborgenheit und bedingungslose Liebe. Äußerlich war ich ein freudiges und neugieriges Kind, das nie Probleme hatte, mit anderen Menschen schnell und leicht Kontakte zu knüpfen. Ein Sonnenschein wurde ich genannt und ich vermochte es, andere zu begeistern. Ich konnte blitzschnell spüren, welche Atmosphäre in einem Raum herrschte und ob andere traurig oder fröhlich waren. Und ich hatte stets Verständnis für die Gefühle anderer. Wenn es traurige Gefühle waren, versuchte ich, den anderen aufzuheitern. In große Bedrängnis konnte mich bringen, dass ich meine Wahrnehmungen über Gefühle anderer unbeschwert äußerte. Ich bekam dann aber oft genug zu hören, dass ich mich irrte. Doch ich fühlte weiterhin, dass etwas nicht stimmte. Das Verhalten der Eltern passte oft nicht zu dem, was ich spürte. Das verwirrte mich. Die Folge: Ich stellte mich infrage und fühlte mich schuldig.

Das mir vertraute Gefühl meiner Kindheit ist eine tiefe Traurigkeit, obwohl ich so viel lachte. Wie Mehltau lag eine dunkle Schwere über dem Alltag und dem Leben mit meiner Familie. Ich spürte bei beiden Eltern ein stetiges Angespanntsein, eine Art Starre. Meinen Vater erlebte ich oft wie einen Dampftopf, dessen Ventil verstopft war. Ich fühlte, wie er im Inneren brodelte. Manchmal platzte er und verwandelte sich in ein für mich beängstigendes Monster. Dann wurde ich schnell noch heiterer, damit meine Angst verging. Ich spürte, dass meine Eltern einen Schmerz mit sich herumtrugen, den ich schon als Kind in Beziehung zu dem Verlust ihrer Brüder brachte. Vielleicht auch deshalb, weil in mir eine irre Sehnsucht nach diesen Onkeln zerrte. Ich wollte auch welche haben. Alle hatten mindestens einen Onkel, einen, der oft lustig war. Nur ich hatte keinen einzigen Onkel. Ich fühlte ihren Schmerz und auch manchmal ihre Wut über den Verlust ihrer Jugend im Krieg. Sie schilderten die Kriegszeit als schwer und dennoch verherrlichten sie diese Zeit auch. Ich glaubte ihnen das nie und bin heute noch erstaunt über ihre Haltung.

In der Grundschule war ich häufig krank und durfte dann zu Hause bleiben. Und wer krank war, wurde von Mutter mit einer besonderen Hingabe versorgt. Das habe ich geliebt. Außerdem war ich an diesen Vormittagen ihr einziges Kind. Mutter hatte einen Schrank, in dem sie jene Spielsachen verschloss, die bei uns im Kinderzimmer unbeachtet herumlagen. Wenn Mutter ihren Schrank öffnete, waren diese Spielsachen plötzlich wie neu. Wer krank war, durfte sich etwas daraus aussuchen. Stundenlang spielte ich in der Stille des Hauses, spürte die Nähe meiner Mutter und fühlte mich frei und glücklich. Heute denke ich, dass es mir in der Schule oft zu laut und zu voll war und meine Sehnsucht nach der Liebe meiner Mutter über die Schwäche im Kranksein gestillt wurde. Erstaunlich, wie listig mein Körper war, um sich das zu holen, was er brauchte. Eine verflixte Verknüpfung, wie ich Jahre später erkennen musste. Die Fehlzeiten führten dazu, dass ich als zu dumm für das Gymnasium eingestuft wurde und erst nach einem einwöchigen Test beweisen konnte, dass dies nicht der Fall war. Ich durfte doch ins Gymnasium in die Stadt wechseln. Auffällig war auch mein schon damals sehr ausgeprägtes Gerechtigkeitsempfinden. Ich fühlte immer für die Schwächeren, und das in einer Tiefe, die mich selbst bedrohte.

Kindergemeinheiten

Volksschule, Klasse drei. Pause, alle lärmen vor sich hin. Wir haben ein Zwillingspärchen in der Klasse, eine der beiden ist dünn, ängstlich und immer unsicher. Unsere Klassenmatronin und Wortführerin ist pummelig und vorlaut. Sie packt die schmächtige Mitschülerin und stellt sie auf einen Tisch. Die Jungs finden das klasse und hampeln vor ihr rum, wie bei der Kirchweih, bei uns Kerb genannt. Völlig verdattert und gebannt steht sie auf dem Tisch und bringt es nicht fertig herunterzusteigen. Ein beherzter Griff am Häkelröckchen folgt, sie steht in Unterhosen da und heult. Die Jungs feixen und lachen. Ich trete wie ferngesteuert vor meine einen Kopf größere Mitschülerin und verpasse ihr eine Backpfeife, die so sitzt, dass mir die Hand schmerzt. Ihren entsetzten Blick kann ich gerade noch einfangen, denn in diesem Moment betritt unser Klassenlehrer den Raum und fragt streng, was hier los sei. Die Dicke sagt, ich hätte den Rock des Mädchens heruntergezogen. Jetzt knallt auf meiner Wange die Hand des Lehrers. Ich verbeiße mir die Tränen. Wir müssen uns setzen und eine Strafarbeit erledigen. In mir nagt das Gefühl der Ungerechtigkeit. Und dass ich den Angriff auf mein Selbst nicht verhindern, mich davor nicht schützen konnte, beschämt mich. Ich traue mich nicht, dem Lehrer zu sagen, was wirklich vorgefallen ist, noch wage ich einen Angriff gegen meine Mitschülerin. Und ganz unmöglich ist es, dieses Ereignis zu Hause bei den Eltern zu erzählen. Lehrer haben bei uns immer recht!

Solche Episoden passieren in jeder Kindheit und sind womöglich nicht weiter schlimm. Für mich waren sie schlimm, denn ich lernte mich zu verstellen. Es gab eine Welt in mir und eine Welt außerhalb von mir. Es gab Erwachsene, die mir immer wieder versuchten, klarzumachen, dass meine innere Welt falsch sei. Denke ich heute an diese Zeit zurück, dann spüre ich, dass mein großes Mitgefühl für andere sich wie ein magisches Band durch mein ganzes Leben zieht: Ich verfügte über ein inneres und absolut sicheres Wissen für den richtigen Moment. In der Welt außerhalb von mir war ich ein mutiges und manchmal ziemlich kesses Mädchen. Ich traute mich Dinge, die andere sich nicht trauten, ich sprach Dinge aus, die andere verklemmt dachten, und ich weiß noch, dass ich mich immer in einer größeren Macht geborgen und sicher fühlte. Sicherer als bei den Menschen. In meinem Inneren war ich leider häufig total zerrissen. Selbstverständlich wollte ich dazugehören. Da ich mich aber oft anders als die anderen und falsch empfand, blieb ich letztlich außen vor. Ich trainierte nach außen, freundlich und nett zu sein, im Inneren arbeitete ich oft gegen mich selbst. Heute erkenne ich, dass dies eine Form der Selbstverleugnung war, die ich aus Liebe zur Familie und zur Gruppe übte.

Volle Kanne Leben

Trotz dieser kurzen Nacht fühle ich mich wohlig wach und decke voller Elan den Frühstückstisch. Samstags gibt es bei uns Eier und Brötchen und wir nehmen uns mehr Zeit füreinander. Nach dem Frühstück verziehen sich unsere Kinder zum Spielen. Ich wage es, meinem Mann ein wenig zu erzählen. Ich schildere ihm vorsichtig, wie ich während meiner Krankenzeit die Todesnähe erlebt habe und dass mir vergessene Szenen aus meiner Kindheit wieder eingefallen sind, die damit in Zusammenhang stehen. Er hört mir zu und nimmt mich in den Arm. Ich spüre seine Nähe, sein Vertrauen und wieder laufen mir die Tränen übers Gesicht. Es ist so unfassbar und doch alles real. Wie soll ich diese Fülle an Empfindungen je wieder unter einen Hut kriegen?

Obwohl mein Mann nun grob Bescheid weiß, hat mein Erleben im übervollen Alltag keinen Platz. Er ist durch seine Arbeit zu sehr gefordert und ich lebe fast nur für die Kinder. Schule, Förderung der Kinder durch Musik, Sport und Spielkameraden, ich rödele mich da irgendwie durch, alles andere erscheint zwecklos. So nimmt mein Doppelleben seinen Lauf. Meiner selbstständigen Tätigkeit als Physiotherapeutin in der schönen, kleinen und feinen Praxis weine ich manchmal noch nach. Habe ich doch dort meine Hingabe an die Menschen gelebt und meinen Traumberuf ausgeübt. Ab und zu werde ich eingeladen, einen Fachvortrag zu halten, was ich gerne annehme, denn denkerische Herausforderungen brauche ich trotz Kindern. Außerdem begleite ich meine Kollegin gelegentlich zu den von uns entwickelten Lehrgängen, woraus zwei Fachbücher entstanden sind.

Meine Blutwerte sind zwar mickrig, wie mein Professor behauptet, aber sie würden fürs Leben reichen. Ich habe Lust auf Leben und krempele, wie ich es von früher gewohnt bin, meine Ärmel hoch. Wir trauen uns wieder auf größere Reisen zu gehen und fahren zweimal nach Tunesien, wo wir gemeinsam mit allen Kindern die Stille und Weite der Wüste kennenlernen.

Mein Schwiegervater kann die Betreuung seiner alzheimerkranken Frau alleine nicht mehr leisten, weil sie die Nacht zum Tag macht, herumirrt und ständig beaufsichtigt werden muss. Wir entschließen uns, gemeinsam ein Heim für sie zu suchen und haben Glück in Darmstadt. Die große Wohnung der beiden muss aufgelöst werden. Der Schwiegervater zieht in eine kleinere in unserer Nähe.

Das Erlebnis der Nahtoderfahrung packe ich auf eine zweite Ebene und lege es in Winterschlaf. Die Notizen und die Detektivin vergesse ich doch glatt vor lauter Alltagstrubel. Meine Dünnhäutigkeit und Zartheit verstecke ich hinter der Fassade der Schafferin, der Lebenslustigen; und das ist für diese Zeit nicht die schlechteste Strategie. Werde ich gefragt, wie es mir geht – und ich bin erstaunt, dass mich viele Menschen dies immer wieder mit großer Anteilnahme fragen –, antworte ich mit einem Lächeln: »Ich bin zufrieden!« Zu sagen »gut« wäre an manchen Tagen echt gelogen, aber Jammern ist nicht mein Ding, denn ich bin wirklich zufrieden, darüber, dass ich lebe.

Meine Familie und ich brauchen Normalität. Dieses ganz normale Leben, gerade jetzt, wo die Schwiegereltern in einen neuen Lebensabschnitt eintreten, der auch uns auf neue Weise fordert. Wenn ich meine Schwiegermutter in der Demenzabteilung des Heims besuche, bin ich erstaunt, wie wohl ich mich bei ihr fühle. Sie erkennt mich nicht mehr, trotzdem sitze ich neben ihr und halte ihre zarte, knöchrige Hand. Sie mag das offensichtlich. Die Zeit läuft für uns in einem anderen Modus. Als tropften die Minuten ihres Lebensabends mit mir zusammen durch die Welt. Ich genieße diese Stunden. Sie wirken wie ein Blasebalg auf mich, obwohl ich ihrem allmählichen Abschied beiwohne. Ich habe keine Angst und entdecke in dieser Zeit eine große Liebe zu dieser Frau, die mir meinen Mann geboren hat. Es gibt ein Band zwischen uns, ein Band zwischen den Frauen in dieser Sippe Mehne, das bleiben wird, auch wenn sie geht. Ein neues Gefühl, etwas altmodisch, aber es gefällt mir gut. Ich trage es in mir, ohne groß darüber zu reden.

Vorahnung

Eines Tages meldet sich mein inneres Vorwarnsystem und ich wehre mich nicht dagegen. Ich fühle den nahenden Tod meiner Schwiegermutter und packe meine Totentasche, wie ich sie heimlich für mich nenne. Dabei denke ich an meine gefüllte Tasche, die jedes Mal im Schrank wartete, bevor ein Kind geboren wurde. Die Hebamme hatte uns erklärt, dass es wichtig ist, das Nötigste nicht in Hektik und in der letzten Minute einzupacken, sondern die Tasche beizeiten schon für den großen Moment bereitzuhaben. Ich bin gerne vorbereitet und oft meiner Zeit voraus. Stets bin ich zu früh fertig, obwohl mein Zeitempfinden oft so gedehnt daherkommt. Es ist wie Ewigkeit im Alltag. Aber den richtigen Moment, dieses innere Wissen, wann es darauf ankommt, das kenne ich schon aus Kindertagen.

Ich wusste, meine Schwiegermutter würde in Frieden gehen können und meine Totentasche stand für ihren Einsatz im Keller. Darin hatte ich massenweise Teelichter und kleine Glasschälchen, Taschentücher und Lavendelduft nebst einer

Duftschale verstaut. Ich wusste, wir werden eine Totenwache abhalten, wenn es so weit ist. Niemand hat mir erklärt, wie so etwas geht, ich habe auch nichts darüber gelesen. Ich wusste einfach, dass es schön sein kann, und vor allem, dass es sich für uns erfüllen würde. Mit meinem Mann habe ich darüber ab und zu gesprochen, um auszuloten, ob er auch bereit ist, seine Mutter auf diese Weise zu verabschieden. Ich bin froh, dass er offen ist, auch wenn ihm das Thema schwerfällt und er regelmäßig traurig wird.

Seine Mutter ist die Erste in unserer Familie, die uns abverlangt, zu überlegen, wie wir mit dem Tod der Eltern umgehen wollen und wie wir den Abschied mit unseren Kindern leben möchten. Ein Vorbild habe ich nicht. Bei keiner Beerdigung meiner Großeltern war ich anwesend. Die eine Großmutter starb schon vor meiner Geburt, die andere kurz danach. Und bei den Großvätern meinte man, dass Kindern das nicht zuzumuten sei, also blieben wir zu Hause. Ich spüre, dass mein Mann über meine Leichtigkeit froh ist, wie ich ihn und die Kinder an dieses Thema heranführe. Mir tut es gut, dass ich es tun darf. Dabei muss ich mich endlich nicht mehr verstellen. Fast unbeschwert wie ein Kind gehe ich an diese Tatsache heran.

Es ist so weit

Am Tag ihres Todes, im Februar 2000, geschieht etwas Überraschendes. Wie immer in den letzten Tagen sitzt ihr Mann neben ihr und sie erkennt ihn nicht wirklich. Urplötzlich, so berichtet er mir später immer wieder, sei sie zu einer ungewohnten Lebendigkeit erwacht. Sie habe sich im Bett aufgesetzt, einen lange nicht gekannten großen Appetit entwickelt und mit sichtlichem Wohlgefallen ihre Abendmahlzeit gegessen! Liebevoll und voller Freude habe er sie gefüttert und tatsächlich gedacht, dass sie nun wieder gesunden würde. Er schildert mir voller Überzeugung ihren wachen Blick, ja, sie habe sogar bewusst mit ihm Blickkontakt aufgenommen. Ihre Augen seien, anders als sonst, von intensiver geistiger Wachsamkeit erfüllt gewesen. Es kommt ihm so vor, als ob seine Frau im nächsten Moment aufstehen, ihre Koffer packen und weggehen würde, von einer solchen Energie und Klarheit scheint sie gepackt worden zu sein. Allerdings spricht sie kein Wort. In all den Wochen, da er täglich an ihrer Seite gesessen hat, hat er einen solchen Lebendigkeitsschub nicht erlebt. So verlässt er mit einer großen Zuversicht und Freude an diesem Abend ihr Zimmer. Und zu seiner großen Überraschung winkt ihm seine Frau vom Bett aus auch noch zu.

Nach seiner Ankunft zu Hause ruft das Personal des Pflegeheimes an und übermittelt uns die Todesnachricht. Der Tod wurde vom Personal etwa zehn Minuten, nachdem mein Schwiegervater das Zimmer verlassen hatte, bemerkt.

Mir ist sofort klar, dass sich der Tod auf diese Weise angekündigt hat, obwohl ich das Phänomen der terminalen Geistesklarheit erst viele Jahre später kennenlernen sollte. Es mag seltsam klingen, doch ich fühle eine große Freude in mir, auch weil sie ein klares Bewusstsein gehabt hatte, bevor sie sterben durfte. Wir entschließen uns, sofort zu ihr zu fahren. Meine Freundin ist so lieb, auf unsere Tochter aufzupassen, die schon schläft. Die beiden Jungs wollen unbedingt mit. Der eine packt ganz spontan und absolut freiwillig seine Geige ein, um seiner Oma noch ein Lied zu spielen. Ich klemme mir meine Totentasche unter den Arm und wir holen den Schwiegervater ab. Er ist gerührt, dass wir zu ihr gehen, alleine hätte er das nicht gewagt. Ich bitte darum, als Erste ins Zimmer gehen zu dürfen, um zu prüfen, ob die Situation für die Kinder wirklich zumutbar ist. Ich spüre sofort, wie erlöst meine Schwiegermutter ist, obwohl ihr Gesicht angespannt wirkt. Die letzten Wochen hatten so viel Ängstliches für sie im Gepäck. Ich fühle auch, dass ihre Seele, oder das, was unzerstörbar ist, nicht mehr in ihrem Körper weilt. Eine leise Schwingung spüre ich im Raum, als schwebe ihre Essenz noch ein wenig herum. Ich erinnere mich daran, dass man früher in den Häusern von kürzlich Verstorbenen immer ein Fenster geöffnet hat, um ihre Seele nach draußen zu entlassen. Kurz überlege ich, das Fenster zu öffnen, aber es ist so ein riesiges schweres Ding. Außerdem ist es draußen kalt und eigentlich soll ihre Essenz doch noch eine Weile unter uns sein. Schnell stelle ich meine Kerzen auf, das Lavendelöl spendet einen angenehmen Duft und ich bitte meine Familie herein. Mein Mann stützt seinen Vater, er ist zutiefst gerührt, als er neben seiner Frau steht und ihr die Hand hält. Er küsst sie auf die Stirn und unsere Jungs stehen staunend und ergriffen an Omas Bett.

Es ist schwer, es ist einmalig, es ist traurig und doch ist es wunderschön, dass wir alle zusammen hier sein können. Die Kinder begutachten ihre Oma ausführlich, berühren sie, streicheln ihre Wange und sitzen dann ganz brav und selbstverständlich auf ihren Stühlen um das Bett herum. Wir sind still. Es ist eine feine, heilige Kraft im Raum, die uns alle erfüllt. Der Opa ergreift immer wieder die Hand seiner Frau. Unser Sohn packt tatsächlich sein Instrument aus, stellt sich an das Fußende und spielt mit seinen damals zwölf Jahren ganz selbstverständlich ein kleines Stück. Der Opa weint. Er hat früher selbst Geige gespielt und sein Vater war Cellist an der Frankfurter Oper. Musik, und dann noch Geige, auch wenn es nur ein einfaches Stück ist, verzaubert und tröstet ihn. Plötzlich sind wir alle erschrocken. Die Oma erbricht ihr Abendbrot und alle denken, sie lebt wieder. Schnell wische ich alles sauber, gebe eine wenig Lavendelduft auf ein Taschentuch und beruhige die Kinder, weil sie denken, sie seien daran schuld. Das Geigenspiel habe dies ausgelöst. Das kann schon sein, meine ich, schließlich erzeugt es Schwingungen, die auch den noch vollen Magen einer verstorbenen Oma berühren können. Die Kinder überzeugen sich augenblicklich, dass ihre Oma nicht wieder lebendig geworden ist. Ich flüstere ihnen in die Ohren, dass in diesem Bett ihre Hülle liegt, die jetzt nicht mehr vom Strom des Blutes erwärmt und lebendig gehalten wird, die jetzt viele innere Prozesse durchläuft, bis sie irgendwann aufgelöst sein wird. Große Augen, viele Fragen, die wir später alle zu klären versuchen.

Die darauffolgenden Tage sind angefüllt mit allem, was zu tun ist, und wir verabschieden unsere Oma mit einer stimmungsvollen Trauerfeier. Wieder spielt unser Sohn ein Stück auf der Geige. Ich traue mich ein Klarinettensolo vorzutragen, das ich gerade übe. Eine Melodie aus dem Film *Jenseits der Stille*.

Ich bin erfüllt, dass es trotz aller Schwere doch auch so einfach war, wie sie hat gehen dürfen. Ich fühle wieder diesen großen Frieden in mir, für den ich immer noch keine wirkliche Zuordnung auf der Verstehensebene habe. Ich weiß nicht, warum das alles so ist. Ich weiß nur, dass es gut ist und zu unserem Leben dazugehört.

Theater für und gegen den Krebs

Trotz Ablenkung durch den Abschied der Schwiegermutter und meines Wunschs, wieder ganz im Leben zu stehen, beschäftigen mich die Bilder aus der Krankheitszeit. Es ist wirklich zum Verrücktwerden. Immer wieder kommen sie hoch, immer wieder rauben sie mir den Schlaf. Ich beschließe, sie in eine Geschichte zu verpacken, um mich so zu befreien. Auf meinem Computer schlummert eine Szenenfolge für ein eigenes Theaterstück zum Thema Krebs, das ich lose in meiner Bett-Universität niedergeschrieben hatte. Ich erinnere mich an eine innere Abmachung, die ich vor der Transplantation mit mir selbst geschlossen hatte als Belohnung für alle Strapazen. Und ich muss diese Abmachung einlösen. Verdrängung ist nicht möglich. Ich hatte mir damals geschworen, dass ich – wenn ich das alles überleben würde – einmal im Leben auf einer Bühne stehen will. Keine Ahnung, warum ich ausgerechnet das als eine lohnenswerte Aufgabe ansah. Es war einfach etwas, was ich noch nie erlebt hatte, abgesehen von den kleinen, unbedeutenden Auftritten mit der Blockflöte und der Klarinette als Kind.

So ist es nicht verwunderlich, dass ich zum richtigen Moment den richtigen Menschen finde, der mir hilft, diese verrückte Theateridee tatsächlich umzusetzen. Klaus Lavies in seinem HoffART-Theater in Darmstadt wird mein Lehrer. Die Arbeit und die Proben und damit verbunden das Eintauchen in die Theaterwelt haben für mich eine heilende Wirkung. In einem berührenden Stück über das Leben muss auch gelacht werden und so entwickelten wir den Slogan: »Lieber Humor als Tumor.« Dadurch entstand eine heitere Grundstimmung als Gegenmittel für die bedrohlichen Bilder in meinem Leben.

Der Tanz mit dem Tod

Meine Lieblingsszene ist der Teil, in der der Tod auftritt. Auch der Redakteur unserer Tageszeitung lobt in seinem ausführlichen Bericht nach der Premiere diesen Abschnitt als »die Königsszene« des Stücks. Klaus Lavies verkörpert einen modernen Tod. Er trägt einen schwarzen Anzug und eine Melone, eine knallgrüne Brille und nur an den Händen zeigen sich seine Knochen in Form von Skeletthandschuhen. Erst sitze ich im Flügelhemd neben ihm und schachere um mein Leben, verführe ihn dann, zu meinem Freund zu werden, und tanze am Ende mit ihm in das Licht. Eine Laserlampe und die Nebelmaschine erzeugen auf der Bühne eine Art Tunnel, durch den wir beide tanzen. Es geht mir tief ins Herz, und obwohl ich nicht wirklich an das Nahtoderlebnis denke, mobilisiert diese Szene in mir das vertraute schöne Gefühl der All-Verbundenheit, das im Alltag irgendwie nicht vorkommen darf oder will oder soll. Hier kann ich darin eintauchen und behaupten, es sei ja nur ein Spiel. Ein wunderbarer Mix. Bis zur Premiere quälen mich die Albträume weiter und ich kann mir nicht vorstellen, das alles vor Publikum zu spielen. Damit gerät die Erfüllung meiner Abmachung immer wieder ins Wanken.

Dann kommt der Moment, in dem ich kapiere, dass ich die eigenen Gefühle von der Rolle trennen kann. Ich kann plötzlich von oben auf mein Spiel blicken und in dieser Position nehme ich meine Gefühle gelöst von der tatsächlichen Situation wahr. Das erlebe ich als Meilenstein und nun sehne ich die Premiere herbei. Im Juni 2000 platzt das Theater aus allen Nähten und ich erfahre, wie es sich anfühlt, völlig erschöpft, aber überglücklich den Applaus zu empfangen. In meinen Gedanken gebe ich diesen Dank immer an alle Ärzte und Pflegekräfte weiter, denn ohne sie wäre das nie möglich gewesen. Mein Stück ist eine Hommage an die Medizin! Die größte Überraschung ist für mich, dass einer meiner Ärzte bei einer Vorstellung in der ersten Reihe sitzt und Tränen in den Augen hat.

Nach jeder Aufführung schließt sich ein tagelanges absolutes körperliches Schonprogramm an. Ich muss meinen Einsatz immer büßen. Alle Muskeln und Knochen schmerzen und mein Schlaf ist nach all der Aufregung noch schlechter als sonst. Trotzdem, der Flow hat eine unglaublich positive Wirkung auf mich. Ich will nicht aufgeben, ich will diesen irren Zustand öfter erleben. Alle weiteren Vorführungen sind ausverkauft und wir schaffen es sogar bis in den Tränenpalast nach Berlin, anlässlich des 25. Krebskongresses, der von der Deutschen Krebsgesellschaft e. V. und der Deutschen Krebshilfe veranstaltet wird. Als letzte Aufführung geben wir ein Gastspiel im Staatstheater Darmstadt. Einige meinen, an mir sei eine Schauspielerin verloren gegangen, doch ich spüre, dass dies nur eine wichtige Episode in meinem Leben ist und nicht zur Dauereinrichtung taugt. Es strengt mich zu sehr an und der Absturz nach dem Flow will bewältigt sein. Eigentlich ist es ein kleiner Wahnsinn, meine Kräfte so zu strapazieren, aber ich musste auf meine innere Stimme hören.

Erste Begegnung mit der Wissenschaft

Im Februar 2002 überredet mich meine Freundin Gudrun zu einer Veranstaltung zum Thema »Nahtoderfahrungen« mitzugehen. Sie ist am Thema ebenso interessiert wie ich, allerdings haben wir im Alltag wenig Gelegenheit, uns darüber auszutauschen. Denn ist sie bei uns zu Hause, warten stets die Kinder mit großer Freude auf ihre Gudrun. Und auch einiges an Hausarbeit, das ich immer noch nicht alleine schaffe. Umso besser, dass wir nun zu zweit mal ein paar Stunden rauskommen. Alleine hätte ich mich nicht getraut, schon alleine wegen der Autofahrt. Ich habe große Angst, das Auto zu benutzen, und vermeide es, wann immer möglich.

Die Veranstaltung ist organisiert vom Religionspädagogischen Institut der Evangelischen Kirche in Hessen und Nassau in Langen, das sich dem Thema »Sterben, Tod und Auferstehung« widmet. Es wimmelt offenkundig von Religionslehrern und -lehrerinnen, und die Kirche, der Veranstaltungsort, ist proppevoll. Ich bin überrascht, dass diese Themen für Religionslehrer so interessant sind. Wenig später verstehe ich, warum. In Klasse neun oder zehn steht das Thema »Tod und Sterben« auf dem Stundenplan, gerade in einer Zeit, wo Jugendliche sicher andere Dinge im Kopf haben. Wie mühsam muss es für die Lehrer sein, Jugendliche mit etwas zu konfrontieren, das nicht wirklich fassbar ist, wo es um Gefühle geht, die in diesem Alter doch eh keiner preisgeben will. Unser Ältester muss dieses Thema jetzt auch in der Schule haben, erzählt hat er davon noch nicht. Ich denke nur an die Oma, die wir vor zwei Jahren beerdigt haben, und frage mich, ob unser Kind von dieser Erfahrung nun profitiert? Was mag in ihm vorgegangen sein, als er in dem Theaterstück seine Mutter mit dem Tod hat tanzen sehen? Jetzt erst frage ich mich das! Bisher bin ich davon ausgegangen, dass es für ein Kind nur gut sein kann, wenn seine Eltern mit dem Sterben und dem Tod feinfühlig und aufrichtig umgehen. Aber sieht das unser Sohn genauso? Ich will ihn unbedingt fragen, sobald sich eine gute Gelegenheit ergibt.

Ein spannender Vortrag

Am Rednerpult steht der Wissenschaftler Günter Ewald aus Bochum. Er wird als emeritierter Mathematikprofessor angekündigt, der auch im Präsidium des Evangelischen Kirchentages tätig war und sich mit Weltanschauungsfragen befasst. Sein Vortrag hat den Titel: »An der Schwelle zum Jenseits – Nahtoderlebnisse. Fallbeispiele und Deutungen.«

Bei jedem Wort hänge ich – hellwach – an seinen Lippen. Ich höre zum ersten Mal Zusammenhänge und geschichtliche Fakten zum Thema Nahtod, die ich bisher zwar gelesen habe, aber jetzt erst richtig verstehe. Ein weiteres Aha-Erlebnis. Ich denke an das Phänomen, das sich entfaltet, wenn man in einer Kunstausstellung vor einem Bild steht und es auf sich wirken lässt. Weiß man etwas über das Leben des Künstlers und die historische Lage, in der das Bild entstanden ist, so betrachtet man es mit anderen Augen.

Vor lauter Spannung und Ergriffenheit sind auch meine Muskeln gespannt. Das mir mittlerweile so vertraute Wollpullovergefühl hat mich voll im Griff. Gudrun nickt mir immer zu, wir lächeln uns an, wie Alte, die Geschichten von früher hören. Was passiert hier schon wieder und wieso weiß Gudrun das alles auch?

Die Atmosphäre in dieser Kirche empfinde ich als eine Mischung aus tiefer Freude und Freiheit. So mag ich es. Beim Zuhören entdecke ich etwas Seltsames. Ich kann wieder auf verschiedenen Ebenen unterwegs sein. Ich sitze hier auf diesem Stuhl und höre zu, gleichzeitig kann ich aber den gesamten Raum in seiner Wirkung auf mich erfassen und ihn innerlich ablaufen.

Nicht dass ich denke: Ach ja, das sind hier zwanzig Meter in der Breite und dort geht's zehn Meter dreißig in die Höhe. Mit Zahlen hat das nichts zu tun. Es ist eine reine Form der Empfindung. In diesem Modus kriege ich mit, was andere in der entfernten Ecke des Raumes fühlen und denken. Ich spüre, wie die anderen Menschen im Inneren ticken. Ich vermag quasi ihre Schwingungen, das, was sie ausmacht, zu erfassen.

Wie soll ich das erklären? Es ist so, als wäre es mir möglich, in einen anderen Bewusstseinsmodus einzusteigen und damit an das Bewusstsein anderer anzudocken, aber eben nicht auf einer rationalen Ebene. Ich fühle, wie ein Mann am Ende des Raumes in Gedanken an seine verstorbene Frau versinkt und wie er bemüht ist zuzuhören. Von oben kann ich, ohne aufzustehen, sehen, wo er sitzt. Wirklich seltsam.

Da tippt mir jemand auf die Schulter. Was für ein Schreck! Wer macht denn so was? Ich drehe mich um und blicke der brünetten Frau mit dem schicken Kostüm ins Gesicht. Ach ja, durchzuckt es mich, die gibt es ja auch noch. Diese Detektivin. Sie signalisiert mir, dass ich mich ganz entspannt hier aufhalten könne. Sie würde alle meine Empfindungen sammeln und für unseren Fall dokumentieren. Auswerten könnten wir es später. Offensichtlich kann sie auch meine Schwingungen und Gedanken spüren. Genial. Ich nicke und bin froh, dass ich mich wieder ganz auf den Vortrag konzentrieren kann.

Spontan lege ich meine Hand oben auf den Kopf und merke, wie er offen ist. Kein Wunder, dass ich alles spüren kann, durchfährt es mich. Bin ich noch ganz dicht? Irgendwie natürlich nicht, aber wer ist schon immer ganz dicht? Ich bemerke, wie ich lächle. Ich muss sehr aufpassen, mit wem ich über was rede, sonst kriege ich nicht nur den Stempel einer Krebspersönlichkeit, sondern auch noch den für »total bescheuert« aufgedrückt. Reflexion und Freiheit den unterschiedlichen Denkmodellen gegenüber ist angebracht und vor allem die Einsicht, dass ich meine Wahrnehmung besser für mich behalte und an der passenden Übersetzung feilen muss. Meine Detektivin wird mir sicher dabei helfen. Ich beschließe, sie nun ganz offiziell zu beauftragen, koste es, was es wolle!

Der tosende Beifall für Professor Ewald holt mich ins Hier und Jetzt. Der Moderator tritt an das Mikrofon und eröffnet ein Zeitfenster von dreißig Minuten für weitere Fragen. Ich weiß nicht, warum ich es tue, aber ich habe keine andere Wahl. Ich sehe mich zu meiner eigenen Überraschung ans Rednerpult treten und mich vor versammelter Zuhörerschaft für diesen Vortrag bedanken. Und dann gebe ich erstmalig vor einer großen Gruppe zu, dass ich all das selbst erleben durfte, von dem eben gerade gesprochen worden ist. Meine Stimme wird kratzig, als ich mich sagen höre, dass der Vortrag für mich wie eine Offenbarung war. Ich gehe auf meinen Platz zurück, bin innerlich flirrig und gleichzeitig ganz ruhig.

In der nachfolgenden Pause ist Professor Ewald von Menschen umringt. Ich stelle mich an den Rand der Gruppe, um möglichst viel mitzubekommen. Dann sieht er mich an und kommt auf mich zu. Mir stockt der Atem. Er lächelt und freut sich über unsere Begegnung. Ich vergesse, dass ich einem Professor und Doktor, einem so gebildeten Menschen, gegenüberstehe. Es ist so selbstverständlich, hier zu sein und all das zu hören. Er fragt interessiert nach meinem Erlebnis und ich stottere bei der Antwort.

Dass diese Begegnung meinen ganzen weiteren Weg mit dem Nahtoderlebnis beeinflussen wird, wird mir erst viele Jahre später klar. Jetzt, in diesem Moment fühle ich zwischen meiner ganzen Aufregung wieder dieses sichere Wissen für den richtigen Moment, diese absolute Stimmigkeit, dass sich alles als gut und richtig erweisen soll, auch, wenn ich es noch gar nicht wirklich einsortieren kann.

Er habe nach der Pause einen Workshop zu halten, und wenn ich möchte, könnte ich dort mein Nahtoderlebnis erzählen. Die Teilnehmenden werden, so versichert er mir, mit großer Sorgfalt damit umgehen und er habe sehr gute Erfahrungen mit authentischen Berichten gemacht.

Noch heute packt mich Gänsehaut, denke ich an diesen Moment zurück. Diese Chance ist für mich der nächste Schlüssel zur eigenen Erkenntnis. Professor Ewald wird zu meinem nächsten Bergführer. Ich darf unter seinem Schutz zum ersten Mal in Gegenwart fremder Menschen darüber reden! Es tut so gut, obwohl ich innerlich komplett angespannt und aufgeregt bin, ja, ich muss Pausen einlegen, weil ich wieder mit den Worten ringe, weil ich wieder basteln muss, um die einigermaßen passenden Begriffe zu finden. Es gibt ja keine Worte dafür und doch muss ich sie immer wieder finden. Die Menschen waren still und berührt.

In diesem Workshop erzählt noch eine andere Frau von ihrem Erlebnis und den abenteuerlichen Umständen, in denen es zu ihr gekommen ist. Für mich ist es das zweite Mal, dass ich jemandem mit einer Nahtoderfahrung zuhöre. Ich bin völlig überrascht, dass wir ähnliche Worte haben und dass wir uns sofort im Inneren verstehen und uns auf rätselhafte Weise nahe sind, obwohl wir uns nicht kennen.

Auf dem Heimweg bin ich voller Glück über diesen Tag. Und meine Freundin Gudrun erzählt mir von ihren Erfahrungen mit dieser anderen Dimension, die sie während ihrer Weiterbildung als Heilerin gemacht hat. Wenn sie meditiere, um sich zu zentrieren, um sich ganz im Hier und Jetzt zu fühlen, gelange auch sie manchmal in den Zustand dieser großen Liebe und der All-Einheit. Also kann man das auch so erleben, ohne Nahtoderfahrung. Erleuchtung nennen es doch die Meditierenden. Bin ich nun erleuchtet, oder wie? Vielleicht sollte ich meditieren, um wieder stärker in dieses Erleben einzutauchen? Wie soll ich das aber im Alltag hinkriegen? Statt Bett-Uni nun Meditation? Fragen über Fragen. Es wird nicht einfacher.

Aufschreiben?

In einer der ersten E-Mails fragt mich Professor Ewald, ob ich mein Erlebnis schon aufgeschrieben hätte. Nur in Fetzen, antworte ich, weil ich nicht wirklich wisse, wie ich es überhaupt beschreiben soll. Er ermutigt mich, es zu versuchen, alle Details zu notieren. Aus seiner Erfahrung heraus würde das sehr helfen. Es sei wichtig, das Erlebnis noch besser einordnen zu können, zu verstehen und in das eigene Leben zu integrieren. Ich solle mir dabei Zeit lassen und alle Gefühle, die mich dabei überraschen, langsam und in Ruhe akzeptieren. Mich gruselt es, mir wird schwindelig vor dieser Aufgabe. Es ist wie bei einer Prüfung, wenn einem zwar die richtigen Lösungen irgendwie im Hirn rumhüpfen, sie sich aber nicht auf das Papier zwingen lassen. Denkblockade. Schreckliche Zustände. Ich trage diese Aufgabe ein paar Wochen mit mir herum. Will ich beginnen, höre ich gleich wieder auf, dankbar, dass es irgendetwas gibt, das mich ablenkt und eine viel größere Priorität hat, weil es ja für die

Familie oder sonst wen ist. Ich schleiche wie ein Dieb um das Anwesen herum, das ich bei der nächsten günstigen Gelegenheit aufbrechen will. Dieses Gefühl, etwas Verbotenes ans Tagenslicht zu befördern, ist zwar nicht nachvollziehbar mit dem Verstand, es hat aber genau diese Qualität des Erlebens. Als ob ich ein Geheimnis lüften wollte, das eigentlich im Dunkeln bleiben soll. Da ist wieder diese Scham, dieses Bloß-nicht-dran-Rühren, obwohl ich längst weiß, dass mir das auch nicht weiterhilft. Ich bin hin- und hergerissen, aber das Ärgste daran ist, dass jedes Mal, wenn ich mich erinnern will, punktgenau diese ganzen alten Filme hochkommen, die mir nachts den Schlaf rauben und mich quälen. Immer wieder muss ich die Qualen der Krankheitszeit fühlen, das ist Folter. Mein Doppelleben wird nun zu einer großen Bewährungsprobe, und es gibt Tage, an denen ich so durch den Wind bin, dass es mir schwerfällt, die Rolle der »Alles-im-Griff-Haberin« weiterzuspielen. Ich weine, ich schlafe nicht, ich kann nicht wirklich essen, ich schreie die Kinder ungerechtfertig an, ich bin wie festgezurrt im Zustand der Erstarrung, obwohl ich weiß, dass nur ich dieses gespannte Band durchtrennen kann.

Eine neue Diagnose

In meiner Verzweiflung besuche ich meinen Hausarzt. Von all den Sachen, die mit meiner Nahtoderfahrung zu tun haben, rede ich noch sehr schwammig und vage. Ich befürchte, dass er mich in eine Klinik einweisen wird. Das tut er zum

Glück nicht, dafür hat er einen guten Riecher: Er diagnostiziert bei mir eine posttraumatische Belastungsstörung, kurz auch PTBS genannt. Er habe lange genug auf der Intensivstation gearbeitet und viele Patienten, die aus dem Koma erwacht sind, hätten später genau diese Schwierigkeiten, von denen ich berichte. Das vegetative Nervensystem sei einfach noch voll im Stress, weil ein Aufenthalt auf einer Intensivstation pure Belastung für den Körper sei. Das leuchtet mir ein, das unterschreibe ich sofort. Eine Knochenmarktransplantation ist ebenfalls purer Stress und die Monate davor waren es erst recht. Meine Stressbremse funktioniert nicht mehr. Ich bin immer auf der Überholspur. Ich weiß nicht mehr, wie ich abbremsen kann, wo überhaupt die Bremse ist, wie ich entspannen kann. Dauerstress. Wenn ich ihn mir nicht selbst mache, dann tut es mein Körper für mich. Grässlich. Später wird diese Diagnose von der Universität Trier bestätigt. Dort nehme ich an einer Studie zum Thema PTBS teil, bei der neben einem ellenlangen psychologischen Fragebogen die Funktionsweise der sogenannten Hypothalamus-Hypophysen-Nebennierenrindenachse (HHNA) gemessen und eine Dysregulation bestätigt wird.

Mein Hausarzt redet mir ins Gewissen und rät mir dringend, eine Psychotherapie zu beginnen, das würde mir helfen. Mit einem Zettel voller Adressen verlasse ich seine Praxis. Schon wieder die Psyche! Langsam glaube ich es selbst. Trotzdem will ich noch nicht zu einem Psychotherapeuten. Warum nur? Warum stelle ich mich so stur? Ich weiß es auch nicht. Ich bemerke nur wieder dieses tiefe innere Wissen, das mir sagt, dass es gerade nicht mein Weg ist. Ich verstehe es nicht, aber ich weiß, dass ich auf mich hören sollte und auf sonst keinen, auch wenn mein Arzt sicher recht hat mit dem, was er sagt.

Ich erinnere mich daran, als ich 1999, kurz nachdem ich endlich Bescheid wusste, beschlossen habe, nur mir selbst zu vertrauen und meine beste Psychotherapeutin zu sein. Daran, dass ich akribisch meine Gedanken notierte und es mir dadurch so viel besser ging. Das Aufschreiben half mir, alles einer gründlichen Reflexion zu unterziehen. Ich denke an die Detektivin, die ich eingestellt habe. Aber das ist hier doch keine Sache für eine Detektivin? Oder doch?

In den Nächten, in denen ich wieder nicht schlafen kann, stehe ich auf und beende das Kopfkino, indem ich mich an meinen Laptop setze. Ich lese nach, was ich alles schon geschrieben habe und diskutiere in Gedanken mit ihr. Sie ist sehr nett, ganz sachlich, eine echte Profifrau. Sie meint, die Idee von Professor Ewald sei gut. Das Erlebnis aufzuschreiben, auch wenn es schwerfalle. Das sei auch für sie zur Dokumentation wichtig. Ohne Fakten könne sie schlecht arbeiten.

Ich zwinge mich, anzufangen und Wort für Wort aufzuschreiben, was ich erlebt habe. Das ganze Nahtoderlebnis aufzuschreiben, ist Schwerstarbeit. Besonders schwer fällt es mir, die Ebenen zu trennen, denn erzählen lässt sich immer nur ein Handlungsstrang, aber erlebt habe ich alles auf einmal. Ich werde fast verrückt an diesem Vorhaben, aber letztlich ist es ein befreiendes Gefühl, als ich es nach mühsamen Wochen geschafft habe. Damit erreiche ich eine wichtige Bergetappe, ein Zwischenziel. Ich erinnere mich an das Theaterspielen, die Möglichkeit, die Gefühle von der Rolle trennen zu können, indem ich immer wieder von außen auf mich schaute. Genauso mache ich es jetzt auch und ich bin überrascht, welche Schätze aus mir herausquellen und das Papier füllen.

Mein Nahtoderlebnis von 1995

Der Chronologie folgend müsste hier die allererste Fassung meines Berichtes stehen. Doch zwischen der ersten Niederschrift und dem Text jetzt liegen genau zehn Jahre. Zehn Jahre, in denen ich eine riesige innere Entwicklung und Transformation durchlaufen habe, die ich im weiteren Buch schildern werde. Zehn Jahre, in denen ich langsam begreifen durfte, wie wichtig es ist, ein solches Erlebnis nicht zu verdrängen, sondern sich dieser gewaltigen Erfahrung bis in die letzte Faser seines Seins zu stellen. Aufzuräumen mit alten Gefühlen, die damit verschweißt waren, und eine Schilderung zustande zu bringen, die in einer gewissen Weise neu und doch uralt ist. Neu, weil es für mich immer wieder neu ist. Uralt, weil ich in der Zwischenzeit weiß, dass dieses Erleben in unterschiedlichen Varianten erzählt und beschrieben wird, seit es Menschen gibt.

Im Erleben selber war alles gleichzeitig geschehen. Aber es ist unmöglich, alles gleichzeitig aufzuschreiben.

Hier also nun meine aktuelle Fassung, gewiss mit einem Hauch Mystik versehen. Die Sachlichkeit der Schilderung in früheren Texten brauchte ich als Korsett, jetzt erlaube ich mir, es so zu beschreiben, wie ich es fühle.

Mitsamt meinem Bett werde ich am 14. September 1995 in den Ultraschall-Untersuchungsraum gefahren. Ich habe unsägliche Schmerzen. Wenn nicht schnell etwas passiert, werde ich sterben, das ist mein Gefühl. Es ist mir unmöglich, etwas anderes zu denken, als dass es endlich vorbei sein soll. Ich bin mit meinen Kräften völlig am Ende. Ich kann das alles nicht mehr aushalten und vor allem, ich will es nicht mehr ertragen müssen. Ich denke noch nicht einmal mehr an unsere drei Kinder, die dann ohne mich weiterleben müssten. In den einsamen, schmerzgeplagten Nächten davor habe ich innerlich eine Form von Abschied geübt, indem ich mir immer wieder vorstellte, dass es hunderttausend Kinder auf der ganzen Welt gibt, die ihre Mütter verlieren, und es hunderttausend Möglichkeiten gibt, wie man damit klarkommen kann und muss. Ich habe mich beruhigt und mir eingeredet, dass sich eine Lösung finden wird, dass die Kinder ihren Schmerz irgendwann verdaut haben und trotzdem ein gutes Leben führen werden, einfach deshalb, weil ich sie bis hierher habe begleiten können. Ein guter Grundstock an Liebe zum Leben ist gelegt worden. Den Schmerz meines Mannes, mich zu verlieren, kann ich nicht fühlen, komisch, aber ich weiß, dass er stark sein kann und dass er genauso wie unsere Kinder seinen Weg finden wird.

Warum bin ich so sicher? Warum zerreißt es mir nicht die Brust? Warum schreie ich nicht rum und flehe und zetere? Ich kann nicht mehr. Ich habe Wochen der Unsicherheit und Krankheit und Tage mit diesen Schmerzen verbracht. Ich habe hohes Fieber und eine Untersuchung nach der anderen in unmenschlichen Situationen durchlitten. Ich habe etliche ratlose Ärzte erlebt, die mal mehr und mal weniger einfühlsam waren. Ich fühle die Kraft nicht mehr, die mich hier halten kann. Ich habe sie nicht mehr in mir! Sie ist verbraucht. Ich finde es absolut nicht schlimm, jetzt einfach zu verschwinden. Es fühlt sich leicht an, ich will nur, dass dieser Zustand endlich aufhört.

Und da passiert es auch schon: Ich steige aus. Ich steige aus, aus dieser kranken Hülle, ich lege sie ab, wie eine Jacke, die ich nicht mehr brauche, ich schlüpfe aus meiner Verpuppung und lasse einen Rest zurück, der unwichtig geworden ist. Oben am Kopf bin ich offen, weit offen, dort wo früher die Fontanelle war, wo sich die Schädelnähte noch nicht geschlossen hatten und wo die einzelnen Schädelteile beweglich und verschiebbar sein mussten, damit ich überhaupt den Weg auf diese Welt habe schaffen können. Dort ist mein Kopf jetzt weit und offen und ich schieße da einfach raus. Peng! Hinauskatapultiert in eine andere Dimension. Eigentlich ist es eine Kraft, die mich anzieht, die mich holt, die mir hilft. Es geht ganz schnell und ganz leicht, als wäre es das Einfachste auf der Welt. Welche Erleichterung, welche Wohltat, diesen Körper nicht mehr haben zu müssen. In dieser neuen Weise fühle ich auch endlich keinen Schmerz mehr. Ich bin befreit. Das ist ein so großes Glück, einfach wunderbar!

Aber wo bin ich hier? Was ist los? Ich kann meinen Rest in diesem Bett liegen sehen, ja, ich weiß genau, das ist die Hülle von Sabine Mehne, geboren im Juni 1957 in Nürnberg, deutsche Staatsbürgerin und so weiter. Ich finde das nicht schlimm. Es ist, wie es ist. Dieses Ding liegt da eben, wie eine Tüte am Boden, die der Wind irgendwann mitnimmt. Und ich bin oben. Ich schwebe, ich entferne mich langsam, weiter nach oben hin zur Decke. Doch diese Decke ist gar nicht die Decke, ich kann durch die Wände gehen. Wände sind genauso wenig von Bedeutung wie Körperhüllen. Sie sind zwar da, aber ich kann hindurch und das ohne Anstrengung, einfach so. Ganz leicht. Herrlich! Es ist großartig, weil ich alles auf einmal sehen kann, ohne mich anzustrengen, ohne den Kopf zu drehen, ich habe den Alles-in-allem-Blick, rundherum. Unglaublich. Ich bin verwundert, dass mir meine Hülle so egal ist, ich aber die Gefühle der anwesenden Ärzte genau spüren kann. Mit Hochspannung schiebt der eine den Ultraschallkopf über meinen Bauch und sagt zu den anderen, dass ich eine Blasenlähmung habe. Die Blase sei so groß wie ein Kindskopf. Sie müsse sofort entleert werden. Das hält mich nicht auf, ich mache mich weiter auf meinen Weg und wende mich ab, sie werden schon alles richtig machen da unten. Hier oben ist es herrlich, es gibt gar keine Zeit, es ist alles gleichzeitig, ewig oder wie soll ich es sagen? Erstaunt bin ich, dass ich mich wie in einem Zwischenkörper fühle, in so einem watteähnlichen hellen, fließenden Körper, der aber keine Arme und Beine mehr hat. Ich sehe, dass meine Augen hell leuchten, mein Gesicht ist ganz groß und voller Freude, alles andere ist Watte, weich und durchsichtig. Und plötzlich verschwimmt mein ICH, meine kleine Winzigkeit Mensch, meine Seele oder meine ureigene Formel, die mich ausmacht. Ich fühle, wie ich einem Sog folge. Es gibt etwas, das mich zieht, zu sich zieht, das mich haben will, das eine riesige Kraft und Faszination auf mich ausübt. Es ist, als öffnete sich mein Kokon und mein wahres Selbst landete in einem wunderschönen Licht. Ein Licht, wie ich es noch nie gesehen habe, es ist so hell, weiß und rein, manchmal ein wenig golden. Ein Licht ohne Schatten. Es ist alles, und gleichzeitig kann ich jedes Teilchen dieses Lichtes fühlen. Ich tauche ein, ich verschmelze mit dem Licht, ich trinke es, ich bin dieses Licht, obwohl ich weiß, ich bin gleichzeitig auch diese kleine Essenz, die im Licht ist. Die Grenze zwischen meinem ICH, meinem wahren Selbst und dem Licht ist aufgehoben. Ich bin EINS mit dem Licht. Es ist herrlich. Ich fühle eine solche riesengroße Freiheit, eine Freiheit, die es gar nicht geben kann, und trotzdem bin ich aufgehoben, bin ich im Licht geborgen, gehalten, geschützt.

Und dann ist da dieses Gefühl von dieser Liebe, einer Liebe, die über alles geht, die es auf Erden gar nicht gibt, die ich noch nie erlebt habe, aber von der ich weiß, dass sie existiert. Jetzt fühle ich sie, jetzt bin ich sie. Ich bin angenommen, ich bin gut und richtig, ich bin so rein, wie ich sein soll. Ich verstehe auf einmal alles. Alles wird mir klar, alle Zusammenhänge, alles, was die Welt, das Universum, das Weltall, alles, was den ganzen Kosmos ausmacht, scheine ich in seiner Grundkraft zu verstehen. Es gibt etwas, aus dem alles kommt und zu dem alles wieder zurückgeht. Ich meine, ich komme heim, ich bin da, wo ich hergekommen bin, wo alles seinen Anfang und sein Ende hat, wo es gar keinen Anfang und kein Ende gibt. Wo alles EINS ist, schön ist, wahrhaftig und göttlich. Ich weiß, dass ich lebe, dass ich existiere, anders als sonst. Nur noch in diesem Licht, und das ist die pure Ewigkeit. Den Tod gibt es hier nicht, er ist eine Idee der Menschen. Ein Begriff, um zu verstehen, aber ihn gibt es eigentlich nicht. Er ist ein Übergang in eine andere Dimension, in der ich bin, die Form ist, obwohl auch Form nicht mehr ist.

Nur Licht. Keine Sonnenbrille könnte ein solches Licht filtern, es würde blenden, die Augen würden zerstört werden, aber hier tut es das nicht. Augen brauche ich sowieso nicht mehr. Ich verfüge über ein anderes Sehen, ein vollkommenes Sehen, ein allumfassendes Sehen. Jetzt höre ich eine Musik, also Töne, wie ich sie noch nie gehört habe, eine Reihenfolge von Klängen, die dem Ozean entsprungen sein könnten, wie Schallwellen, die sich fortpflanzen, die mich ergreifen, weitertragen und mit dem Licht eins sind.

In diesem Zustand der Glückseligkeit werde ich mit meinem ganzen Leben konfrontiert. So als könnte ich es jetzt erst begreifen, als könnte ich jetzt erst die Tragweite all meiner Handlungen, Gedanken und Taten fassen. Alle Bilder meines Lebens laufen gleichzeitig wie in einem Film an mir vorüber, durch mich hindurch, über mich drüber, als tauchte ich auch dort völlig ein, als wäre ich EINS mit all diesen Bildern. Ich sehe alle Menschen, die in meinem Leben dabei waren, alle, und ich fühle alle, wie sie in ihrer Einmaligkeit sind und waren, alle. Ich fühle mit ihnen diese Liebe, die uns letztlich verbunden hat, auch wenn wir nicht immer einer Meinung waren. Dort, wo es Streit gegeben hat, fühle ich jetzt die Verletzung der anderen, ihren Kummer, meinen Kummer und den Wunsch, das möge alles gut werden. Schon ist es so. In dem Moment, in dem ich den Schmerz fühlen kann – und er ist bitter, er ist hart, er ist die volle Wucht, er ist Seelenschmerz, anders als Körperschmerz –, fühle ich auch, wie wir alle davon befreit werden, als wäre alles wieder gut, als wäre alles bereinigt, was je zwischen uns gestanden haben könnte. Eine riesige Welle der Versöhnung ist um mich herum, ich bin in ihr drin und alle sind wir verbunden. Es ist nur diese Liebe, die übrig bleibt und uns verbindet wie ein starkes Seil, wie eine gute Wurzel, wie ein Magnet. Alles gebildet durch das Licht.

Ich fühle ganz, ganz stark die Liebe zu meinem Mann. Wie innig wir verbunden sind im tiefsten Inneren unserer Wesen. Es ist so schön, so wunderbar, und ich weiß, dass er das auch fühlen können wird, wenn er in diesem Zustand irgendwann mal angelangt ist. Ich fühle ein solches Glück, dass wir im Leben zusammenfanden und nun vereint sind, durch das Licht.

Ich sehe etwas, das ich nicht kenne. Etwas, das mich schmerzt, etwas, das geschehen kann, das noch nicht gewesen ist, das noch kommen kann, aber jetzt ist die Zukunft unwichtig. Ich sehe nur, wie ich in hohem Bogen durch eine Windschutzscheibe eines Autos fliege und verletzt am Straßenrand liege. Das Auto ist Schrott. Ich sehe den Kummer in den Augen der Helfer, das Bemühen, mich zu retten, ich sehe die großen Augen meines Mannes, als er neben meinem Bett steht und hofft, dass ich wieder aufwache. Ich sehe es genauso klar wie alles andere auch, aber ich sehe es nur als Bild in diesem Licht. Dann wieder dieses Freiheitsgefühl, dieses Aufgehobensein aller Grenzen, frei fließend, einfach rein und frei. Ich bin gut aufgehoben und in Frieden.

Doch plötzlich gibt es einen Richtungswechsel. Ich komme immer näher an meinen Körper heran, sehe wieder die Ärzte, das Zimmer, das Ultraschallgerät, dieses weiße Bett und wie auf Befehl bin ich wieder in meinem Körper. Von oben, durch den Kopf, zack, genauso rein wie raus, ohne Mühe, einfach wieder drin. Sofort fühle ich den Schmerz, grässlich, nein, ich will schreien, nicht schon wieder. Keiner kümmert sich um mich, offensichtlich bemerkt keiner meine Not. Geschäftig werde ich samt Bett durch die Tür gewuchtet, durch all diese endlos langen Gänge geschoben, mit den grässlichen Gerüchen. Ich spüre die Enge meines Leibes und stöhne. Ein kurzer Druck, ein inneres Piken, ich merke, wie ein Schlauch in mich geschoben wird und der Druck im Bauch langsam nachlässt. Meine Beine zittern wie Espenlaub. Eine Schwester versucht mich zu beruhigen, streicht über mein Gesicht, redet liebevoll zu mir. Ich bekomme eine Spritze und meine Augen klappen zu, wie wenn die Rollläden am Abend runtergelassen werden. Ich bin irgendwo anders, aber nicht hier und nicht mehr dort. Irgendwo ohne Bewusstsein und das ist gut so.

Ohne Worte

Ich vermute, dass sich der eine oder andere nun fragt, ob diese Frau, also ich, nicht doch spinnen könnte. Dafür hätte ich, ehrlich gesagt, vollstes Verständnis. An manchen Tagen, wenn ich meine Aufzeichnungen durchsehe oder mich erzählen höre, denke ich es ja selbst. Es klingt schräg, fantastisch und unwirklich. Das gebe ich zu, mit all der Unerschrockenheit, über die ich mittlerweile verfüge, jedenfalls immer öfter. Doch die Dinge sind, wie sie sind. Ich kann es einfach nicht anders darstellen. Und wie bitte soll ich eine transzendente Erfahrung beschreiben, ohne mich von den Worten der Philosophen und der Mystiker, die sich schon immer damit befassten, anregen zu lassen? Trotzdem sind es meine Worte, ist es mein Gehirn, das dieses Erlebnis so übersetzt. Noch mal: Es gibt keine Worte. Eine Nahtoderfahrung ist letztlich in ihrer Gänze unbeschreibbar.

Ein Faktum finde ich allerdings bemerkenswert. Würde ich alle Menschen aufzählen, die in meinem Lebensfilm vorkamen, bräuchte ich mindestens eine Stunde. Fügte ich dann noch die jeweiligen Situationen nebst allen Empfindungen hinzu, ich bräuchte noch mal mindestens einen Tag. Das ist doch merkwürdig, wo gibt es eine so dichte Aneinanderreihung? Eigentlich müsste ich von Gleichzeitigkeit sprechen. So schnell, wie die Bilder auftauchten, kann kein Mensch denken, geschweige denn reden, gemessen an der Kürze der Zeit, in der sich die Erfahrung ereignet hat. Die Untersuchung dauerte mit Sicherheit nicht länger als zehn Minuten. Es muss eine andere Bewusstseinsebene gewesen sein, davon bin ich immer fester überzeugt. Diese ist ein Teil meines Lebens, auf den ich nicht mehr verzichten und den ich in meine Worte kleiden möchte als Realität, die genauso ihre Berechtigung haben darf, ja sogar haben muss, wie, dass ich Locken habe, als Frau geboren bin und den Beruf der Physiotherapeutin gewählt habe.

Apropos: Das Wort Nahtoderfahrung finde ich unglücklich. Natürlich geschehen viele dieser Erfahrungen in der Nähe des Todes, aber viele eben auch nicht. Transzendenzerfahrung gefällt mir wesentlich besser, weil es eine Erfahrung einer anderen Wirklichkeit ist, ob halb tot, fast tot, hirntot oder gar nicht tot. Eigentlich ist es eine so tief gehende Erfahrung, dass sie eher »Lebenserfahrung« heißen müsste, weil sie das Leben so sehr bereichert und verändert. Das wiederum klingt nun fast zu platt, gemessen an der Tiefe, die ich erlangte.

Ich liebäugele auch mit dem Begriff »heilige Erfahrung«, nur höre ich schon jetzt alle Kritiker rufen: »Jetzt setzt sie sich auch noch einen Heiligenschein auf. Ist sie noch zu retten!« »Mystische Erfahrung« gäbe es da noch im Angebot. Das mag ich auch, wohl wissend, dass es etwas altmodisch und ebenso eingebildet klingen kann. Sich selbst eine Mystikerin zu nennen, ist unschicklich, diesen Status bekommt man, wenn überhaupt, erst posthum verliehen.

Den Körper ernst nehmen

Als Physiotherapeutin war ich Jahre lang bemüht, körperliche Engpässe so behutsam, wie es mir mit meinen beiden Händen möglich war, zu behandeln. Ziel war es, bei meinen Patienten eine schmerzfreie und bestmögliche Beweglichkeit herzustellen. Mein Spezialgebiet waren die Bandscheibenvorfälle und alle schmerzhaften Störungen des Bewegungsapparates. Dabei lernte ich natürlich auch viel über meinen eigenen Körper, wie er aufgebaut ist, was er braucht, um möglichst einwandfrei zu funktionieren, und vor allem, was er eigentlich überhaupt nicht mag und wie ich das besser wahrnehmen kann. Ein menschlicher Körper hat ein hohes Maß an Flexibilität, an Selbstheilungskräften und an Freundlichkeit für seinen Besitzer übrig.

Ausgerechnet mein eigener Körper litt dann an einer Krankheit, von der ich anfangs keine Ahnung hatte. Erst mühsam lernte ich in ihrem Verlauf, was dieser Körper alles auszuhalten bereit und zu welcher Regenerationsfähigkeit er imstande war. Unglaublich! Genauso unglaublich wie eine Nahtoderfahrung! Ich habe höchsten Respekt vor ihm, vor meiner leiblichen Hülle, die mir während des Nahtoderlebnisses überflüssig vorgekommen war, so wie ein unnütz gewordener Mantel.

Statt in meiner Psyche zu wühlen, liegt es mir deshalb näher, mich mit meinem Körper zu beschäftigen. Mehr als beängstigend ist für mich jedoch das Gefühl, mich nicht mehr wirklich auf ihn verlassen zu können. Er ist zwar da, aber ich fühle mich nicht mehr sicher in ihm. Zu oft habe ich ihn abgelegt, nun muss ich lernen, ihn wieder anzulegen. Das hat erhebliche Konsequenzen im Alltag. Ich habe Gleichgewichtsstörungen, die mich unsicher machen. Dazu gesellen sich Gefühlsstörungen in den Füßen, die als Spätfolge der Chemotherapie gedeutet werden. In diesem Zustand kann ich kein Auto fahren. Ich stelle mir vor, ich würde aus meiner Hülle aussteigen und wäre mitten auf der Autobahn. Eine Katastrophe!

Ich habe große Angst, denn es gibt da noch ein Bild aus meinem Lebensfilm, das wie ein Warndreieck an meiner inneren Pinnwand heftet. Wie eingebrannt ist dieses Bild, dem ich keine konkrete Zuweisung geben kann. Ich sehe mich durch eine Windschutzscheibe fliegen und werde schwer verletzt! Ein Albtraum! Krankenhausaufenthalte und Rehakliniken tauchen in meiner Vorstellung auf. Mit keinem kann ich darüber reden. Später beruhigt mich Professor Ewald. Er berichtet mir von einem Marathonläufer, der bei Kilometer dreißig immer aus seinem Körper aussteigen und jedes Mal trotzdem durchs Ziel laufen würde. Leider hilft die Geschichte nur bedingt. Auch als Beifahrerin ist es für mich kein Vergnügen und ich halte es manchmal heute noch nicht aus. Das Wollpullovergefühl ist beim Autofahren einfach blöd!

Die einzige Chance, die ich habe, ist, meinen Verstand einzusetzen. Erstens schnalle ich mich immer an, zweitens setze ich mich nur in die Kiste, wenn ich es mir wirklich zutraue. Dann versuche ich, ganz aufmerksam zu sein und mir zu sagen: Was geschehen soll, geschieht. Fahr jetzt und vertraue! Und wenn ich kein gutes Gefühl für meinen Körper habe, dann fahre ich nicht! Autofahren wird nie mehr meine Leidenschaft.

Mit meinem Mann im Cabrio zu fahren, ist zwar manchmal schön, vor allem, wenn uns der Wind um die Nase weht und wir das Gefühl der Freiheit auf vier Rädern haben. Dennoch bin ich froh, wenn ich wieder aussteigen kann. Und vor jeder Fahrt muss ich beten, obwohl mein Mann ein vorsichtiger Fahrer ist. Ich bitte dann das Universum, mir Schutz zu geben. Anscheinend hat es ein Interesse daran, dass ich noch eine Weile hier bin. Denn bisher ist mir nichts geschehen. Sollte mir doch irgendwann etwas zustoßen, dann ist es so, wie es ist.

Zurück zu meinem Körper. Mich stört, dass ich mich so eingeengt fühle, so zu klein geworden, so mickrig, kraftlos, einfach komplett zerrissen und zerstückelt. Meine Hülle soll sich wieder finden und ausdehnen lernen, um das viel zu große Bewusstsein wieder beherbergen zu können. Auch hier habe ich mehr Fragen als Antworten. Wo bitte gibt es Körperhüllenausdehner? Sind Physiotherapeuten auch dafür zuständig? Im Prinzip ja, aber die Vielfalt der Techniken ist groß. Es gilt auch hier, wie überall in unserer Welt des übergroßen Angebotes, das zu finden, was passt. Schade, dass ich nicht zu mir selbst in Behandlung gehen kann, denke ich immer wieder, das würde mir guttun.

Meine Arbeit

Ich denke dabei zurück an einen Mann, der aufgrund starker Rückenschmerzen in meine Praxis kam. Ich erstelle wie gewohnt einen funktionellen Befund und taste im Anschluss seinen Rücken ab. Dabei fühlen sich meine Finger vorsichtig in die unterschiedlichen Strukturen ein, die ohne die Hilfe meiner Augen schnell Bescheid wissen. Über die Spannung der Haut, die Festigkeit des Bindegewebes, die kleinen Wirbelgelenke und die kleinen Muskeln in der Tiefe erhalte ich alle Informationen.

Der Mann liegt auf dem Bauch. Ich mobilisiere die zusammengezogenen Teile seines Bindegewebes und seiner Muskulatur und versuche, das Gelenk am fünften Brustwirbel zu lockern. Es will sich nicht bewegen. Es ist hart wie ein Stein. Ich schubse es an, ich lege meine warme Hand darauf, ich spreche in Gedanken mit ihm, ich nehme die Hand weg und halte sie mit Abstand darüber, so als wollte ich es auftauen. Nichts bewegt sich. Es hängt fest. Das spürt mein Patient bei jeder Drehbewegung seines Oberkörpers nach rechts. Vor allem fühlt er den bohrenden Schmerz, den diese kleinen Gelenke produzieren können. Selbst Atmen fällt ihm schwer. Ich bitte ihn, sich auf die linke Seite zu drehen, und lege nur meine Hand auf dieses Gelenk. In meiner Hand verspüre ich ein starkes Vibrieren, ein Brodeln in der Tiefe, und plötzlich redet mein Patient.

Er berichtet mir, dass er sich gerade in einem Bild aus früherer Zeit wiederfindet. Er spielt mit seiner Schwester auf dem Friedhof. Sie statten seinem kleinen Bruder einen Besuch ab und rennen um das Grab herum. Sie wissen, dass sie ohne die Eltern dort nicht hingehen dürfen. Der Grabstein rutscht, er stolpert und der schwere Stein landet direkt auf ihm. Er sieht sich am Boden liegen, platt auf dem Bauch, das schwere Ding auf seinem Rücken. Er kriegt keine Luft und zappelt mit den Füßen. Sein erster Gedanke gilt der Schimpfe der Eltern. Er versteift sich vor lauter Angst. Den Stein fühlt er nicht mehr. Die Schwester holt eine Frau zu Hilfe, die ein paar Reihen weiter an einem Grab Blumen gießt. Diese eilt sofort herbei, schiebt mit allen Kräften den Stein beiseite und hilft ihm auf die Füße. Genau dort, wo jetzt meine Hand liegt, lag damals der Stein. Genau dort spürt er jetzt wieder diesen Schmerz und die Angst.

Ich merke, dass ich mit meiner Hand dranbleiben muss, bloß keinen Rückzieher machen. Jetzt gilt es, den Schmerz mit auszuhalten. Er liegt still und atmet flach. Ich halte meine warme Hand wie ein Tuch, wie ein Pflaster an diese Stelle und höre, wie er weint. Puh. Ich atme aus und bleibe still in seiner Nähe. Dann fühle ich seinen tiefen Atemzug bis in die Flanke hinein, dort, wo der Stein ihn ehemals zusammengedrückt hat. Der Atemzug ist so tief, dass er meine Hand regelrecht wegatmet. Ich halte sie nun mit einem Abstand von dreißig Zentimetern zu seinem Rücken und warte. Er bittet mich, ihm eine Decke zu geben und ihn etwas in Ruhe zu lassen.

Als ich nach etwa fünfzehn Minuten wieder nach ihm sehen will, steht er bereits im Raum, knöpft sich sein Hemd zu und lächelt. Wir verabreden einen Termin am nächsten Tag. Für alle Fälle, gebe ich ihm noch eine Telefonnummer, wo er mich jederzeit erreichen kann. Am nächsten Tag zeigt er mir, dass er sich ohne Schmerz nach rechts drehen kann. Er habe die halbe Nacht wach gelegen und seine Kindheit betrachtet und er habe den Schmerz über den Verlust seines damals vierjährigen Bruders zum ersten Mal zulassen können. Am Morgen sei er am Grab gewesen. Danach habe er seiner Mutter einen Strauß Blumen gebracht und mit ihr über das damalige Unglück sprechen können.

Heilende Hände

Nach all den Strapazen der letzten Jahre muss ich meinen Körper dringend sanieren. Erst dann kann meine Seele, meine Essenz, das, was Unzerstörbar ist, oder wie immer es genannt sein will, wieder richtig einziehen.

Wegen Baustelle geschlossen, denke ich mir und versuche eine Übergangswohnung in mir herzurichten.

Ich beschließe, zu meiner Freundin Gudrun zu gehen. Sie ist Körpertherapeutin und hat heilende Hände. Bei ihr und in ihrer kleinen Praxis bin ich mir sicher, dass ich so sein darf, wie ich gerade meine, sein zu müssen. Die Behandlungen bei ihr sind nicht das reine Vergnügen. Bereits als ich im Behandlungszimmer auf dem Rücken liege, kommen die Bilder aus dem Versteck. Das gibt es doch nicht: Wie auf

Knopfdruck setzt der alte Folterfilm wieder ein. Die Seitenlage ist besser, da kann ich mich einrollen und schützen, wie ein kleines Tier.

Gudrun fasst mich oft nur aus der Entfernung an, manchmal sind es zehn Zentimeter oder ein halber Meter Abstand. Dann fühle ich, wie die Luft zwischen ihr und mir flirrt, erst wie der Schlag von Libellenflügeln im Sommer, zart und fein, und dann, wie es richtig arbeitet zwischen uns, wie wenn Fledermäuse aufgescheucht werden und eilig davonfliegen. Wenn sie mich berührt, fließen die Tränen. Sie schütteln mich, ich fühle mich klein und krank. Ich muss alles abregnen lassen, was je über mich hereingebrochen ist. Zwischendurch nimmt sie einzelne Körperteile, meine Arme oder Beine, in ihre Hände. Sie nimmt ihnen das Gewicht ab, sie dehnt, zieht, schiebt und drückt, als ginge es darum, sie einzeln zum Leben zu erwecken. Diese Bewegungen sind eine Wohltat für mich, sie verhelfen mir zu einer gefühlten Weitung meines Selbst. Es ist so wie mit dem zu heiß gewaschenen Pullover. Nach der Wäsche muss er behutsam, aber zielstrebig glatt gezogen werden, um die geschrumpften Maschen zu dehnen. Meinen Körper so in ihren Händen gehalten zu wissen, ist kostbar. Ich entdecke, dass ich diese Wirkung verstärken kann, wenn ich innerlich mit mir rede. Ich bitte meinen Körper, sich in seiner Innenhaut zu öffnen. Und ich bitte das Licht, in ihn einzuziehen, mich von innen zu erfüllen und sich in allen Ritzen meines Leibes breitzumachen. Eine tiefe Ergriffenheit zieht in mich ein und macht mich ruhig. Das hilft mir, diesen irren Stress in meinem Körper in Ruhe umzuwandeln. Arbeitet sie an meinem Kopf, so liebe ich es, wenn sie ihn festhält, vor allem oben, dort, wo ich immer offen bin. Sie hält meinen Kopf ganz fest, das tut so gut, als ob sie mich abdichtete. Nach den Behandlungen bin ich immer hundemüde, komplett geschafft und frage mich, wie lange es noch dauern kann, bis ich wieder einen glücklichen Körper habe. Einen, der Lust hat zu tanzen, einen, der sich freut, standhaft in dieser Welt zu sein, einen, der keine Sehnsucht mehr verspürt, vom Wind wie eine Tüte weitergeweht zu werden?

In dieser Zeit habe ich eine Operation vor mir. Ich wage es, dem Anästhesisten zu sagen, was ich hinter mir habe und dass ich fürchte, bei einer Narkose wieder den Abmarsch zu machen. Er scheint schon was von Nahtoderfahrungen gehört zu haben, zumindest zuckt er nicht unsicher zusammen. Er verspricht, auf mich aufzupassen, wenn er mich in einen anderen Bewusstseinszustand versetzen wird. Zur Sicherheit bestehe ich darauf, dass meine Kollegin aus der Praxis mitgehen darf und im Aufwachraum neben mir sitzen bleiben soll, bis ich erwacht bin. Es wird mir gestattet. Ihr sage ich, dass sie sofort die Hand oben auf meinen Kopf legen soll, falls ihr etwas komisch vorkommt. Wir üben es, sie ist mutig und entschlossen. Die Operation verläuft gut und ich bin nicht wieder abgehauen, zumindest ist es mir nicht aufgefallen. Was wissen wir schon, was passiert, wenn uns während der Narkose die Neuronenverbände ausgeschaltet werden? Glück gehabt, aber nur so kann es gehen. Ich muss gut für mich sorgen, es hilft alles nichts. Und ich muss mutig sein und davon sprechen, weil ich sicher weiß, wie leicht sich der Pfad zwischen hier und dort immer wieder öffnen kann.

Sprechen

Mit dem Mut zum Sprechen ist es so eine Sache. Ein Arzt muss sich meine Äußerungen ja anhören, dazu ist er mehr oder weniger verpflichtet. Was er davon hält, muss er mir nicht sagen. Ich spüre sofort, was mein Gegenüber wirklich denkt. So schnell kann mir keiner was vormachen. Und ich versuche mir die Ärzte auszusuchen, bei denen ich mich einigermaßen sicher fühle.

Im Freundeskreis über meine Nahtoderfahrung zu berichten, ist schwer. Ich würde es zu gerne tun, denn fast jeder, der von einer tollen Reise schwärmt, ist sich der Anerkennung der Freunde sicher. Einer erzählt ausufernd von seinen Anstrengungen, ohne ausreichende Sprachkenntnisse Frankreich durchquert zu haben, und das mit dem Fahrrad. Er baut witzig seine Missgeschicke ein und alle lachen. In mich gekehrt hocke ich am Rand und denke an die gigantischste Reise meines Lebens. Mein Bericht würde alles toppen. Doch würde ich ihn zum Besten geben, dann wäre es wie damals, als ich eine Glatze hatte, ich würde damit Angst auslösen. Nahtod, schon alleine das Wort! Es mobilisiert die Angst vor dem Tod. Und es gibt fast keinen Menschen, der nicht Angst vor dem Tod hat.

Was ist nur los? Selbst die, die sich als gläubige Christen verstehen, sind bei diesem Thema seltsam wortkarg. Dabei würde ich doch erzählen können, dass diese Angst unbegründet ist, dass es einfach nur schön ist, wenn man frei ist, wenn man in einer anderen Dimension lebt. Aber warum sollten meine Freunde ausgerechnet mir glauben? In ihren Augen wäre mein Reisebericht eher eine gestörte Krankheitsaufarbeitung, die keiner wirklich hören will. Ich versuche es trotzdem, lasse keine Gelegenheit aus, eine Brücke zu bauen. Meine Freunde bemühen sich und manche zeigen eine ehrliche Neugier.

Doch es kommt der Moment, an dem mir gesagt wird, dass es nervt, wenn ich keine Zusammenkunft ohne dieses Thema hinkriege. Ich bin tief getroffen, lerne aber zu verstehen, dass meine Gedanken offensichtlich viel zu weit weg sind von der Alltagsrealität meiner Freunde. Wenn man sich trifft, will man lieber Zerstreuung haben und nicht wiederholt über meine Fragen brüten. Ich ziehe mich zurück und fühle mich fehl am Platz. Ich setze meine Hülle an einen Geburtstagstisch und denke dabei ständig an mein Licht. Wenn sie doch nur wüssten, wie schön es dort ist. Stattdessen wird über die Kinder geredet, über den nächsten Urlaub, über Probleme bei der Arbeit, die Flöhe der Katze und das neue Auto. Diese Gespräche kosten mich viel Kraft. Ich bin danach meist fertig, müde und missmutig. Aber ich spiele mit. Ich kenne dieses Spiel seit Kindertagen, es ist mir in Fleisch und Blut übergegangen. Als Schutz gebe ich mich dann betont lässig und cool, weil ich befürchte, dass mich sonst bald keiner mehr leiden kann. Später erfahre ich, dass man mich mit meinem coolen Gehabe als eingebildet bewertet. Egal was ich tue, es ist letztlich immer falsch. Ich fühle mich unter meinen Freunden fremd und komplett unglücklich.

Ich versuche es bei meinem Pfarrer. Er dürfte doch keine Angst vor dem Tod haben. Er ist mir zugewandt und freundlich. Doch auch hier spüre ich, dass er mich nicht wirklich versteht. Wie kann das sein? Spricht er nicht auch vom ewigen Leben? Von der Liebe, dieser übermächtigen, göttlichen

Liebe? Und was ist mit der Auferstehung? Ich merke, dass ich jetzt eine andere Sprache habe, eine, die nicht mehr in den protestantischen Rahmen passt. Ich merke, dass ich erst jetzt beginne, wirklich nachzudenken, was es alles mit meinem Glauben, mit meiner Kirche, der ich seit der Taufe angehöre, auf sich hat. Die ganzen Jahre habe ich diesen Kinderglauben nicht hinterfragt. Es war so einfach, sich an Gott zu wenden. Ihm zu danken, ihn zu bitten, ihn für alles uneingeschränkt zur Verfügung zu haben. Jetzt will ich mich nicht mehr in vorgegebene Worthülsen hineinpressen, nur um dazuzugehören. Selbst die Bitte »Herr, hilf mir«, wie sie in vielen Gebeten vorkommt, kann ich unmöglich vorbringen. Alleine der Klang von »Herr« ist streng und furchterregend, und einen »Herrn« gibt es für mich nicht. Das Licht ist einfach alles, es ist weich, hell, freundlich, gütig. Es ist allumfassende Liebe, wie soll ich all das in einem »Herrn« und dann womöglich noch in einem »Herrn Vater« unterbringen?

Meine Konfirmation

Sie hat in mir eine tief greifende Erfahrung hinterlassen. Das wird mir erst jetzt klar. Mit vierzehn war die wichtigste Frage, wie kurz der Rock zu diesem Anlass sein darf. In unserer Familie gab es nicht nur das Winterdirndl als eine Art Wanderpokal, nein auch das Konfirmationskleid. Wie gut und praktisch, dass meine Eltern nur Mädels hatten. Nun war ich an der Reihe und das von Mutter genähte Kostüm musste auf meine Maße angepasst werden. Eine Handbreit über dem Knie war meine Devise, der Mini war gerade modern sowie »Kalkbeine«, die weißen Feinstrumpfhosen. Meine Freundin und ich wollten als Einzige mit weißen Beinen in die Kirche kommen. Das durfte ich aber nicht. Ich musste doch die hautfarbenen tragen. Immerhin konnte ich mir ein paar neue Schuhe aussuchen, und ich war sehr stolz auf meine Lackschuhe. Sie sahen himmlisch aus.

In meiner Kirche am Ort fühlte ich mich immer wohl. Unser Pfarrer war noch einer vom alten Schrot und Korn, herzlich und klar, und es wurde gebetet, wie er es vorgab. Keine Gospels oder modernen Sachen, richtig altmodisch. Jeder Konfi-Jahrgang wurde im Herbst ins Pfarrhaus eingeladen zum Bratäpfel-mit-Vanillesoße-Essen, was selbstverständlich die Pfarrfrau für uns organisierte. Ich rieche noch heute diesen Duft der Äpfel, der Nüsse und der Vanillesoße. Es war gemütlich in diesem Pfarrhaus. Wir konnten offen sprechen, was ich von Zuhause ja nicht gewohnt war, wonach ich mich aber immer sehnte. Zudem hatten wir in der Kirche hinter der Orgel einen kleinen Raum, in dem wir uns regelmäßig trafen. Wir knabberten Salzbrezeln, tranken Apfelsaft, fädelten Perlenketten und erzählten uns unsere Pubertäts- und Teenagergedanken und -gefühle. Mir gefiel die wohltuende Mischung aus Vertrauen und Geborgenheit. Sie stellte sich auch während der Konfirmation ein. Zu zweit schritten wir nach vorne zum Altar, knieten uns hin und wurden gesegnet. Ich weiß noch, wie ich die Hand des Pfarrers auf meinem Kopf spürte und dabei dieses absolute All-Einheitsgefühl hatte. Es war ergreifend, denn ich wusste, dass ich niemals verloren sein werde, dass ich immer geführt und beschützt werde, komme, was da wolle. Dieses Gefühl hat mich mein ganzes Leben lang begleitet.

Und wieder ist es der Kopf, die Berührung am Kopf, die mich so sensibilisierte und das Erlebte auslöste. Heute frage ich mich, ob das für eine Vierzehnjährige nicht doch etwas außergewöhnlich war. Deshalb bitte ich unsere Tochter, mir zu erzählen, was sie bei ihrer Konfirmation gefühlt hat.

Sie habe Heuchelei empfunden, gesteht sie mir, deshalb habe sie sich geschämt. Außerdem habe sie krampfhaft überlegen müssen, wie sie mit diesen hohen Schuhen wieder aufstehen könne. Dass alle Blicke auf ihr ruhten, fand sie unangenehm. Ich hake nach und frage, ob sie nicht irgendeine Ahnung von Gottes Nähe gespürt habe? Nachdenklich erklärt sie mir, dass sie Schwierigkeiten habe mit dem Begriff »Gott« und den dazugehörenden Bewertungen. Sie glaube sicher an etwas Größeres, eine den Menschen übergeordnete Kraft und Dimension, aber es falle ihr schwer, den kirchlich verordneten Gott als den ihren anzunehmen. Das Ritual der Konfirmation habe sie als fremd empfunden, als gesellschaftliche Pflicht.

Ich kann sie verstehen und bin froh, jetzt mit ihr darüber sprechen zu können. Umso merkwürdiger finde ich, dass dieser Gott, mit dem wir uns zu Konfi-Zeiten befassten, für mich so selbstverständlich war. Ist es möglich, dass ich dieses Urgefühl der Liebe damals schon in mir hatte, weil ich – wie ich heute weiß – schon als Kind ein Nahtoderlebnis hatte? Hat dieses Erlebnis mit der Wassertonne, das Getrenntsein vom Körper und das Enthobensein in eine andere Dimension mich schon in Kindertagen zu einer Transzendenz hingeführt, die zu einem inneren Maßstab wurde? Zu einem Bewusstsein, das weitere Transzendenzerfahrungen möglich werden ließ?

Umso überraschter bin ich nun über mein Ungehaltensein, über meine Abwehr gegen festgezurrte religiöse Verhaltensregeln und Dogmen, egal von welcher Religion.

Über diese Ungereimtheiten konnte ich all die Jahre hinwegsehen. Das mit der Schuld beim »Vater Unser« überhörte ich. Das Gemurmel beim Gebet war so eingängig, dass ich es gar nicht wirklich hinterfragte. Jetzt klemmt es bei mir ständig. Ich kann dieses Gebet nicht mehr sprechen. Es wehrt sich alles in mir. Ich bin verwundert, dass ich bei diesem Gebet in der Kirche wenig Hingabe fühle, weder bei mir noch bei den anderen. Ich empfinde es auf einmal wie einen Befehl, dem der Gläubige zum vom Pfarrer festgelegten Zeitpunkt nachkommt. Ein Strammstehen und Beten auf Befehl!

Warum ist das nur so? Warum kann ich nicht mehr beten, wie es alle tun? Für mich muss beim Beten das gesprochene Wort zu meinem inneren Gefühl passen. Außerdem fühle ich absolut keine Schuld, noch nie habe ich sie gefühlt! Es macht mich wütend, wenn mich der erhobene pastorale Zeigefinger für schuldig erklärt und mich damit gegenüber Gott kleinmacht. Natürlich bin ich klein gegenüber diesem Großen, dieser Kraft und dieser Liebe, die ich spüre. Doch diese Kraft ist immer da, es gibt doch keine Grenze, ich bin immer in diesem Licht, egal wo ich bin, egal ob ich ein beseelter Körper bin oder nur noch Licht.

Für meinen Pfarrer ist es schwer. Er weiß nicht wirklich weiter mit mir, obwohl er sich sehr bemüht. Er bietet mir an, dass wir einzelne Stellen in der Bibel durcharbeiten und sie uns hinsichtlich meiner Fragen anschauen. Natürlich kann es nicht schaden, endlich mal genauer nachzulesen, was da eigentlich steht im Buch der Bücher, das habe ich ja noch nie wirklich getan. Doch das will ich nicht, ich bin voller Widerstand. Ich finde es grässlich, dass dieses Buch so unverständlich geschrieben ist und ich eigentlich mehr als ein Leben bräuchte, um es je zu verstehen, oder ich immer einen Übersetzer benötige. Doch jeder Pfarrer hat eine eigene Übersetzung. Zum jetzigen Zeitpunkt erscheint mir ein Bibelstudium nicht die richtige Idee zu sein.

Ich weiß nur eins: Ich will nicht mehr heucheln und eine Scheinheiligkeit an den Tag legen. Ich will endlich so sein dürfen, wie ich bin! Aber wie bin ich eigentlich? An manchen Tagen weiß ich es selbst nicht. Ich verordne mir eine Auszeit und werde eine Zeit lang nicht mehr in den Gottesdienst gehen. Diese Geborgenheit, die ich als Jugendliche in meiner Kirche fand, die finde ich jetzt einfach nicht mehr. Sie ist mir verloren gegangen. Es ist grässlich, es tut mir sehr weh, ich hätte gerade jetzt so gerne wieder dieses vertraute Gefühl. Ich scheine eine andere geworden zu sein, eine, die in diesen Rahmen nicht mehr reinpasst. Eine, die auch nicht mehr bereit ist, sich einzupassen, bloß um zu gefallen und dazuzugehören!

Ich fühle nur, dass ich ein Teil bin von diesem riesengroßen Licht, von mir aus auch von »Gott«, wenn man es so nennen will. Es ist egal, in welcher Seinsform ich bin, egal was ich tue, immer und überall bin ich eins. Ich fühle es so rein in mir, so unabdingbar, so stetig. Das ist doch auch ein Leben im Sinne Gottes, oder nicht? Fragen über Fragen überrollen mich und im Stillen denke ich mir, ob der Lebensfilm, der während der Nahtoderfahrung durch mich hindurchlief, so etwas wie das Jüngste Gericht war? Alle schlechten und schweren, alle gemeinen, bösen und ungerechten Situationen, aber auch alle schönen, alle liebenswerten Gefühle konnte ich auf einmal so klar wahrnehmen. Dieser Teil der Nahtodererfahrung läuterte mich, auch wenn ich im Licht baden durfte. Ich wurde nicht geschont, ganz und gar nicht. Alles sollte und musste ich noch mal ansehen und fühlen. Doch dann war da dieser Moment der Erlösung, dieses Erkennen, dass alles umgewandelt wurde, dass alles gut ist. Und danach war ich wieder in meinem Licht, wo ich gerne geblieben wäre.

Meine Frühschicht

Oft stehe ich schon um fünf Uhr auf, länger kann ich nicht schlafen. Dann genieße ich die Ruhe vor dem Sturm. Ich trinke in aller Ruhe meinen Tee, lese die Zeitung, kaue gründlich mein Brot. Tue ich das nämlich nicht, spinnt mein von der Chemo geschädigter Darm und schmerzt. Danach fülle ich die Waschmaschine im Keller und sortiere eine Ladung trockener Wäsche in den Korb. Langsam, aber sicher trudeln alle Kinder und mein Mann am Frühstückstisch ein. Je nach Tagesform ist der Geräuschpegel unterschiedlich hoch. Meist muss ich dabei auf die Schnelle irgendwelche Hefte aus meinem Schulvorratslager zaubern oder wissen, wo der Turnbeutel rumfliegt. Nebenbei gilt es noch, Schulbrotdosen mit unterschiedlicher Füllung herzurichten oder die morgendliche Schulunlust wegzuzaubern. Steht eine Klassenarbeit an, frage ich auch mal chemische Formeln oder Lateinvokabeln ab, während das Kind sich schon die Schuhe bindet oder noch seine sieben Sachen für den Tag zusammenklaubt.

Mir ist es wichtig, in der Frühschicht wirklich da zu sein. Aber ehrlich, das ist wahnsinnig anstrengend, ich muss mich zusammennehmen, damit ich ruhig bleibe und ganz im Hier und Jetzt bin. Gelingt mir das, spüre ich, wie gut es den Kindern tut. Mir ist es auch wichtig, diese Liebe, die ich für sie empfinde, tatsächlich zu zeigen. Ich bestehe darauf, jedes Kind einmal kurz, aber von Herzen in den Arm zu nehmen, bevor es seines Weges zieht. Das gibt ihnen Kraft für den Tag.

Als Letzter verlässt mein Mann das Haus, und das gerne mal auf den letzten Drücker. Dann möchte ich von ihm trotzdem eine Minute haben, in der er ganz bei mir ist. Ich liebe es, wenn er meine kleine Hülle in den Arm nimmt, sie festhält und ich das Gefühl habe, unsere beiden Seelen hätten im Inneren Flügel, die einen gemeinsamen Liebesstrom erzeugen. Ich weiß, dass ihm das manchmal schwerfällt, wenn er schon direkt nach der Ankunft im Büro eine Besprechung hat, die er im Kopf noch sortieren muss. Doch auf diesen einen Moment am Anfang des Tages bestehe ich! Ein gutes Omen für einen weiteren neuen Tag in der Kette meiner Lebenstage. Denn ich lebe in dem Bewusstsein, jeder Tag könnte der letzte sein. Jeder Tag ist kostbar. Ich wäre sehr traurig, wenn ich es verpasst hätte, diese Liebe zwischen uns gelebt und gefühlt zu haben.

Meine Vorlesung oder Futter fürs Hirn

Ist die Frühschicht geschafft, steige ich die Treppe hinauf und lege mich erst mal wieder ins Bett, um mich auszuruhen. Ich atme durch. Neben mir fährt der Laptop hoch. Ich führe einen regen E-Mail-Austausch mit Professor Ewald. Mit ihm traue ich mich, meine Zweifel zu diskutieren. Ich bin überrascht, dass ein emeritierter Matheprofessor mir Zusammenhänge zwischen Religion und Nahtoderfahrung erklären kann. Ich werde zu einer Art Studentin von ihm und entwickle richtigen Ehrgeiz. Jetzt ist mein Hirn an der Reihe, die drängenden Fragen zu sortieren. Ich hänge immer noch beim Thema Sünde fest, suche nach der Figur von Jesus und nach der Frage der Auferstehung in meinem Glauben. Wie gut, dass eine E-Mail-Antwort von Professor Ewald angekommen ist.

Darin schreibt er: *So wie durch Adam die Sünde und der Tod in die Welt gekommen sind, so sind durch Christus Befreiung von Schuld und ewiges Leben errungen worden. Jesus selbst glaubte, dass Gottes Heilswille immer schon gültig gewesen ist und Menschen über die Grenze des Todes hinausgeführt hat. Aber im Sinne Jesu dürfen wir festhalten, dass die Überwindung des Todes und auch der Glaube daran nicht mit dem Christentum in die Welt gekommen sind. Diesbezüglich steht das Christentum in einer quasi universalen religiösen Tradition.*

Was die Reinkarnationserfahrung und auch die All-Einheitserfahrung angeht, ist es meines Erachtens so, dass Erfahrungen von Reinkarniertsein bei Nahtoderfahrungen eher selten sind. Ich selber habe zu dieser Auffassung weniger Zugang.

Was die All-Einheitserfahrung betrifft, so nehme ich diese Erfahrungen ernster als zuvor, aber auch nicht als zutreffende Beschreibung des Zieles, auf das wir alle zugehen. Dazu führt mich schon eine logische Überlegung: Wenn alles eins ist, ist alles nichts, und dieser Zustand ist dann von der These »Mit dem Tod ist alles aus« nicht mehr unterscheidbar. Einen mittleren Weg finde ich dadurch, dass viele Nahtoderfahrene sagen: Das Erlebte kann man nicht in Worte fassen, es übersteigt jede Beschreibbarkeit mit menschlichen Begriffen. Das gilt auch für die »All-Einheitserfahrung«, die in Wirklichkeit keine Erfahrung, sondern eine Deutung ist: Das, was alles Verstehen übersteigt, wird als universale Einheit interpretiert. Aber diese Interpretation ist nur die eine Seite der Medaille. In der Begegnung mit Verstorbenen bei Nahtoderfahrungen und in dem sehr persönlichen Lebensfilm setzt sich das Individuumsein fort. Auch diese Erfahrung darf man nicht verabsolutieren, so als ob der Mensch als Kontinuum weiter bestünde wie bisher. Dass die irdische Zeiterfahrung ebenso wie das irdische Raumprinzip nicht mehr gültig sind, zeigt schon, dass ein Verwandlungsprozess stattgefunden hat: Das Ich ist dasselbe und doch nicht dasselbe, so ähnlich wie der Schmetterling dasselbe Tier ist wie die Raupe und zugleich auch nicht. Jesus sagt: Sie werden sein wie die Engel im Himmel, d. h.: nicht wie im irdischen Leben mit Ehe usw., aber auch nicht aufgelöst im All-Einen, wo nichts mehr unterscheidbar ist, sondern auf einer höheren Stufe, eben »wie die Engel«. Man spricht manchmal davon, dass das »kleine Ich«, das allzumenschliche ehrgeizige, gierige Ich, überwunden werden muss, aber nicht um die Ichhaftigkeit auszulöschen, sondern um einem größeren Ich Platz zu machen, das sich hinter unserem Alltags-Ich verbirgt. Die All-Ein-

heit von Gott und Mensch wie auch der Fortbestand des Individuums sind für mich zwei sich widersprechende Zugänge zur letzten Wahrheit, die sich für uns ausschließen, aber beide ihr Recht haben. Sie verweisen so in paradoxer Weise auf ein Geheimnis, das sich dahinter verbirgt und in dem diese für uns jetzt bestehenden Gegensätze aufgehoben sind.

Pause. Puh! Welchen Studiengang habe ich mir hier nur ausgesucht. Und das alles freiwillig! Ich schiebe das Beintablett nebst Laptop zur Seite und rutsche unter meine Decke. Schließe meine Augen und lasse die Gedanken kreisen. Ist meine All-Einheitserfahrung also keine Erfahrung, sondern in Wirklichkeit nur eine Deutung, wie Herr Ewald meint? Er hat recht: Wenn es keine Begrifflichkeit gibt, kann es nur Deutungen geben. Und davon müsste es so viele Deutungen geben, wie es Menschen gibt, es sei denn, man einigt sich auf eine bestimmte Form, was ja wohl in den Kirchen und in den Weltanschauungen der Fall ist. Trotzdem wehre ich mich innerlich dagegen, dass meine Nahtoderfahrung nur eine Deutung sein soll. Dann wäre es, als hätte sie nicht stattgefunden. Eine erlebte Deutung? Was ist das? Nichts? Oder will er nur sagen, dass man höllisch aufpassen muss mit dem, was man sagt? Mein Erleben schiebt sich wieder zwischen meine Gedanken. Es ist leider so intensiv, dass es alle Gedanken vom Tisch wischt. Der Lebensfilm, die All-Einheits-Erfahrung und das Gefühl des Aufgehobenseins der eigenen Ich-Grenze, das alles sind verschiedene Formen des Bewusstseins in einem Bewusstsein oder in einer Form des Seins.

Wir werden sein wie die Engel? Zugegeben, das klingt schön, wer will nicht gerne ein Engel sein? War dieser kurze

Moment, in dem ich mich wie in lichtvoller Watte fühlte, so etwas wie ein »sein wie die Engel«? Ich hadere damit. Diese Formulierung ist zwar schön, aber letztlich ist sie auch nur eine Krücke für etwas, das gedanklich nicht fassbar ist.

Je mehr ich denke, je tiefer ich eintauche, umso mehr Verwirrung erzeuge ich in mir. Und doch kann ich nicht davon ablassen, mich tiefgehend damit auseinanderzusetzen. Hätte ich doch mit zwanzig Theologie oder besser noch Philosophie studiert! Dann könnte ich mir womöglich jetzt viel besser helfen. Soll ich jetzt noch studieren, um endlich durchzublicken? Unmöglich, jetzt schaffe ich das nicht mehr. Der Zug ist abgefahren. Und hat jemals einer, der Theologie studiert hat, die Wahrheit gefunden? Und kommen die wahrhaft studierten und wissenden Menschen mit dem Leben besser klar? Ernüchterung auf allen Ebenen macht sich breit.

Ich habe drei Kinder und einen wunderbaren Mann, was will ich mehr. Hallo, Sabine, geht's noch? Je mehr Fragen du stellst, umso mehr Antworten wirst du erhalten. Solltest du nicht fragen, was du, nur du, zu alldem meinst, unabhängig von anderen? Unabhängig von Weltanschauungen und Religionen? Aber ich brauche doch den Unterschied zu den anderen, um mich selbst auszuloten. Sonst ist es doch, wie Professor Ewald schreibt, ununterscheidbar. Wenn alles eins ist, ist alles nichts? Und was wäre, wenn eben alles nichts ist? Ich reiße meine Augen auf und setze mich wieder hin.

Ja, so kann es für mich sein: Ich könnte auch damit leben, ein Nichts zu sein nach dem Tode, es wäre doch dann so, wie eins zu sein. Es passt besser zu dem, was ich erlebte, als die Idee, nach dem Tod aufzuerstehen, wie ein Engel zu sein und von einem Jenseits zu reden. Wo wäre ich zwischen Tod und

Auferstehung überhaupt, wie es in meiner Kirche gesagt wird? Wenn damit dieser Zustand des Nichts gemeint sein soll, weil bei Gott zu sein eine Form des Nichtseins wäre, dann kann ich das unterschreiben. Aber warum erzählt die Kirche immer noch diese Geschichte, dass alles stirbt und nach dem Plan Gottes wieder aufgebaut wird? Das erscheint mir so konstruiert. Reicht es nicht, dieses tiefe innere Wissen zu haben, dass ich verbunden bin mit einer Kraft, die stets und überall ist? Begehe ich einen Denkfehler, weil ich zu wenig logisch bin? Oder vergleiche ich Äpfel mit Birnen? Alles wird schwierig, wenn man drüber redet. Vielleicht wäre es tatsächlich besser, die Erfahrung in mir zu bewahren, alles andere zu vergessen und ein schönes Leben zu führen? Basta!

Sabine, solltest du jetzt nicht besser die Wäsche aufhängen und den Einkaufszettel für Gudrun fertig machen, die gleich zum Einkaufen und Kochen kommen wird? Ja, das sollte ich. Ich stehe auf und widme mich der greifbaren Realität, meinem Alltag, auch wenn mir diese Arbeit noch so schwer von der Hand geht. Aber ich fühle mich im langsamen und achtsamen Vor-mich-hin-Rödeln gut. Das ist Leben und ich mag es immer mehr.

Ich kann es nicht lassen

In der vorlesungs-, haushalts- und familienfreien Zeit lese ich trotzdem wieder mehrere Bücher parallel, obwohl mich das Lesen weiterhin schnell müde macht und enorm anstrengt. Zugute kommt mir, was ich während der Zeit meiner Krebserkrankung unerbittlich gelernt habe. Nämlich, was es heißt, sich durchzubeißen und ein Ziel zu erreichen oder auch, wenn nötig, den Dingen ihren Lauf zu lassen. Außerdem spüre ich, dass ich geführt werde in diesem ganzen Durcheinander. Ich weiß, es wird eine Zeit kommen, in der ich das alles in einer Weise sortiert haben werde, dass ich wieder ruhig und klar bin. Ich weiß es einfach! Wege entstehen dadurch, dass man sie geht. Ich muss diesen, meinen Weg so gehen.

Diesmal sind es die Werke von Professor Ewald: *Die Physik und das Jenseits* und *Ich war tot – Ein Naturwissenschaftler untersucht Nahtoderfahrungen*. Und ein fantastisches Werk von Carol Zaleski *Nah-Todeserlebnisse und Jenseitsvisionen – Vom Mittelalter bis zur Gegenwart*. Sie hat eine Reihe von Schilderungen mystischer Erfahrungen aus dem Mittelalter und aus jüngerer Zeit zusammengetragen, die mich schwer beeindrucken.

So grabe ich mich durch mathematische, physikalische und quantenphysikalische Zusammenhänge und glaube vieles davon zu verstehen, auch wenn ich ständig an meine Grenzen stoße. Würde mich einer fragen, dieses oder jenes Experiment zu erläutern oder eine Formel herzusagen, würde ich ins Stocken geraten. Zu Schulzeiten waren Mathe und Physik meine absoluten Hassfächer, natürlich hat es am Lehrer gelegen, auch wenn man das nicht sagen sollte. Aber ich kann es so sicher behaupten, weil ich in der Oberstufe einen Mathelehrer hatte, bei dem ich einen solchen Spaß an diesem Fach entwickelte, dass ich es sehr bedauerte, erst so spät dahin geführt worden zu sein. Mir gefällt, dass ein Wissenschaftler wie Professor Ewald den Nahtoderfahrungen sachlich aufgeschlossen gegenübersteht und sogar versucht, sie mit einem erweiterten Wissenschaftsdenken zu deuten. Er hat mehr Fragen als Antworten. Aber er stellt viele Fragen und er hilft mir, die Engstirnigkeit des eigenen Denkens aufzulösen, und es damit in eine neue Dimension zu führen.

Ich beginne mich zu weiten. Ich staune über all die Möglichkeiten, die es jetzt schon gibt, um sich diesem rätselhaften Phänomen anzunähern. Es ist herrlich, das Kapitel über das »kreative Chaos« zu lesen, komme ich mir doch selbst wie eins vor. »Kleine Ursache, große Wirkung«, ist nach Professor Ewald eine Redewendung, die die Wirkung der Chaostheorie auf den Punkt bringt. Der »Schmetterlingseffekt«, ein Begriff, der in der Meteorologie die Unmöglichkeit beschreibt, eine längerfristige und exakte Wettervorhersage treffen zu können, besagt, dass der Flügelschlag eines Schmetterlings einen Hurrikan auslösen kann. War das Nahtoderlebnis der Flügelschlag meines inneren Schmetterlings und ist das, was ich jetzt erlebe, der Hurrikan, der mich komplett durchwirbelt, damit sich alles neu sortieren kann? Nichts auf der Welt hätte diese Wendung in meinem Leben ankündigen können. Hätte sie mir einer vorhergesagt, ich hätte sie als banalen Unsinn weit von mir gewiesen. Das Bild gefällt mir, vor allem die Aussage, dass es unmöglich ist, in hochkomplexen Systemen mathematisch beweisbare Vorhersagen zu treffen. Als Leitsatz fällt mir ein Ausspruch ein, den ich mal gehört habe und den ich immer schon gut fand: Jedes komplexe System hat eine einfache Lösung und die ist falsch! Was heißt das nun für mich?

Ich erkenne, dass ich mein bisheriges Weltbild getrost auf dem Müll entsorgen kann. Ich glaubte daran, dass Naturvorgänge grundsätzlich vorbestimmt sind und dass ich deshalb als Mensch so und so funktioniere. Dieses Weltbild passt nun nicht mehr zu mir. Aber ein neues Weltbild habe ich noch nicht und es lässt sich so schnell auch nicht herstellen. Braucht man überhaupt ein Weltbild, eine sinnbringende Einordnung des eigenen Lebens in das Weltgeschehen? Kann ich nicht einfach alles über Bord werfen und frei sein? So frei wie im Nahtoderleben? Aber wäre das nicht auch eine Form von Weltbild, die mich wiederum festlegt und einengt?

Es wird noch verzwickter für mich. In dem Buch von Professor Ewald begegne ich der Sache mit den »Superstrings«. Sie sind als Träger von Schwingungen vorstellbar und sollen eine winzig kleine Länge haben, die Menschen mittlerweile annähernd berechnen, aber sich nicht mehr vorstellen können. Strings können als Gewebe zarter Saiten verstanden werden, die ständig schwingen, als eine »Harmonie der Sphären«, wie Professor Ewald es nennt. Das zu denken, bereitet mir zwar Kopfschmerzen, weil ich erneut spüre, dass sich beim Verstehenwollen meine Hirnwindungen bis zur Schmerzgrenze verknoten. Gleichzeitig erfahre ich aber, wie sich eine Freude einstellt, weil ich mich wunderbar außerhalb meines Körpers als ein hochkomplexes Geflecht vieler solcher schwingender, winziger Wellen vorstellen kann. Noch besser finde ich, dass alle, die längst tot, also ohne Hülle sind, quasi wie ein großes Orchester um mich herum und durch mich durch schwingen.

Ist die Sache mit den Strings womöglich eine Erklärung für mein feines Fühlen? Für mein Fühlen von Dingen, die man eigentlich nicht fühlen kann? Bin ich in der Lage, diese winzigen Wellen nicht nur zu denken, sondern auch wahrzunehmen? Doch Vorsicht! Was ich hier schreibe, muss noch nicht stimmen. Ich könnte damit einen echten Quantenphysiker womöglich auf die Palme bringen. Und doch wage ich zu vermuten, dass er mich vielleicht noch am ehesten verstehen würde, weil er es mit neuartigen Gesetzen zu tun hat, die auf den ersten Blick genauso unmöglich klingen wie meine Schilderungen des Erlebten.

Zu verstehen, dass Materie – so wie in der Quantenphysik beschrieben – im Grunde nichts fest Vorgegebenes ist, lässt mein Herz höherschlagen. Ich ahne zu begreifen, dass alles letztlich eine sich ständig verändernde Möglichkeit des ganzen Seins ist.

Kurz bereue ich es, nicht Physik studiert zu haben, dann würde ich diese Zusammenhänge vielleicht leichter verstehen. So begnüge ich mich mit der Möglichkeit, mir laienhaft mit Hilfe dieser gigantischen neuen Dimension auf die Sprünge zu helfen und mein Erleben und Denken in Sphären zu lenken, die mich dem unendlichen Raum – wenn man dann überhaupt noch von Raum sprechen kann – näherbringen. Ich wage mir vorzustellen, dass es doch irgendwann möglich sein könnte, mit Hilfe eines neuen erweiterten Wissenschaftsverständnisses die Transzendenzerfahrung aus der Nische der Verrücktheit herauszuholen.

Bisher hatte ich Wissenschaft immer so verstanden, dass nur sein kann, was unter wiederholbaren Situationen nachweisbar ist. Wie soll man ein Nahtoderlebnis wissenschaftlich überhaupt einordnen? Es ist ja niemals eins zu eins wiederholbar und nachprüfbar. Es lässt sich nicht im Labor herstellen, es geschieht meist völlig unerwartet und spontan.

Es scheint mir, dass die Wissenschaft mit ihrer rein rationalen Auseinandersetzung der Nahtoderfahrung nicht gerecht wird. In jedem Fall muss diese Extremerfahrung bewältigt werden, unabhängig davon, wie die wissenschaftliche Erkenntnis ausfällt.

Eine Nahtoderfahrung wird von vielen Wissenschaftlern immer noch als Halluzination bezeichnet, denn was nicht bewiesen wurde, hat keine Existenzberechtigung. An dieser Stelle füge ich ein, dass ich während der hochdosierten Chemotherapie Halluzinationen hatte. Ich kenne den Unterschied. Eine Halluzination ist schnell vergessen, ein Nahtoderlebnis niemals.

Ich will nicht undankbar sein, denn ohne die rationale Wissenschaft wären keine Therapien entwickelt worden, die so vielen Menschen das Leben retten – wie die Knochenmarktransplantation. Und doch kann die bisherige Wissenschaft nicht alles erklären. Womöglich müssen neue Bereiche erst entdeckt werden.

Wie auch immer, mir dämmert, dass es niemals eine endgültige Lösung geben wird. Höchstens eine Annäherung, eine, die besser passt, als all das zuvor.

Reise zum Bodensee

Professor Ewald berichtet mir in einer Mail von einer Gruppe Nahtoderfahrener, die sich einmal im Jahr immer über Fronleichnam für vier Tage in Öhningen am Bodensee trifft. Diese Treffen finden seit dem Jahr 2000 im Haus und Garten des Ehepaares Pfeiffer statt. Frau Pfeiffer hatte ein tiefes Nahtoderlebnis, als sie und ihr Mann in Afrika arbeiteten. Professor Ewald reist zu diesem Treffen einmal jährlich von Bochum nach Öhningen, um den Kontakt mit Nahtoderfahrenen zu halten und damit auch zu sehen, wie sich diese Gruppe Menschen weiterentwickelt und mit welchen spezifischen Fragen und Schwierigkeiten sie sich befasst.

Im Mai 2002 lädt er deshalb auch mich nach Öhningen ein. Nach einigen organisatorischen Überlegungen entschließe ich mich, hinzufahren. Mein Mann begleitet mich, ebenso unsere achtjährige Tochter. Während ich im Austausch mit den Nahtoderfahrenen bin, machen die beiden Ausflüge in die Umgebung. Bei einigen Gesprächen ist mein Mann anwesend, was ich als Meilenstein empfinde. Bisher habe ich mich ihm gegenüber sehr zurückgehalten, habe meine inneren Vorgänge, meine Turbulenzen und Fragen, die mich quälen, weitgehend mit mir selbst ausgemacht. Ich empfinde seine Einbindung in die Gespräche als große Chance für uns als Paar. Für uns beide ist es wichtig, dass wir mehr über dieses seltsame Erlebnis erfahren.

Am Bodensee angekommen, bin ich überwältigt von einer offenen, herzlichen Atmosphäre. Ich tauche in eine Einvernehmlichkeit ein, die ich in meinem bisherigen Leben kaum angetroffen habe. Obwohl ich keinen der Anwesenden kenne und ich sicher mit dem einen oder anderen auf offener Straße oder in einem Café, bei einer Feier oder sonst wo niemals ins Gespräch gekommen wäre, gibt es hier ein sofortiges Verstehen. Mehr noch, ich spüre eine Liebe, die mich in vertrauter Weise an das Erlebte erinnert. Wir begegnen uns bedingungslos, zumindest versuchen wir es. Das ist wirklich etwas Besonderes. Die wunderschöne Landschaft des Bodensees trägt dazu bei, denn wir können im Freien tagen und sind umgeben von einer blühenden Natur und Weite. Diese Atmosphäre überträgt sich auf wohltuende Weise auch auf meinen Mann und unsere Tochter. In ihr Spiel versunken, ist sie mal unten am kleinen Bach oder in unserer Nähe, hört Gesprächsfetzen mit an, sieht auch mal ihre Mutter weinen und fühlt sich sichtlich wohl.

Als Neuling in der Gruppe werde ich aufgefordert, mein Erlebnis zu erzählen, und ich bin wie immer, wenn ich das tue, total aufgewühlt. Die Gruppe gibt mir Halt. Darüber zu berichten, erinnert mich an ein Küken, das gerade aus seinem Ei schlüpft. Es hat sich nach außen gepickt und betrachtet die Welt zum ersten Mal. So ein Küken ist zart und fein. So wie diese heilige Stimmung, die viele Nahtoderfahrene als klärend und kraftgebend erleben, wie etwas Zartes und Feines.

An manchen Tagen ist mir das Reden wichtiger als essen und trinken. Bei jedem Erzählen werden all diese Empfindungen wach. Es sind die schönen, die die Sehnsucht nach dem Licht wieder verstärken. Und es sind die schlimmen Bilder der Krankenzeit. Trotzdem empfinde ich es als Reifungsprozess, den ich durchlaufen darf.

Das Erzählen will geübt sein. Ich lerne dabei ruhig und gelassen zu bleiben. Und gleichzeitig darauf zu achten, wie die Zuhörer reagieren, die kein Erlebnis hatten. Ich möchte es mit einer dieser Dehnübungen vergleichen, die ich für meinen Körper machen muss. Jeder kennt den typischen Schmerz, der beim Dehnen eines Muskels entsteht. Es erfordert Kraft und Ausdauer, diesen Schmerz auszuhalten und vor allem die Übungen freiwillig regelmäßig zu wiederholen. Genauso geht es mir beim Erzählen meines Erlebnisses. Zu Beginn ist es wirklich schmerzhaft, sich den Erfahrungen zu stellen, mit den Worten zu ringen, in das Gefühl hineinzugehen, um die heilige Atmosphäre ein wenig aufleben zu lassen. Dann komme ich in eine Art Flow, ich finde es wieder so fantastisch, dass ich abheben könnte. Am Ende bin ich froh, wenn ich es geschafft habe und nur ab und zu den Tränen nahe gekommen bin.

Absolut berauschend ist für mich, dass auch die anderen Nahtoderfahrenen so schnell denken und reden können wie ich. Wir sind in der Lage, uns in einer enormen Schnelligkeit zu verständigen, von einer Gedankenebene zur anderen zu hüpfen, sofort zu wissen, wo sich der andere befindet. Und gleichzeitig können wir uns hundertprozentig in die verschiedenen Realitäten einfühlen. Das ist Balsam für mich. Ich komme mir vor wie ein Hund, der ständig streng und kurz an der Leine gehalten wurde und der endlich frei herumrennen darf. Doch wer hält bei mir die Leine? Bin ich es selbst? Ist es mein Weltbild, das mich festzurrt?

Mit einem Menschen zu reden, der streng nach Logik vorgeht, ist für mich sehr anstrengend. Denn meine Denkweise hat sich grundlegend geändert. Mein logisches Denkzentrum, mein Verständnis für Zahlen oder Rechenvorgänge muss durch das Nahtoderlebnis hirnbiologisch zugunsten der atmosphärischen und emotionalen, sicher auch der transzendenten Intelligenz völlig umgebaut worden sein. Eine andere Erklärung habe ich nicht. Natürlich kann ich rechnen und logisch denken. Doch es ist Schwerstarbeit für mich, es dauert lange und ich mag es einfach nicht. Manchmal fühlt es sich an wie ein Knoten im Hirn und ich bekomme Kopfschmerzen. Mich nicht drosseln zu müssen, einfach frei zu denken und zu sprechen, ist für mich ein absolutes Hochgefühl. Ich merke am Bodensee, wie sehr ich das vermisst habe.

Noch etwas entdecke ich: Die anderen haben auch keine Angst mehr vor dem Tod. Bisher dachte ich, das sei nur bei mir so. Aber es ist ein Phänomen, das für Nahtoderfahrene typisch ist und es wird in der Fachliteratur sogar als eine der tiefgreifenden Veränderungen genannt.

Diese Erkenntnis entlastet mich sehr. Und Frau Pfeiffer meint sogar, dass eine Beerdigung für sie ein Freudenfest sei, denn derjenige, der gehen durfte, sei gewiss im Licht. Besser hätte ich es nicht ausdrücken können. Es ist schön, keine Angst vor dem Tod zu haben, auch deshalb, weil ich für mich sicher weiß, dass ich in eine andere Seinsform hinübergehe und nicht nur einfach verschwunden sein werde.

Ich mag es nicht, wenn von Jenseitsreisen gesprochen wird. Ich finde, das geht zu weit. Ich war nicht im Jenseits. Der Begriff Jenseits bezeichnet eine Trennung. Für mich ist aber gerade diese Trennung zwischen Hier und Dort aufgehoben. Alles ist eins.

Mit einer Frage bin ich stets konfrontiert: Wenn ich jetzt zu gehen hätte, wenn gerade jetzt der Tod eintreten sollte, meine Zeit gekommen wäre, würde ich zustimmen? Meine innere Antwort lautet: JA!

Es würde mir leidtun um dieses irdische Leben und die gerade neu gewonnene Lebenslust. Aber ich würde in das Licht zurückkehren, das ist meine Gewissheit. Das können viele Menschen ohne Nahtoderlebnis nicht nachvollziehen und sie verwechseln dieses hochspirituelle Fühlen leichtfertig mit dem Begriff der »Todessehnsucht«. Dort am Bodensee finde ich für mich den passenden Satz: Ich habe keine Angst vor dem Tod, aber ich habe Angst, mein Leben zu verlieren.

Bei diesem ersten Treffen spüre ich eine neue Selbstverständlichkeit in mir, die mich wieder an das frisch geschlüpfte Küken erinnert. Sie wirkt in mir wie Medizin. Das ist es, was ich brauche und was ich mir selbst verordnen sollte. Mehr Leichtigkeit im Umgang mit dem Erlebten, mit mir, mit meinen Lieben. Dazu noch das Sein in der Natur, es ist für mich ein Labsal geworden, weil ich mich in der Natur im Schoße dieser großen Kraft fühle. Das stärkt, das brauche ich, das will ich mehr in meinem Leben haben.

Die Tage in Öhningen haben ein kleines Programm. Dazu gehören ein oder zwei wissenschaftliche oder theologische Vorträge, über die eine Diskussion möglich ist. Wer sich nur mit den anderen Nahtoderfahrenen austauschen möchte, hat hierfür jede Freiheit. Für die Rüstigen gibt es Ausflüge in die Natur oder Bademöglichkeiten im See. In den darauffolgenden Jahren sind wir Fronleichnam immer in Öhningen und ich freue mich schon Monate vorher darauf. Seit diesem ersten Treffen ist mein wissenschaftlicher Bergführer Professor Ewald auch zum Freund geworden. Am Anfang fiel es mir schwer, ihn zu duzen. Im »Sie« klingt für mich mehr Hochachtung mit. Die habe ich vor ihm, einem Menschen, der in seinem Leben einen so unglaublich klugen Verstand entfaltet und so viel Wissen hat erlangen können.

Was ist Wissen? Zusammenhänge zu verstehen, die man studiert hat, oder mal eben durch eine Krankheit in ein universelles Feld hineingeworfen zu werden, das einem ein Wissen ermöglicht, das man sich schwer an einer Universität aneignen kann. Beides zusammen ist die ideale Mischung und wir werden in den nächsten Jahren öfter gemeinsame Vorträge halten und aus den unterschiedlichen Wissensfeldern berichten.

Teil 3

Die Zeit der Vertiefung
2003 bis 2007

Weltbildwanderschaft

Ab dem Jahr 2003 begebe ich mich auf Wanderschaft, ähnlich einem Zimmermann, der seine Erfahrungen in der Fremde sucht. Ich ziehe aus, um zu prüfen, welches Weltbild und welche Religion zu mir passen und ob ich noch eine Christin bin. Bin ich womöglich komplett esoterisch geworden oder suche ich nur nach mehr Spiritualität? Soll es der Buddhismus sein? Oder gar keine Religion mehr? Der Buddhismus hat in Deutschland gerade Hochkonjunktur. Wer in seinem Leben etwas erreichen will, muss meditieren, so jedenfalls kommt es mir vor. Christ zu sein, ist bieder und etwas angestaubt, und wie ich jetzt bemerke, stolpere ich über etliche Ungereimtheiten.

Wie auch immer, ich zeige offen meine Zweifel und meine Sehnsucht nach Neuorientierung. Damit rufe ich alle möglichen Religionsverliebten und »Erleuchteten« auf den Plan, die mich heftig umgarnen und mir ihr Weltbild schmackhaft machen wollen. Ich merke jedoch schnell: Jede Form von Vereinnahmung stößt bei mir auf Widerstand und lockt meinen inneren Skeptiker hervor.

In der Zwischenzeit habe ich ein übergroßes Freiheitsgefühl entwickelt. Sobald mir dieses kostbare Gut der Freiheit, egal in welchem Modus, ob hirntechnisch oder physisch, geistig oder seelisch-moralisch oder sonst wie, eingeengt wird, stellen sich mir die Nackenhaare auf. Das möchte ich näher erläutern.

Auf der einen Seite bin ich extrem offen geworden für jegliches menschliche Sosein. Früher habe ich eher in Schubladen gedacht und gefühlt. Jetzt ist es so, dass ich durch meine eigene außergewöhnliche Erfahrung bereit bin, vieles, was Menschen mir von sich und ihren Weltbildern erzählen, erst mal stehen zu lassen. Nichts ist mehr unmöglich, die Vielfalt ist doch gerade das, was das Leben so spannend macht, jedenfalls für mich. So passiert es mir immer wieder, dass ich mit dieser inneren Offenheit in den unterschiedlichsten Situationen mit Menschen in Kontakt gerate. Das kann beim Einkaufen, beim Spazierengehen, in der Stadt oder auch mal im ICE geschehen. Oft sind es kurze Momente, manchmal ellenlange Gespräche, aber immer findet eine tiefe innere Begegnung statt, die mich und mein Gegenüber absolut glücklich macht. Ich habe dann das Gefühl, dem Wesen eines Menschen zu begegnen und nicht nur seiner Fassade. Mir selbst gelingt es, in diesen Begegnungen auch meine Fassade hinunterzulassen. Ich empfinde das als erfrischend, als beglückend, als das wahre Leben. Freiheit bedeutet für mich immer stärker, den Mut zu haben, entschieden für das einzutreten, was meiner Meinung nach in einem bestimmten Moment gefordert ist. In diesem Gefordertsein ist eine Option zur Entfaltung meines wahren Wesens enthalten, und ich merke, dass es sich entfalten will.

Ein Unfall

Es gibt unzählige Möglichkeiten, in denen ich diese Einsicht leben kann, es wimmelt fast vor Möglichkeiten. Ich muss immer wieder gut sortieren und prüfen, für was ich mich einsetze. Meine physische Begrenztheit zwingt mich dazu. Und doch gibt es Situationen, in denen ich über mich hinauswachse, weil es der Moment erfordert und ich mich für ihn entscheide. Ich erinnere mich an eine eindrückliche Situation, die schon einige Jahre zurückliegt:

Ich bin mit unserem damals elfjährigen Sohn in der Stadt in der Fußgängerzone unterwegs. Dort werde ich Zeugin eines Unfalls. Ein LKW hat eine alte Dame angefahren. Ich sehe aus drei Meter Entfernung, wie die Dame zu Boden sinkt, und spüre den Impuls, schnell weiterzugehen, um unserem Sohn die nächsten Szenen zu ersparen. Doch ich kann nicht. Wie ferngesteuert trete ich zu der Frau, die mittlerweile am Boden liegt, sofort versammelt sich eine Traube von Menschen um uns, die aufgeregt zusehen. Ich knie mich zu der alten Dame nieder, nehme Augenkontakt auf und halte intuitiv meine Hand auf ihren Kopf. Sofort wird sie ruhig. Ich rede mit ihr und verwehre ihr den Blick zu ihrem Fuß, der völlig verdreht an ihrem Unterschenkel hängt. Ich verwickle sie in ein Gespräch, sie nennt mir ihren Namen, ihre Adresse, die ich dem Polizisten später weitergebe. Das für uns beide Magische an dieser Begegnung ist der tiefe Augenkontakt. Wir begegnen uns in unserem Wesen und es blitzt diese unsagbar schöne, tiefe und bedingungslose Liebe für einen Moment auf. Die ältere Dame ist eine feine, zarte, grauhaarige, gut frisierte Frau. Selbst in dieser Lage spüre ich ihre Liebe dem Leben gegenüber. Ich schenke ihr mein vertrauensvollstes Lächeln. Damit tröste ich sie und halte sie in ihrer Lebensenergie. Im Stillen denke ich: Sollten dies ihre letzten Minuten sein, dann möchte ich, dass sie schön sind, sie soll ohne Angst sein.

Der Notarzt trifft ein. Er lässt mich gewähren und verabreicht ihr eine Spritze, die sie schläfrig macht. Die Dame wird behutsam auf eine Trage gepackt und in den Krankenwagen geschoben. Mit einem letzten Blick schicke ich ihr alle guten Wünsche hinterher. Ich nehme unser Kind fest an die Hand und wir trotten still weiter. Lust zu shoppen haben wir nicht mehr.

Die Dame geht mir nicht aus dem Kopf. Zwei Wochen überlege ich, was ich tun könnte, und finde heraus, in welches Krankenhaus sie eingeliefert wurde. Ich mache mich auf und finde sie tatsächlich. Auf der Station werde ich sogar zu ihr gelassen. An ihrem Bett stehend, schaue ich auf ein Häufchen Elend, sie ist völlig benebelt. Man hat ihr den Fuß amputiert. Die freundliche alte Dame ist sie nicht mehr. Sie schläft. Ich trete behutsam näher, lege ihr noch mal die Hand auf den Kopf und bete für sie. Sie tut mir unendlich leid. Betrübt schleiche ich mich aus dem Zimmer und gebe der Schwester noch meine Adresse für die Angehörigen, für den Fall, dass sie eine Zeugin bräuchten. Ich habe nie mehr etwas von der alten Dame gehört.

Freiheit in Beziehungen

Die Sache mit dem wahren Wesen und dem Zulassen meiner Empfindungen tröstet mich über den Umstand hinweg, dass die eine oder andere Beziehung in die Brüche geht. Manche Menschen ziehen sich von mir zurück oder die Auseinandersetzungen gipfeln durch gegenseitiges Missverstehen in einem ausweglosen Punkt. Einerseits tut mir das weh, andererseits empfinde ich eine Form der Befreiung. Ich kann es kaum noch ertragen zu heucheln, um eine Beziehung aufrechtzuerhalten. Ich sehe es sogar als etwas ganz Natürliches, dass gemeinsame Wegstrecken im Lebenslauf für bestimmte Themen und Zwecke gut sind, aber nicht verpflichtend sein dürfen für immer und ewig. Verwelkt eine Pflanze, dann fallen ihre Blüten oder Blätter ab und irgendwann blüht etwas Neues. So stimmig empfinde ich es auch mit den Beziehungen. Das Neue entfaltet sich meist wie von alleine. Die wirklich guten und alten Freundschaften werden langsam tiefer, freier und ehrlicher. Zusätzlich lerne ich neue Menschen kennen, die offen sind für Tiefgang. Mein riesiges Bedürfnis nach Austausch und mein Hunger nach neuen Ideen werden so gestillt.

Außerdem verspüre ich kaum noch Lust, mit Leuten im Kontakt zu sein, die nicht bereit sind, ihr starr geformtes Weltbild zu hinterfragen. Es stört mich besonders, wenn ich mich als Suchende zu erkennen gebe und andere Menschen glauben, mich für ihre Religion und ihr Weltbild vereinnahmen zu können. Nach dem Motto: Der armen Seele kann geholfen werden.

Ist der Buddhismus gut für mich?

In der Auseinandersetzung mit einer Frau, die ihr Heil im Buddhismus gefunden und ihre Religion gewechselt hat, erlebe ich dies. Sie versorgt mich unermüdlich mit Schriften, sie sucht beständig das Gespräch mit mir und am Klang ihrer Stimme merke ich, dass sie mich behutsam »anfüttern« möchte. Dabei erfahre ich jedoch mehr über ihr Leben als über den Buddhismus. Sie erzählt mir ständig von ihren Schwierigkeiten, die sie im Leben hatte und die sich wie von selbst aufgelöst hätten, seit sie das Lotos-Sutra rezitiere, seit sie damit begonnen hätte, ihr Ego zu überwinden und ihr Karma zu reinigen. Fasziniert höre ich zu, in der Hoffnung auch irgendwann meine Fragen anbringen zu können. Ich lese in einer Zeitschrift, die sie mir regelmäßig überlässt, und finde dort Beschreibungen, die der neuen Weise meines Menschseins in der Welt nahekommen. Der Buddhismus verstehe sich nicht als Religion, erfahre ich, sondern als eine Philosophie. Ihr Grundanliegen sei die Suche nach Erleuchtung und der Respekt vor dem eigenen Leben und dem Leben anderer. Das gefällt mir, es verspricht mehr Freiheit, genau das, was ich suche. Das Lächeln des Buddhas weckt in mir diese Liebe in meinem Licht. Ganz anders als der leidverzerrte Jesus. Als die Frau mir dann noch mit Begeisterung erzählt, dass jeder das Glück nur in sich selbst finden und damit die Welt verändern kann, merke ich, wie ich innerlich weich werde. Da ich nichts Besseres habe, meine Sehnsucht nach Erneuerung aber weiterbrennt und mir die Ausübung meiner eigenen Religion fremd geworden ist, lasse ich mich darauf ein. Ich zeige weder meine Zweifel, noch stelle ich meine Fragen. Ich gebe nach und denke, nur weiterzukommen, wenn ich Erfahrungen sammle.

Wochen später ist es so weit und ich begleite sie zu einer Veranstaltung ihrer Gruppe. Zum ersten Mal erlebe ich, wie etwa achtzig Menschen in einem Raum sitzen und rezitieren. Auf der einen Seite des Raumes steht eine Art Altar, vor dem eine Person sitzt, die die Rezitation mit dem Anschlagen einer Klangschale eröffnet sowie die Pausen und das Ende einläutet. Es duftet nach Räucherstäbchen, überall verbreiten hübsche Blumengebinde ihren Charme. Alle halten eine Kette mit Perlen andächtig in den Händen. Ich sitze am Ende einer Menschengruppe, die etwas murmelt, was ich nicht verstehe. Es erinnert mich an den Gesang von Mönchen. Mal ist das Gemurmel sanft, dann kommt es daher wie eine galoppierende Herde wilder Pferde. Die Luft im Raum flirrt. Ich fühle eine innere Befremdung, weil mir das alles viel zu laut und zu heftig ist. Ich komme mir vor, als würde ich fortgeschwemmt. Zaghaft blicke ich mich um und merke, wie die anderen in ihrem eigenen Gesang wohlig schwimmen und darin aufgehen. Ich schließe die Augen, versuche auch einzutauchen und spüre tatsächlich einen kurzen Hauch von Frieden. Die Klangschale erlöst mich und ich freue mich, dass ich endlich aufstehen kann. Die Frau kommt schnurstracks auf mich zu. Sie lächelt verklärt, alle lächeln hier. Ich tue es auch. Trotzdem fühle ich mich komisch, wie fehl am Platz.

Bei anschließenden Häppchen und Getränken erklärt sie mir erneut die Vorteile der buddhistischen Praktiken. Jeder Buddhist muss diese Rezitationen in seinen Tagesablauf integrieren und beständig an seiner eigenen Veränderung arbeiten. Voller Freude teilt sie mir mit, dass auch ich, wie jeder andere auch, sofort damit beginnen könne, ohne mich der Gemeinschaft zu verpflichten. Ich würde schnell merken, wie sich mein Leben zum Positiven verändern werde. Ich werde unruhig. Habe ich mich jemals bei ihr über mein Leben beklagt? Warum fragt sie kein einziges Mal nach meinen Beweggründen, die mich hierhergeführt haben? Ich starte einen zaghaften Versuch und frage sie, ob Nahtoderfahrungen im Buddhismus eine Bedeutung hätten. Ob diese Erfahrung etwas mit der Erleuchtungserfahrung zu tun haben könnte? Mit großen Augen schaut sie mich an, denkt nach und erwidert zögerlich, dass der Buddhismus Nahtoderfahrungen kennen würde. Dass man deshalb erleuchtet sei, halte sie für unmöglich. Nur derjenige, der jahrelang praktizieren würde, könnte eventuell das Glück der Erleuchtung erfahren. Ich ziehe mich innerlich zurück und entscheide, mich hier nicht zu outen.

In den darauffolgenden Monaten bleibt sie mir auf den Fersen, obwohl ich ihr zu verstehen gebe, dass ich gerade keine Veranlassung sehe, mich mit buddhistischen Praktiken zu beschäftigen. Ich fühle mich bedrängt und sage ihr das irgendwann unmissverständlich. Sie wertet das als Schwäche und sagt mir milde lächelnd, sie werde weiter für mich rezitieren, damit auch ich meinen Frieden finden werde. Ich bin getroffen und habe den Eindruck, dass diese Frau auseinanderfallen würde, hätte sie nicht ihren Halt in ihrer Religion, von der sie behauptet, sie wäre keine.

Jahre später werde ich dieser Frau wiederbegegnen und sehr erschrecken. Sie sieht stark gealtert und krank aus. Als hätte sie sich von ihrem Leben verabschiedet, als wäre ihr der Faden des Seins gerissen. Sie erzählt mir von einer rätselhaften Krankheit, von der ich noch nie etwas gehört habe. Das Einzige, was ihr helfen würde, wären ihre Rezitationen, die sie nun noch stärker ausführen würde. In ihrer Stimme schwingt eine Angst, ein Zittern, eine Sehnsucht mit, etwas, das in mir die Ahnung keimen lässt, dass die tiefsten Rezitationen nicht ausreichen können, wenn der Mensch nicht etwas in sich öffnet, das ihn zu seiner ureigenen Quelle des Heilwerdens führt. Ich treffe weiterhin Menschen, die vom Buddhismus angezogen und bewegt sind. Es schleicht sich ein seltsames Gefühl der Unsicherheit bei mir ein. Soll der Buddhismus als neue Lebensform für all jene dienen, die mit der christlichen Kirche und dem strafenden Gott nicht mehr klarkommen? Ist es gar nichts wirklich Neues, sondern nur eine Verschiebung? Statt des »Vater Unsers« das »Lotos-Sutra«?

Mir ist klar, dass der Buddhismus vielschichtiger ist als das, was ich in der Begegnung mit dieser Frau erlebt habe. Dennoch ist der Buddhismus für mich momentan keine Alternative. Ich weiß viel zu wenig darüber und es ist nicht die Zeit, in die Tiefe zu gehen. Es muss noch etwas anderes geben. Und ich werde es finden!

Räumliche Freiheit

Immer stärker wird mein Bedürfnis nach Weite, Raum und Offenheit. Das finde ich ehesten in der freien Natur. Wie praktisch, dass meine Tochter und ich regelmäßig einen

Leihhund, einen gut erzogenen und liebevollen Golden Retriever, ausführen dürfen. Mit ihm streifen wir an manchen Nachmittagen stundenlang durch die Wälder und Felder. Wir erzählen Geschichten, machen Quatsch und klettern über Baumstämme, der Hund immer an unserer Seite. Er liebt es, wenn er von uns ausgiebig geknuddelt wird. Meine Tochter gräbt sich liebevoll in sein Fell und ich sehe ihre glücklichen Augen. Diese Zeit ist für uns beide wie ein Nachholen, wie ein gegenseitiges Nachnähren an Zuwendung und Nähe und ich genieße dies, viel mehr als früher. Auch bei den großen Brüdern, mittlerweile vierzehn und siebzehn Jahre alt, kommt es gelegentlich noch gut an, mit dem Hund zu gehen und zu erzählen. Dann fühle ich eine große Liebe in mir, zu dem jeweiligen Kind, zu der jeweiligen Situation, zu dem einfachen Sosein. Etwas Einfaches zu tun und nur den Moment zu leben, ist ein neues Stück Lebensqualität für mich.

An manchen Tagen bin ich froh darüber, dass ich nicht mehr so schnell bin und sein muss, wie viele andere um mich herum. Es würde mich krank machen, weil es mich vom Sein entfremdet. Ich gehe auch viel alleine in die Natur. Die Stille und die All-Einheit erlebe ich in der Natur als einfach, absolut rein und frei. Ich habe einen bestimmten Weg, den ich meinen heiligen Pfad nenne. Dort einfach nur zu gehen, empfinde ich wie ein Gebet.

Andere Schwingungen

Große Menschenmengen sind für mich schwer zu ertragen. Ich spüre jeden einzelnen Körper mit seiner Lebensenergie, die sich zwangsläufig mit meiner mischt. Es ist, als wäre ich in der Lage, sämtliche Schwingungen und Bewusstseinsebenen empfangen und fühlen zu können. Als funktionierte ich wie eine riesige Antenne, die alle verfügbaren Frequenzen empfängt. Bin ich in kleineren Gruppen unterwegs, kommt es leider auch zu Überraschungen. Dort treffe ich bisweilen auf Menschen, deren Frequenz auf mich eine Wirkung hat, als würde ich in eine Steckdose greifen. Andere Menschen wirken auf mich wie Laubbläser. In deren Gegenwart komme ich mir vor, als würde ich weggeblasen werden. Und dann gibt es noch die Sorte Menschen, die eine Energie wie ein Staubsauger haben. Meine eigene Lebenskraft wird abgesaugt, ich gelange superschnell in den Modus »löchrige Luftmatratze«. Zum Glück gibt es auch Menschen, die wie Luftpumpen, Energiespender, Liebesweitergeber auf mich wirken. In deren Beisein fühle ich mich köstlich getragen und am Leben gehalten. Ob auch ich wie ein Laubbläser oder ein Energiestaubsauger auf andere wirke? Sicher, vor allem dann, wenn ich, um meine Übererregung loszuwerden, ungerecht ins Meckern gerate. Leider merke ich das meistens zu spät.

Dass so viele Schwingungen auf mich einstürmen, bringt mich bisweilen an meine physischen Grenzen. Mein einziger Ausweg ist bisher die Flucht in meinen Faraday'schen Käfig. Das ist nach wie vor unser Haus, wenn nur ich mit meiner eigenen Frequenz dort sein darf. Dort habe ich nur mich selbst auszuhalten, was bisweilen schon Herausforderung genug ist. Manchmal überlege ich, ob ich womöglich in einem Kloster gut aufgehoben wäre. Ich stelle es mir dort still und heilig vor. Ich hätte aber nach einem bestimmten Weltbild und Regeln zu leben, was ich dann doch nicht allzu lange aushalten könnte.

Die Erforschung meiner Beziehungen

Neben der Suche nach dem passenden Weltbild mache ich mich auf, um die Beziehung zu meinen Eltern genauer zu betrachten. Ich bin das Kind, das sich am meisten für ihr Wohl verantwortlich zeigt. Der gemeinsame Wohnort und unsere Kinder haben dazu beigetragen, dass wir eine Art erweitertes Großfamilienmodell leben. Zehn Minuten Fußweg liegen zwischen uns. Weihnachten, Geburtstage, gemeinsame Urlaube und alltägliche Unternehmungen haben uns all die Jahre zusammengehalten. Doch jetzt bewegt mich nur ein Gedanke: Es ist mir wichtig, von meinen Eltern verstanden zu werden. Manchmal, so meine ich, kommen sie mit mir nicht mit, auch wenn sie sich bemühen. Dann versuche ich für sie die alte Rolle zu bedienen. Ich mime die tatkräftige Sabine und verbiege mich dafür. Das belastet mich immer stärker. Gleichzeitig möchte ich diese große Liebe, die ich in meiner Nahtoderfahrung erleben durfte, auch ihnen angedeihen lassen, schließlich haben sie in der Zeit meines Krankseins viel für mich und meine Familie getan. Ich sehe es als eine Art Auftrag an. Außerdem hat sich mein Mitgefühl für meine Eltern um ein Vielfaches erhöht. Ich fühle so stark für sie und versuche geduldig und liebevoll zu sein, auch dann, wenn es mir schwerfällt. Am stärksten sehne ich mich nach echten Gefühlen, nach unverklemmter Herzlichkeit, Offenheit und einer größeren Portion an Freigeist. Wieso gelingt es mir nicht, frei und liebevoll zu sein? Mein Herz ist in ihrer Gegenwart auf rätselhafte Weise wie versteift. Auf der Oberfläche spielen wir weiter die heile Familie, die Enkelkinder sorgen für Abwechslung und Erheiterung. In der Tiefe fühle ich mehr denn je diese alte Traurigkeit. Zunächst traue ich mich noch nicht, ihnen meine Veränderung zuzumuten, es würde ihr Weltbild ins Wanken bringen. Doch die Sehnsucht brennt, denn ich würde so gerne ganz und mit allem, was mich ausmacht, gesehen werden.

Als Test führe ich kleine Gespräche und letztlich wage ich die direkte Auseinandersetzung. Ich gebe ihnen ein Skript zu lesen, in dem ich meine Nahtoderfahrung und die ganze Geschichte meiner Krankheit ansatzweise beschrieben habe. Mein Vater zeigt sich aufgeschlossen. Er hat alles genau gelesen, das merke ich daran, wie er spricht. Darüber freue ich mich sehr.

Mein Vater, der Krieg und ich

Eines Tages schildert mir mein Vater ein Erlebnis, das einer außerkörperlichen Erfahrung oder sogar einer kurzen Nahtoderfahrung sehr ähnelt. Wir stehen in seinem riesigen Garten und er erzählt mir vom Krieg: Er war mit einem

Roller unterwegs. Nach einer Brücke ist er von der Straße abgekommen und in einen Straßengraben gestürzt. Er hat sich dort liegen gesehen, obwohl er kurz bewusstlos gewesen sein muss. Er erinnert sich, dass er sich in diesem Moment von außen betrachtet hat, dass er viele Bilder und vor allem seine Eltern gesehen hat. Dabei verspürte er eine intensive Sehnsucht, nach Hause zurückzukehren, sowie tiefe Freude und Frieden. Er hat ebenso die große Freude und Dankbarkeit der Eltern fühlen können, dass er, ihr Sohn, unverletzt zurückgekehrt war. Der ältere Sohn war bereits im Krieg gefallen. Als er wieder zu sich gekommen war, setzte er sich auf seinen Roller und fuhr weiter, als wäre nichts geschehen. Größere Blessuren hatte er keine. Dieses Gefühl des Nachhausekommens, der Freude über seine Ankunft, hat ihn den restlichen Krieg und sein ganzes Leben lang immer begleitet.

Er hat Tränen in den Augen. Es ist so selten, dass mein Vater mir gegenüber Tränen zeigt. Er ist ein Meister darin, sie stets gut unter Verschluss zu halten. Als Zeichen meines Mitgefühls möchte ich ihn umarmen, spüre aber, dass er es nicht wirklich will. Selbst Freude, Zuneigung oder Anerkennung kann er nur schwer zeigen. Manchmal kommt er mir wie erstarrt vor, obwohl er oft lächelt. Er lächelt auch dann, wenn er von Schwierigem berichtet. Das irritiert mich. Ich weiß dann nicht, woran ich wirklich bin. Aber ich gehe darüber hinweg, weil ich spüre, dass es etwas Verbotenes ist, danach zu fragen. Jetzt, beim Schreiben wird es mir deutlich. Mit Schrecken bemerke ich, dass ich es meinem Vater gleichtue: Ich lächle, wenn ich über das Schlimme rede, und tue damit so, als wäre es gar nicht so schlimm gewesen. Er hat es mir so vorgemacht und ich mache es nach. Ich leide darunter und möchte es ändern.

Ich hege die leise Hoffnung, dass wir, da wir offensichtlich ein ähnliches Erlebnis teilen, vielleicht eine neue Art des Miteinanders finden können. Doch diese Hoffnung muss ich schnell wieder loslassen. Wir können nicht weiter über das Erlebte sprechen. Die verkapselten Emotionen meines Vaters fühlen sich für mich zu groß an. Ich darf nicht daran rühren, es geht mich vielleicht auch gar nichts an? Ich weiß es nun und tröste mich mit dieser inneren Verbindung, die kurz zwischen uns aufgeflackert ist. Stattdessen hat er, nachdem er mein Interesse gespürt hat, ein großes Bedürfnis, mir vom Krieg zu berichten. Obwohl ich mir viel Mühe gebe und immer wieder mit meinem Vater Gespräche über den Krieg führe, ihn sogar bewegen kann, seine Erinnerungen niederzuschreiben, die ich lesen und mit Fragen versehen darf, bleibt die Zurückhaltung zwischen uns bestehen. Eine Atmosphäre der Verklemmtheit, die mit jedem Jahr, in dem mein Vater älter wird, für mich schwerer zu ertragen ist. Nach den Begegnungen bin ich wie leer gesaugt. Die tatkräftige Sabine verwandelt sich in eine löchrige Luftmatratze und versucht krampfhaft dafür zu sorgen, dass er es nicht bemerkt.

Trotzdem liegt mir bei jedem Gespräch auf der Zunge, ihm zu erzählen, dass ich ein besonderes Erlebnis mit seinem im Krieg verstorbenen Bruder hatte. Ich möchte ihm zu gerne sagen, wie sehr ich meinen Onkel Hartmut vermisst habe, wie gerne ich ihn als Onkel gehabt hätte und wie viel Liebe ich für diesen toten Onkel noch heute empfinde.

Ich fühle, wie sehr es meinem Vater helfen könnte, selbst

Frieden mit seiner Geschichte zu finden. Doch das kann ihm nur gelingen, wenn er bereit und in der Lage wäre, die damit aufkommenden starken Gefühle zuzulassen.

Das Erlebnis mit seinem Bruder habe ich im Januar 2000, einer Zeit, in der ich selbst gerade am Anfang des Verstehens bin. Ich kann dieses Erlebnis erst zehn Jahre später einordnen und in Worte fassen. Dann weiß ich immerhin, dass diese Ereignisse auch als sogenannte Nachtodkontakte oder postmortale Erfahrung verstanden werden und noch häufiger vorkommen sollen als Nahtodesphänomene.

Die Begegnung mit meinem im Krieg verstorbenen Onkel Hartmut

In der ersten Januarwoche im Jahr 2000 besuche ich im Odenwald ein einwöchiges Seminar. Unter dem Titel »Und sie folgten einem Stern« will jeder Teilnehmer seine Ziele für das neue Jahr und das neue Jahrhundert präzisieren. Unsere Tochter, damals sechs Jahre alt, begleitet mich, denn es gibt parallel zum Seminar ein Betreuungsangebot für Kinder, das mir gefällt. Mein Mann ist mit den beiden Jungs Skifahren. Obwohl es mir schwerfällt, andere Menschen um mich herum zu ertragen, und ich in einem labilen inneren Gleichgewicht bin, will ich nicht zu Hause mit unserer Tochter herumhocken, während sich der Rest der Familie im Schnee vergnügt. Die Folge ist klar, ich schlafe dort extrem schlecht, bin nach drei Tagen so »durch den Wind«, dass ich nur noch in die Sicherheit unseres Hauses fliehen will und das Seminar für zwei Tage unterbreche. Da ich kein Auto habe, bitte ich meinen Vater, uns abzuholen.

Bevor mein Vater im Odenwald eintrifft, mache ich mich auf zu einem Spaziergang auf eine Anhöhe. Es ist ein kalter, aber freundlicher Wintertag und ich stapfe an den verlassenen Feldern entlang. Hinter einem Strauch entdecke ich nach einer Kurve einen kleinen, mit Buschwerk umwucherten Hügel, auf dem ein stattliches Holzkreuz steht. Ich mache mich darauf gefasst, den leidenden Jesus am Kreuz anzutreffen. Der hängt aber gar nicht dort. Auf einer Tafel lese ich eine Kolonne von Namen und verstehe: Dieser Ort ist eine Gedenkstätte für etliche aus der Region stammenden Männer, die im Zweiten Weltkrieg ihr Leben gelassen haben. Eine Welle der Traurigkeit erfasst meinen ganzen Körper. Blitzartig setzt mein Kopfkino ein und spult einen Film ab. Ich sehe mich wieder im Krankenhausbett liegen und genau wie damals während meiner Krankenzeit kommt es mir so vor, als stünde mein Bett in einem Lazarett. Ich sehe Bilder von zerfetzten und verstümmelten Menschenleibern und fühle meine irrsinnigen Bauchschmerzen. So als ob ich auf dem Schlachtfeld einen Bauchschuss erlitten hätte. Ich sehe mich mit kahlem Kopf und abgemagert in der Uniklinik Mainz unter der Dusche stehen, an deren Duschkopf ein Aufsatz zum Abtöten der Bakterien hängt. Ich fühlte mich damals wie im Konzentrationslager. Bei jedem Duschen ein Gaskammergefühl. Grässlich! Wie ist das möglich, in einer Generation, die im Frieden geboren wurde? Außerdem dachte ich: Mein Krebs ist mein Krieg. Immer wieder wurde ich aufgefordert, zu kämpfen und mir vorzustellen, die Krebszellen abzuschießen und radikal zu vernichten. In einem Buch hatte ich auch noch gelesen, dass die Chemotherapie aus dem Zweiten Weltkrieg stammt. Bei einer Explosion amerikanischer Kampfgasdepots in einem italienischen Hafen war Senfgas freigesetzt worden. Bei den überlebenden Opfern beobachtete man eine starke Zellminderung in den Lymphknoten und im Knochenmark. Dies veranlasste Forscher von der amerikanische Universität Yale 1943, ein Medikament zu entwickeln, das aus diesem Kampfgift bestand, und es bei Patienten mit fortgeschrittenem Lymphknotenkrebs einzusetzen. Bis dahin war diese Krankheit immer tödlich verlaufen. Das neue Medikament zeigte Wirkung: Die bösartigen Lymphknoten bildeten sich in rasanter Geschwindigkeit zurück und die Forschung auf dem Gebiet der Wirkstoffklassen in der Krebstherapie machte große Fortschritte.

Der Gedanke, dass ich ohne den Zweiten Weltkrieg womöglich nie hätte gesund werden können, ich also ein Nutznießer dieses Krieges war, machte mir damals sehr zu schaffen. Doch wem darf man solche Gedanken mitteilen, ohne befürchten zu müssen, eine psychiatrische Diagnose zu erhalten?

Zurück zu dem Holzkreuz im Odenwald im Januar 2000. Ich stoppe mein Kopfkino, indem ich mich zwinge, ins Leere zu blicken und tief auszuatmen. Es klappt. Ich bin sehr müde, aber innerlich auf eine besondere Art und Weise ruhig und wach, als sich vor mir ein helles Licht auftut, das meine Aufmerksamkeit auf sich zieht. Dieses Licht möchte ich wie eine ovale Säule beschreiben, die nach oben endlos scheint. In diesem Licht blicken Augen auf mich. Wie von einem Magneten angezogen, starre ich in die zwei Augen und erkenne sie als die Augen und das Gesicht meines Onkels Hartmut. Ich weiß noch genau, wie ich meine Augen mehrmals auf- und zuklappe, weil ich denke, hier stimmt was nicht. Doch jedes Mal, wenn ich wieder hinsehe, schaue ich in dieses Gesicht. Ich fühle eine Wärme und eine Liebe, eine Ergriffenheit und Anmut, die ich im Inneren aus meinem Nahtodeserlebnis kenne, das ich zu diesem Zeitpunkt aber noch nicht wirklich verstehe. Ich fühle mich eins mit diesen Augen und weiß auf einmal, dass der tote Onkel lebt. Die Krönung ist für mich, dass er mich anlächelt und ich ihn sagen höre: »Der Krieg war schlimm, doch mir geht es gut. Mach dir keine Sorgen um mich.«

Ich bin so erfüllt von seiner Stimme, dass ich automatisch meine Arme ausstrecke, weil ich ihn berühren will. Ich will mit ihm sprechen, ihm sagen, wie sehr ich ihn vermisst habe und mein Vater erst. Aber ich bringe keinen Ton heraus. Ich stehe da wie ein Kind und staune. In mir fühle ich großen Frieden, als ob er mich kurz in den Arm genommen hätte. Ich schließe voller Seligkeit meine Augen, als wollte ich alles in mir festhalten. Und es ist auch mehr ein Ergriffensein im Ganzen als das reine Sehen mit dem Auge.

Abrupt bin ich wieder in der Jetztzeit, sehe auf die Uhr und merke, dass ich mich beeilen muss. Mein Vater wird bald eintreffen. Zur Sicherheit blicke ich mich noch mal um, doch ich sehe nur die karge Winterlandschaft, kein Licht mehr. Mir ist kalt geworden und ich renne wie ferngesteuert nach unten zum Haus.

Nachdem ich mich zwei Nächte zu Hause ausgeschlafen habe, erlebe ich den Abschluss des Seminars noch mit. Ich gehe noch mal zu dem Kreuz, aber mein Onkel wartet nicht mehr auf mich. Ich spüre ein neues Gefühl für ihn in mir. Eine Freude und Liebe, die ich auch heute noch für ihn hege, jedes Mal, wenn ich an ihn denke und ihn in mir fühle. Dass er in einem sinnlosen Krieg sterben musste, finde ich noch immer schrecklich. Meine Schuldgefühle, dass ich durch diesen Krieg mein Leben neu geschenkt bekam, sind endlich weniger geworden.

Meine Mutter, der Krieg und ich

Meine Mutter hat meinen Text nicht gelesen. Sie weicht dem Thema aus. Sie will nicht darüber reden. Sie redet auch nicht über ihren Schmerz im Krieg. Sie hat eine erstaunlich gefasste Stimme, wenn sie mal etwas aus dieser Zeit erzählt. Nur mühsam erfahre ich, dass ihr Bruder Walther durch einen Bauchschuss durch die Russen ums Leben kam und als vermisst galt. Kein Wunder, denke ich, womöglich sah ich deshalb diese seltsamen Bilder vom Krieg, damals in meinem Krankenhausbett. Eine rätselhafte Form der Verbindung? Auch meiner Mutter würde ich zu gerne sagen, wie sehr ich ihren Bruder vermisse und liebe. Ich wage es und erzähle ihr, dass wir, die Lebenden und die Toten, immer verbunden sind. Sie will davon nichts hören. Um mich abzulenken, redet sie jedes Mal über das Leid der anderen, schmilzt vor Trauer fast dahin. Auch sie hat ein überaus hohes Maß an Mitgefühl. Sie setzt sich oft für andere ein, auch für mich, in einer Form, die ihre eigene Kraft weit übersteigt. Mütter sind so gestrickt. Aber mal ehrlich, ich will es gar nicht haben. Ich möchte einmal ihre ganze Zuneigung erleben können. Ich wünsche mir, dass meine Mutter sich traut, sich mir ganz zu offenbaren, indem sie hinter dem Deckmantel der Geschäftigkeit und der Leidgeschichten hervortritt und da ist, ganz und gar. Mich als ihre Tochter ansieht und ausspricht, was mein Herz ersehnt: Es ist schön, dass wir dich noch haben. Ich liebe dich als meine Tochter, mit allem, was du bist.

Warum ersehne ich mir das so? Warum lasse ich sie nicht einfach da, wo sie ist? Ich weiß es selbst nicht genau. Doch ich spüre, dass es so schön wäre, wenn wir, wo wir schon über das Leid verbunden sind, gemeinsam in der Lage wären, es in Liebe zu wandeln. Sie hatte ihren Krieg, ich hatte meinen Krebs, beide haben wir gehungert, beide haben wir irre Ängste ausgestanden und beide haben wir überlebt. Wir könnten gemeinsam diese alten Wunden verabschieden und dazu beitragen, dass es mit der nächsten Generation gut weitergeht. Mutter und Tochter als weibliche Kraft für das Wachsen und Werden. Ich hänge sicher einer unrealistischen Sehnsucht nach, doch ich weiß, dass dies eine Ursehnsucht ist. Wahrscheinlich hat das Nahtodeserlebnis, das Erleben der bedingungslosen Liebe, diese Ursehnsucht in mir neu und unabdingbar entfacht. Ich muss diese Dimension für mich leben können.

Es geht nicht. Sie hat ihr Weltbild, das wie ein Korsett um sie geschnürt ist. Und das Korsett heißt: Disziplin, eiserner Wille, eigene Bedürfnisse zurückstellen und keine Gefühle zeigen. Über mein inneres Ringen und Leiden will sie nichts hören. Irgendwann bittet sie mich, das Thema Nahtod nicht mehr anzusprechen. Es schmerzt mich mehr als alles andere, weil ich einen wesentlichen Teil meines Menschseins nicht zeigen darf. Immerhin hat sie klar Stellung bezogen, das muss ich respektieren. Die Zusammenkünfte mit meiner Mutter fühlen sich an, als griffe ich an einen elektrischen Zaun, der zwischen uns steht. Ich bin ratlos, verzweifelt und so aufgewühlt, dass ich deshalb nachts oft wach liege.

Wie gut, dass ich auch von anderen Nahtoderfahrenen höre, dass sie genau dieselben Schwierigkeiten im engsten Familienkreis haben. Sie nehmen sich die schmerzliche Zurückweisung so zu Herzen, dass sie den Kontakt reduzieren, um einfach weniger innere Aufregung ertragen zu müssen. Sie erkennen, dass es nicht nur ihr eigenes Problem ist, sondern das eines eingeschweißten Familiensystems. Als Einzelner hat man wenige Chancen, die einmal verteilten Rollenklischees tatsächlich zu verändern.

In diesem Jahr mache ich gute Stimmung zur goldenen Hochzeit der Eltern und wir fahren einige hundert Kilometer zur Konfirmation meines einzigen Neffen. Meine innere Wirklichkeit muss ich weiterhin dort ausleben, wo ich verstanden werde, was sich beim zweiten Zusammentreffen am Bodensee erfüllt. Dort treffe ich auf einen Pfarrer, der mich überrascht und dem ich viel verdanke.

Ein Pfarrer, der selbst zweifelt und trotzdem glaubt

Er ist im Ruhestand, was es ihm leichter macht, Stellung zu beziehen und meine Fragen offen zu beantworten. Unumwunden gibt er zu, dass er vieles in der evangelischen Religion nicht verstehen kann, womit er sich aber mittlerweile abgefunden habe. Er beruhigt mich, dass es völlig normal sei zu zweifeln. Für ihn liegen Glauben und Zweifeln ganz nah beieinander. Aus seiner Sicht beschreibt eine Religion keine äußerlich greifbare Wirklichkeit, sondern einen inneren Erlebens- und Erfahrungsraum. Diesen Raum habe jeder Mensch und er kann eben weit oder eng sein. Religion und auch die Nahtoderfahrung sind für ihn immer subjektiv und finden in diesem Erlebensraum statt. So habe ich das noch gar nicht gesehen. Das stimmt mich milde. Aber was ist mit den biblischen Geschichten, die so erzählt werden, als wären sie real? Jedes Jahr an Weihnachten wird die Geschichte von Maria und Joseph erzählt und so getan, als wäre jedem klar, dass sie so und nicht anders stattgefunden habe.

Aus der Sicht dieses Pfarrers zerstört man den Raum der Religion, wenn man versucht, Gott auf objektiver Ebene anzusiedeln, was leider gerne von der Kirche gemacht werde. Es sei eine Differenzierung zwischen objektiv und subjektiv angemessen und viele Pfarrer würden so vorgehen. So weit komme ich noch mit und versuche meine Querbezüge zur Nahtoderfahrung herzustellen und meinen inneren Erlebensraum zu überprüfen. Als er dann Karl Rahner, einen katholischen Kollegen, mit dem Satz zitiert: Glauben ohne

Erfahrung sei Aberglauben, werde ich wieder ungehalten. Welchen Glauben haben denn die Christen, die mich umgeben? Sie gehen in die Kirche, singen die Lieder und lieben das gesellige Beisammensein. Ich frage mich ständig: Wie machen sie das, dass sie glauben? Übernehmen sie die verobjektivierten Geschichten? Switchen sie in ihrem inneren Erlebensraum ständig zwischen Objektivität und subjektivem Empfinden hin und her? Haben sie die objektiven Geschichten mit irgendeiner eigenen Erfahrung verbunden? Ist ihnen eine solche Unterscheidung unwichtig?

Oder haben sie auch Glaubenserfahrungen, Transzendenzerfahrungen gemacht? Und wenn ja, welche? Ist eine Nahtoderfahrung eine Glaubenserfahrung oder womöglich eine Gotteserfahrung? Ist es unanständig, zu sagen, man habe Gott oder Jesus getroffen, wie manche Nahtoderfahrene es tatsächlich formulieren?

Ich habe Gott nicht getroffen. Diese Erfahrung des Lichtes und der absoluten Liebe könnte höchstens ein Hauch von Gott sein – sollte es ihn denn geben. Selbstverständlich rein subjektiv gesehen! Hat die Kirche deshalb mit der Nahtoderfahrung ihre Schwierigkeiten, weil sie lieber verobjektivierte Geschichten erzählt? Ich mag das Wort Gott nicht mehr. Es passt für mich nicht mehr. Auch wenn es einem immer so leicht über die Lippen kommt, schon alleine bei einem »Ach Gott, ach Gott!«. Aber das ist reine Gewohnheit, ein Lebensgefühl, eine Tradition.

Da platzt sie heraus, die Frage, mit der ich schon manch einen entsetzt habe: »Was ist mit Jesus? Ich kann Jesus nicht fühlen. Für mich gibt es nur dieses Licht und da gehört Jesus mit dazu.«

Alles wird Jesus aufgehalst. Ich kenne genug christliche Mitmenschen, die beten sich die Stimme aus dem Leib, aber sie fangen nicht an, ihr Leben zu ordnen, das ganz Alltägliche zu tun, das, was dran ist. Sie warten auf ein Zeichen von Jesus und verarmen bei lebendigem Leib. Da gehen Ehen kaputt, da werden Kinder vernachlässigt. Ich bin entsetzt, dass ich plötzlich ein so enges Weltbild erzeuge und von meiner heiß geliebten Liebe gerade gar nichts übrig ist. All das sage ich dem Pfarrer. Er atmet tief durch. Ich fühle, dass er meine Empörung nachvollziehen kann. Boah, das tut mir richtig gut. Er gibt zu, dass er diesen Zwiespalt in seinen Zeiten als Gemeindepfarrer und Seelsorger auch oft nicht gut aushalten konnte. Er sagt sogar: »Objektiv zu sagen, Jesus sei Gottes Sohn, ist falsch. Das kann man so nicht sagen, das kann man nur glauben!« Ich bin überrascht, das aus dem Mund eines Pfarrers zu hören, und gleichzeitig heilfroh, dieses Thema mal durchackern zu können. Es geht weiter: Forschungen über das Neue Testament hätten ergeben, dass Jesus zwar eine besondere Ausstrahlung gehabt und Jünger um sich versammelt habe, dass er sich aber wahrscheinlich nicht als Messias verstanden habe, sondern erst die frühe Kirche ihn so verstand.

Seiner Meinung nach haben die Menschen Jesus als Gottes Sohn gesehen, weil es so schwer ist, von Gott selbst zu erzählen. Jesus ist aus seiner Sicht ein treffendes Beispiel für den Menschen, der so ist, wie er gemeint war. In diesem Sinne ist er ein Sohn Gottes. Letztlich sei jeder ein Sohn, eine Tochter Gottes. Mit dieser Seite von Jesus könne er etwas anfangen. In der Geschichte von Jesus' Kreuzigung habe das Christentum das Schmerzliche und das Heilsame zusammengebracht. Schmerzen sind ein Teil des Lebens. In den Schmerzen, die es zu ertragen gilt, liegt somit das Grundgefühl, mit Jesus eins zu sein. Er ist bei denen, die leiden, und sie sind in ihm, wenn sie leiden. Ich denke an die Jesusfiguren, die in jeder Klinikkapelle hängen. Durfte ich das Zimmer verlassen und verspürte ich ausreichend Kraft in den Beinen, zog es mich immer wieder dorthin, einen Ort, um Frieden zu tanken. Doch kaum saß ich dort, starrte ich auf diese erbärmlich leidende Jesusfigur! Nein, schrie es in mir, nicht schon wieder Leid! Mir reichte mein eigenes. Zur Ablenkung zündete ich eine Kerze an und fand die Ruhe in dem wärmenden Licht.

Meine Empörung steigert sich bis zu einem Punkt, an dem ich selbst entsetzt bin, weil ich mich fast als ketzerisch empfinde. Wo bin ich, wenn ich nicht leide? Jammern die Christen deshalb so gerne auf hohem Niveau, weil sie sich unbewusst mit Jesus vereinen wollen? Sind die Leidstorys deshalb so gefragt? Ich finde diese Verquickung mit dem Leid sehr problematisch, weil sie es so einfach macht, zu leiden, und so schwierig, es nicht zu tun. Wer will schon getrennt sein?

Es wird still zwischen uns. Ich versinke in Gedanken: Es war auch bei mir das Leid, das letztlich die Nahtoderfahrung und damit das All-Einheitsgefühl auslöste. Obwohl ich nicht wusste, dass ich eine Nahtoderfahrung hatte, spürte ich mit Gewissheit: Da ist etwas in mir, das mich trägt, eine Kraft, etwas Unzerstörbares. Selbst wenn ich den ganzen Medizinapparat hätte enttäuschen müssen und im Krankenhausbett gestorben wäre, wusste ich, dass ich in diese Kraft hätte eingehen können. Sie hat mich gestärkt.

Ich weiß heute, dass es neben der Hochleistungsmedizin auch diese Kraft war, die bei meiner Heilung entscheidend mitgewirkt hat. Ich habe diese Kraft der göttlichen Kraft zugeordnet, es war aber kein Glauben, sondern ein tiefes inneres Wissen.

Erstaunt bin ich, wie viele Worte aus meiner Religion mir in Fleisch und Blut übergegangen sind. Und schon fällt mir eine Situation ein, die genau in dieses Raster passt.

27. März 1996, unser zwölfter Hochzeitstag. Die Stammzellentransplantation ist geglückt. Nun lebe ich in der Zeit des Wartens und der großen Gefahr. Ich habe kein eigenes Abwehrsystem mehr. Jeden Morgen wird Blut gezapft und tatsächlich habe ich null Leukozyten. Die weißen Blutkörperchen sind für die Immunabwehr zuständig und sie lassen sich nicht mittels einer Bluttransfusion übertragen, wie man es bei roten Blutkörperchen und Blutplättchen machen kann. Einzig ein Gewebshormon, das gespritzt wird, ist in der Lage, den Reifungsprozess anzuregen. Das Einzige, was jetzt hilft, ist Warten und Schutz. Das Zimmer darf ich nicht verlassen. Jeder, der eintritt, muss sich komplett verkleiden. Nahrungsmittel, die Pilze und Bakterien enthalten, sind tabu. Selbst Bakterien in der Mundschleimhaut und in allen Körperöffnungen sind jetzt eine Bedrohung. Ich verbringe die Zeit mit unzähligen ekelhaft schmeckenden Mundspülungen, beißenden Augentropfen und Massen an Antibiotika. Hohes Fieber, das als Reaktion auf die fehlenden Leukozyten auftritt, hält mich fest in den Klauen. Die Lunge wird regelmäßig durchleuchtet, ich bin völlig platt, es ist keine Kraft in mir. Ein Tag mit 24 Stunden will ausgehalten

sein. Ich liege nur in diesem viel zu harten Bett und bin oft außerhalb meines Körpers, zwischen Himmel und Erde. In diesem Schwebezustand fühle ich keine Schmerzen und keine Zeit, ich tauche ab in eine erweiterte Form des Seins. Den Wechsel, zwischen in mir und außerhalb von mir zu sein, kann ich nicht als solchen erfassen und auch nicht willentlich steuern. Aus heutiger Sicht bin ich heilfroh, dass ich diese Fähigkeit in dieser Lage nutzen konnte. Es war die genialste Überlebensstrategie überhaupt. Ich hätte diese Tortur nicht überlebt, wenn mir die Trennung zwischen meinem Körper und meinem Geist nicht möglich gewesen wäre.

Fühle ich mich in meinem Körper, höre ich einen Ohrwurm. Immer und immer wieder singt sich ein Lied von allein. Ich habe es während der Taizé-Gottesdienste in einer unserer Stadtgemeinden oft gesungen: »Bleibet hier und wachet mit mir. Wachet und betet, wachet und betet.« Ich schlafe dabei ein, ich fühle mich getröstet. Dieses Lied ist im Zustand des körperlichen In-mir-Seins das Einzige, was hilft.

Es ist Ostersonntag und just an diesem Tag habe ich 500 Leukozyten. Ab diesem Wert heißt es: Sie hat es geschafft! Die neuen Zellen arbeiten, die Zeit der Gefahr nähert sich dem Ende. Eine Freude ist in den Gesichtern aller Ärzte, Pflegerinnen und Pfleger zu sehen, es ist so wunderbar und einmalig. Und ich fühle: Ich bin auferstanden von den Toten. Weil Ostersonntag ist, kommt die Pfarrerin bei mir vorbei. 1996 gibt es noch keine Psychologen auf den Transplantationsstationen, es ist alles noch im Aufbau. Ich bin ein »Versuchskaninchen«, das mit der Nummer 134. Das bedeutet, dass ich die 134. Transplantation der Uniklinik Mainz bin. Im Juli 2010 wurde die Zahl 1400 überschritten. Pro Jahr werden etwa 100 Transplantationen durchgeführt. Damit werden auch weitere Neuerungen in der Medizin möglich und aus den Erfahrungen der Vergangenheit wurde viel gelernt. Heute gibt es dort auch Psychologen.

Die Pfarrerin wird mir schon zu Beginn der Transplantationszeit geschickt und sie versichert mir, ich könne, wenn ich Beistand brauche, Tag und Nacht anrufen. Das habe ich mich nie getraut, obwohl ich mich in dieser Zeit so einsam wie noch nie gefühlt habe. Nun freue ich mich wirklich, dass sie mit mir die Osterfreude teilt. Sie hat sogar ein Abendmahl im Gepäck. Sie füllt einen Miniplastikbecher mit Tee und reicht ihn mir. Sie betet für mich. Ich schlürfe den Tee und fühle mich ein Stück wie neugeboren, wieder in dieser Welt.

Heute ist für mich jeden Morgen Auferstehung, einmal im Jahr wäre mir viel zu wenig. Deshalb ist dieses Fest zu einem vorgegeben Zeitpunkt für mich nicht wirklich wichtig. Jeder Tag zählt in meinem heutigen Bewusstsein als Ostergedanke und vor allem als Ostergefühl.

In dem Gespräch mit dem Pfarrer überrascht mich, wie sehr ich doch von der christlichen Religion geprägt bin, obwohl in meinem Elternhaus keine strikte Einhaltung der religiösen Werte eingefordert wurde. Wir mussten nicht bei jedem Essen beten, auch nicht ständig zum Gottesdienst gehen. Wir waren die Kategorie der U-Boot-Christen, also jene, die meist nur an Weihnachten im Gottesdienst auftauchen. Das Christliche meiner Jugend war die Vorstellung eines lieben Gottes, den ich am Abend bat: »Mach mich fromm, dass ich in den Himmel komm.« Ein Gott, der alles sah und strafte. Auch die Zehn Gebote und das Bewusstsein: Liebe deinen Nächsten wie dich selbst, gehörten dazu. Wobei die Betonung stets auf dem Nächsten lag. Mich selbst zu lieben, lernte ich mühsam mit Mitte vierzig!

Ich denke an meine Vorlesung in der Bett-Universität: Wenn alles eins ist, ist alles nichts? Ich fühle das Leben und den Tod als eines, somit als nichts, nur mein Gehirn braucht den Unterschied, um sich zu orientieren. Mein inneres Fühlen und Empfinden braucht ihn nicht. So wäre es dann auch mit dem Leid und dem Glück. Sie wären auch eins, es wäre egal, ob ich Leid empfinde oder Glück, ob es Tag oder Nacht ist, hell oder dunkel. Ob das Christentum die richtige Religion ist oder sonst eine oder keine. Alle Einzelteile sind immer ein Teil vom Ganzen, egal wie ich es drehe und wende. Wo ist also das Problem?

Ich traue mich in die Welt

Bis jetzt habe ich mich von der Welt zurückgezogen. Ich brauchte den Schutz unseres Hauses, mein Bett, die Natur, meine Familie, die Bücher und den Austausch mit anderen Nahtoderfahrenen und klugen Menschen. Jetzt heißt es, aufzubrechen und die Welt neu zu entdecken. Professor Ewald fragt mich 2003, ob ich ihn zu einer Tagung der Evangelischen Akademie Baden begleiten könne. Es wird um Tod und Jenseitsglauben gehen. Sein Beitrag lautet: »Die offene Grenze – Erfahrungen der Todesnähe«. Ich könnte die Erfahrung aus erster Hand authentisch vermitteln. Eine reizvolle Sache.

Diese Angelegenheit hat einen Haken, denn sie bedeutet für mich Stress pur. Ich muss mit meinem Mann alles regeln, damit er die Vertretung für Kinder, Haus und Hof übernehmen kann. Koffer packen, die Jeans gegen ein Kostüm tauschen und überlegen: Was soll ich dort überhaupt erzählen? Die Tage vor der Veranstaltung werde ich kaum schlafen können, auf der Tagung selbst erst recht nicht, und bis ich zu Hause wieder einigermaßen im Lot bin, wird es noch mal drei Tage dauern. Eine Woche innerer Ausnahmezustand, trotz reduzierter physischer Kraft, darf ich mir das abverlangen? Ich will, nein, ich muss es versuchen, auch wenn der Preis für eine neu gewonnene Erfahrung hoch ist. Also fahre ich hin.

Die Tagung hat ein ansprechendes Programm. Ich treffe interessante Menschen, vertiefe den Austausch mit Herrn Ewald und sehe einen Teil der Nahtoderfahrenen vom Bodensee wieder. Wir führen sagenhafte Diskussionen und tauschen uns über die verschiedenen Strategien, sich wieder im Leben heimisch zu fühlen, aus. Stehe ich dann am Redepult, fühle ich eine innere Verwandlung: Meine Unruhe zieht sich zurück, ich spüre eine Energie, die mich trägt und die mir hilft, meine Worte so zu formulieren, dass sie im Tagungssaal auf Resonanz stoßen. Ich finde es überwältigend von diesem Schatz, von dieser Erfahrung erzählen zu dürfen. Und dann noch vor einem Plenum, dass sehr am Thema interessiert ist. Es ist großartig, dieses tiefe Erleben nicht mehr alleine in mir zu bewahren, sondern es zu teilen. Offensichtlich sind viele Menschen genau wie ich auf der Suche und haben das Bedürfnis, die drängenden Fragen des Menschseins zu erörtern und neue Wege auszuloten. In mir erwacht die Idee, dass nicht nur Hände, sondern womöglich auch Worte das Zeug haben zu heilen. Ist es eine Gabe, die ich erst jetzt entdecke, oder konnte ich es schon immer?

Meine Besonderheiten als Jugendliche

Noch heute bekomme ich rote Ohren, kommt dieses Thema in Gegenwart unserer Kinder auf. Sie lächeln inzwischen über ihre spezielle Mutter. Ich war niemals in einer Disco! Das war mir viel zu laut und zu voll. Als Jugendliche war ich einsam. Die üblichen Aktivitäten meiner Altersgenossen fand ich langweilig. Dafür war ich stets auf der Suche nach Tiefgang, nach Erkenntnis, nach dem Sinn, einem tieferen Sinn, der hinter den Geschichten der Menschen verborgen ist. So fühlte ich mich angebunden an meine mir vertraute Kraftquelle und das habe ich als Jugendliche mehr gebraucht als Musik zum Abtanzen.

Zu dieser Zeit stehe ich jeden zweiten Sonntag um fünf Uhr auf, um zur Frühschicht ins Krankenhaus zu gehen. Ich bin fünfzehn, die Schule geht mir nur noch auf die Nerven, weil ich keinen Sinn darin sehe. Ich habe Heißhunger nach einer sinnvollen Tätigkeit. Überlege, die Schule zu schmeißen und Krankenschwester zu werden. Ich arbeite, um das zu testen, beim freiwilligen Sonntagshilfsdienst mit. Wenn alle noch selig schlafen, stapfe ich durch den beginnenden

Morgen, um was zu tun. Da ich keine Ahnung habe, muss ich anfangs Nachttöpfe und Fieberthermometer verteilen, Essen austragen und als Erste rennen, wenn die Klingel schellt. Die Schwestern sind mit meinem Einsatz zufrieden und trauen mir bald mehr zu. Sonntags können sie dann auch mal etwas länger Kaffee trinken. Ich soll eine Schwerkranke beruhigen und Wache bei ihr halten. Ich sitze im Krankenzimmer einer etwa fünfzigjährigen Frau. Sie ist kaum ansprechbar und im Gesicht und an den Armen und Händen dick aufgequollen. Ein säuerlicher, fauliger Geruch durchdringt das Zimmer. Ich frage nach. Die Schwester hebt die Bettdecke an und entfernt die Gazeabdeckung vom Bauch der Patientin. Ich starre auf eine offene Wunde. Krebs im Endstadium höre ich, man könne nichts mehr machen. Ich bin überrascht, dass ich mich weder ekele noch wundere. Es ist mein Ding, diese Arbeit zu tun. Ich finde sie allemal besser als Mathe, Deutsch oder Französisch. Es ist eine Arbeit mit Sinn und ich fühle eine unbeschreibliche Form der Liebe zu dieser Frau, die ich nicht kenne und die mit mir nicht mehr sprechen kann.

Ich sitze neben ihr und spüre die Energie im Raum. Ich frage mich, ob es etwas gibt, das uns beide verbindet. Es liegt eine feine, zarte Vibration in diesem Raum, die uns miteinander in Schwingung versetzt. Ich schließe die Augen und horche in mich hinein. Ich höre ihren schweren Atem, nehme ihre Mühen, ihre Qual, ihr Leid wahr und etwas, dass sich lösen will. Ich lege ihr meine Hand auf den Kopf und bemerke, dass sich ihre Atmung vertieft, sie die Augen unter den geschlossenen Lidern bewegt. Der Mund zuckt, sie wirkt ruhiger. Ich atme selbst ruhig und plötzlich höre ich mich summen. Ich summe ein Lied für sie, ich streichele ihre Hand, ich kühle ihre Stirn, ich bete einfach so, was mir in den Sinn kommt. In mir entfaltet sich eine absolute Stimmigkeit für diesen Moment, wie etwas Kostbares. Wenige Wochen später bin ich bei ihr, als sie stirbt. Ich empfinde einen Frieden und ein Glück, das ich in dieser Konsistenz im Alltag selten fühlen kann, das mich aber zutiefst ergreift.

Es ist ein sonniger Sonntag im Februar, als ich ihren Leichnam in die Kühlhalle bringen soll. Die Sonne glitzert durch alle Fenster, an denen wir vorbeikommen, und ich weiß, dass es ihr jetzt gut geht. Ich weiß das ganz sicher für mich. Zu Hause erzähle ich das niemandem, ich merke nur, dass sich meine Eltern Sorgen machen, weil sie meinen, das sei doch alles zu viel für mich.

Dieses Erlebnis ist das Schlüsselerlebnis für meine Berufswahl. Meine Eltern wollen verhindern, dass ich die Schule abbreche, und fordern mich auf, genau zu prüfen, welcher Beruf es sein soll. Mein Vater vermittelt mir einen Kontakt zu einer Krankengymnastin, wie es damals noch hieß. Sie erzählt mir von ihrer Tätigkeit und weckt meine Begeisterung. Ich will mit den Händen arbeiten! Habe ich doch bei dieser Frau erfahren dürfen, was meine Hände bewirken können. Ich will nicht Medizin studieren, keine Menschen operieren müssen, nein, die Hände sollen mein Werkzeug sein. Krankenschwester will ich nicht mehr sein! Ich hoffe, als Krankengymnastin freier arbeiten zu können und mich auch mal selbstständig machen zu können. Begeistert von dieser Idee, tippe ich auf einer alten Schreibmaschine meine Bewerbungen, um nach der zehnten Klasse beginnen zu können. Doch die Wartezeiten für einen Ausbildungsplatz betragen drei Jahre. Ich entschließe mich, erst mal das Abi zu machen. Mit einem Ziel vor Augen und der Weiterarbeit im Krankenhaus habe ich auch wieder Lust, mich durch die Schule zu bringen.

Bedeutung der frühen Nahtoderfahrung

Berichte ich auf Tagungen und Veranstaltungen über mein Nahtoderlebnis, wird mir immer deutlicher, dass ich womöglich durch den Sturz in die Wassertonne schon als Kind in eine transzendente Dimension hineingehoben wurde. Wahrscheinlich hat sich mein Bewusstsein durch diese frühe außerkörperliche Erfahrung anders entwickelt, als wenn ich dies nicht erlebt hätte.

Für ein Kind muss es extrem bedrohlich sein, wenn es den Bezug zu seinem Körper verliert, weil es sich über diesen spürt und damit seine Umwelt auskundschaftet. Die intellektuelle Fähigkeit, darüber nachzudenken, stellt sich erst später und langsam ein. Eine Trennung vom Körper verunsichert jedes Kind und jeden Erwachsenen. Erstaunlich finde ich, dass Kinder trotzdem mit einer solchen Erfahrung viel selbstverständlicher umgehen als Erwachsene, als wüssten sie Bescheid. Ich war im Himmel, auch wenn ich gar nicht so religiös erzogen wurde. Ich erinnere mich noch gut, dass für mich damals alles Gott war. Ich, meine Puppen, mein Schulranzen, die Blumen, unser Hund, alles, was mich umgab, gehörte für mich dazu. Auch mein feines Fühlen. Ich meinte, alle fühlten so.

Diese andere Dimension hat mich mein ganzes Leben lang begleitet. Immer schon habe ich mich für die Menschen und ihre Geschichten begeistert. Auch mein tiefes Mitfühlen für die Kriegsopfer erkläre ich mir heute durch dieses erweiterte Bewusstsein.

Kehre ich angefüllt und mit so viel Transzendenz genährt von einer Tagung zurück, habe ich Schwierigkeiten, zu Hause wieder zu landen. Obwohl ich mich auf mein Heim freue, muss ich den Schalter zum Umswitchen manchmal erst finden. Ich schwebe, ich könnte fliegen, ich brauche kein Essen und schon gar keinen Kinderlärm und Kinderfreuden. Doch genau das ist es, was mich sofort erdet und von meiner Transzendenzwolke sieben herunterholt. Nimmt mich mein Mann dann noch in den Arm und drückt meine Hülle liebevoll zusammen, merke ich, dass ich wieder angekommen bin. Ich bin glücklich, in beiden Welten sein zu können. Draußen bei den Menschen und drinnen bei meinen Liebsten. Draußen bei meinem Alltag und innen bei meiner heiß geliebten Transzendenz. Es bleiben diese beiden Welten, ich bleibe Weltenwechslerin, aber es fällt mir immer leichter, hin- und herzupendeln und von beiden Welten das Beste zu leben.

Transzendenzwolke sieben und Gewitter

Trotz neuen Ideen und Aufgaben, trotz neuem Selbstverständnis und einem anderem Umgang mit meiner Erfahrung bahnen sich Spannungen zwischen mir und meinem Mann an, die uns belasten. Ich spüre seinen guten Willen, mich zu unterstützen. Ich spüre aber auch, dass er sauer ist, mich immer wieder mit diesem Nahtoderlebnis und der Zeit, die ich dafür aufbringe, teilen zu müssen. Außerdem bemerke ich, dass er mich einfach nicht verstehen kann, selbst wenn er sich bemüht. Er denkt, dass es doch irgendwann mal gut sein muss. Er wartet darauf, dass ich bald wieder ganz »normal« bin und dass ich mich wieder für andere Themen begeistere.

Es kann Flucht sein, wenn ich im Außen durch das Teilen der Erfahrung die Freude über das Erlebte doppelt spüre und ich damit dem Eingesperrtsein in meinem Körper und meiner alten Geschichte entfliehen will. Selbsterkenntnis ist eine gute Sache, mein schlechtes Gewissen bringt sie auf den Punkt. Dass mein Mann sich über dieses Nahtoderlebnis ärgert, hat seine Berechtigung. Ich ermahne mich zur Wachsamkeit. Ich weiß, dass ich zu Hause so viel Liebe empfange. Mein Mann zeigt sie mir mit seiner Geduld. Immer wieder hört er sich meine Erzählungen an und lässt mich gewähren. Er ist für unsere Kinder ein liebevoller Vater und er nimmt mir viel ab. Na klar, will er irgendwann mal wieder das ganz normale Leben zurückhaben. Doch in mir gibt es noch so viele Ängste und Spannungen, die ich weiterhin verberge und deshalb nur von meinem Licht schwärme. Wie lange halten wir das noch aus? Ich laufe meinen heiligen Pfad im Wald, fühle die Leere in mir, das Nichts, das Einssein, das In-mir-still-Sein. Ich laufe bedächtig über den Waldboden und öffne mich für einen Wink vom Himmel. Bin ich so verbunden, dann müsste doch jetzt ein Signal bei mir ankommen, das mir hilft.

Ich empfange einen Wink, aber er gefällt mir nicht. Er

kommt in Gestalt meiner Detektivin, die plötzlich wieder mit der Akte »Mehne-Nahtod-Kuriosum« unterm Arm auftaucht. Sie lächelt mich an, geht neben mir her und meint vorsichtig, aber bestimmt: »Wäre es nicht an der Zeit, von den Pfarrern und Wissenschaftlern Abstand zu nehmen und einen Psychotherapeuten aufzusuchen? Für unsere Fallsammlung wäre es von Bedeutung, dass Sie diese Ebenen, die Sie immer noch unter Druck setzen, mal näher betrachten. Indizienüberprüfung. Was ist wirklich dran an den Bildern? Geben sie Aufschluss über Ihren Fall? Nehmen Sie sich Zeit, trennen Sie die inneren Horrorvorstellungen der Krankheit von den Bildern der Nahtoderfahrung, wie beim Titrieren im Chemieunterricht. Dann schauen wir gemeinsam, was an Gehalt übrig bleibt. Womöglich lösen sich die Bilder der Nahtoderfahrung in Wohlgefallen auf. Suchen Sie sich für diesen Teil auch einen Bergführer.«

Schwupp ist sie zwischen den Bäumen verschwunden. Ich sollte ihrem Rat folgen. Ich will es aber nicht! Jetzt geht es mir an die Psyche. Was immer sie ist. Keiner hat sie je gesehen, aber alle reden davon. Kein Wissenschaftler hat es je geschafft, die Psyche nachzuweisen, aber alle reden von psychischen Krankheiten. Na ja, die Liebe hat ja auch noch keiner nachgewiesen und ich kann schlecht abstreiten, dass sie vorkommt. Sie begegnet mir auf Schritt und Tritt. Und meine geliebte Transzendenz lässt sich auch nur schwer belegen.

Auf dem Nachhauseweg stelle ich mir ein Leben ohne nächtliche Horrorbilder in meinem Kopfkino vor. Ein Leben mit dem Gefühl, die Krankheit endlich hinter mir gelassen zu haben. Doch davon bin ich noch weit entfernt. Obwohl die Krankheit nun fast acht Jahre zurückliegt, kommt es mir so vor, als hätte ich alles gestern erst erlebt. Die Diagnose einer posttraumatischen Belastungsstörung, die mir sowohl von meinem Hausarzt als auch von einem Neurologen gestellt wurde, klingt plausibel. Beide haben mir zu einer Traumatherapie geraten. Die Adressenliste der Therapeuten liegt auf meinem Schreibtisch.

Doch ich will diesen Sack meiner Geschichte, den ich zugeschnürt im Keller meiner Psyche abgestellt habe, nicht öffnen. Das stelle ich mir grauenhaft vor, das würde mich zerreißen! Doch wie ich es drehe und wende, mein Zustand jetzt ist nicht zufriedenstellend. Und wozu gibt es denn diese vielversprechende Therapiemethode. Ich muss sie nur nutzen. Trotz dieser Erkenntnis begleiten mich Angstgefühle und meine innere Unruhe steigert sich so sehr, dass mein vegetatives Nervensystem eine weitere Runde des Ausnahmezustandes probt. Es hilft alles nichts, die nächste Etappe meines Berganstiegs steht an, ich muss meinen persönlichen Achttausender in Angriff nehmen. Dafür muss ich die Bett-Universität verlassen und im wahrsten Sinne des Wortes aufstehen. Aufstehen für ein neues Lebensgefühl, für mehr Leichtigkeit und Frieden, den ich mir nun langsam selbst herbeisehne. Einen langen Weg zu einem Traumatherapeuten in die nächstgrößere Stadt traue ich mir zu diesem Zeitpunkt nicht zu. Ich vereinbare einen Termin bei einer Psychotherapeutin am Ort. Ich habe Gutes über sie gehört und sie ist zu Fuß erreichbar. Fünf sogenannte probatorische Sitzungen stehen mir wie jedem Patienten zu, bevor ich mich für eine längere Therapie entscheiden muss. Schließlich muss die Chemie zwischen dem Ratsuchenden und dem Bergführer stimmen. So möchte ich es mal nennen, denn ich fühle mich nicht krank. Die Umstände meiner Erkrankung und deren Behandlung haben mich massiv aus dem Gleichgewicht gebracht.

Die Therapeutin ist gut. Sie erkundigt sich in aller Ruhe nach meinen Schwierigkeiten, sie lässt mir Zeit, sie stärkt mich, wo ich es brauche, sie ist vorsichtig, sie ist einfühlsam und trotzdem geradeheraus. Meinen Part kriege ich nicht wirklich auf die Reihe. Mein Wollpullovergefühl wird zum Dauerzusammenquetschempfinden. Ich atme kaum, mein Herz rast, die Tränen stürzen aus den Augen. Seelenmonsun. Das Nahtoderlebnis erwähne ich nur am Rand, wie etwas Unwichtiges. Ich spüre sofort, dass sie froh ist, dass ich dieses Thema nicht ausdehne. Irgendwann sehe ich ein, dass es so nicht geht. Das sieht die Therapeutin genauso und empfiehlt mir einen Traumatherapeuten in sechzig Kilometer Entfernung, der drei Tage am Stück Einzelsitzungen anbietet. In dieser Zeit kann ich in einem Hotel übernachten. Die Wartezeit ist beachtlich, sodass ich in der Zwischenzeit mein altes, vertrautes Doppelleben weiterführe und nebenbei noch das Netzwerk Nahtoderfahrung e.V. mit aus der Wiege hebe.

Die Gründung des Netzwerkes

An Silvester 2003 telefoniere ich mit Alois Serwaty. Er gehört zur Bodenseegruppe der ersten Stunde, weil er seinen Erfahrungsbericht Professor Ewald für eines seiner Bücher zur Verfügung stellte. Wir zwei haben einen guten Draht zueinander und tauschen uns regelmäßig aus. Er ist genauso wie ich von der Faszination ergriffen, mehr verstehen zu wollen. Wir diskutieren erneut die Tatsache, dass der Umgang mit Nahtoderfahrungen in Deutschland so anders ist als in Amerika. Die Amerikaner gehen mit dieser Erfahrung viel selbstverständlicher um und dort gibt es schon seit Jahrzehnten ein anerkanntes Forum, das die Interessen der Nahtoderfahrenen vertritt und den wissenschaftlichen Diskurs pflegt. Wir beschließen, uns zu trauen und auch in die Öffentlichkeit zu gehen. Wir wollen ein formelles Netzwerk auf der Grundlage eines eingetragenen Vereins gründen, das sich aus Wissenschaftlern, Nahtoderfahrenen und Interessierten zusammensetzt und sich mit allen Fragen rund um die Nahtoderfahrung beschäftigt. Vereinsmeierei ist eigentlich nicht mein Ding. Mir fallen nur der Vogelzucht-, der Angel-, der Sport- und Tennisverein ein. Nirgends habe ich bisher mitgewirkt. Aber jetzt, da wir wirklich etwas bewegen wollen, wäre es wichtig, eine Institution im gesamten deutschsprachigen Raum hinter uns zu haben, die einen organisatorisch und rechtlich abgesicherten Rahmen vorweisen kann.

Am 7. Februar 2004 treffen sich der harte Kern der Bodenseegruppe und zwei weitere Wissenschaftler in Mühltal. Dafür definieren wir Mühltal aus fahrtechnischen Gründen zur Mitte von Deutschland und gründen das Netzwerk Nahtoderfahrung e. V. (N.NTE) als interdisziplinäres Forum in Deutschland und darüber hinaus. Ich stelle mich für das Amt der 2. Vorsitzenden zur Verfügung, obwohl mir dabei etwas mulmig ist.

Unser erklärtes Ziel ist es, einen interdisziplinären Dialog der vielfältigen medizinischen, natur- und geisteswissenschaftlichen Aspekte dieser individuellen Grenzerfahrung zu fördern und eine verlässliche Informationsquelle für die Öffentlichkeit sowie Ansprechpartner für Menschen mit diesen Erfahrungen und für Interessierte zu sein. Das alles soll auf einer wissenschaftlichen Basis stehen. Später werden wir als German Friends of the International Association for Near-Death-Studies (IANDS) anerkannt und sind somit Mitglied der weltweiten Organisation der IANDS. Es bestehen enge Kontakte zu den Schwesterorganisationen in den Niederlanden, MERKAWAH, und in Belgien, IANDS Flanders/Limen VZO.

Ich persönlich möchte dazu beitragen, dass sich kein Mensch mehr davor fürchten muss, mit solch einer Erfahrung für verrückt erklärt zu werden. Außerdem möchte ich allen Angehörigen von Nahtoderfahrenen erklären, welch starke Veränderungen eine solche Erfahrung mit sich bringt, die alle sozialen Beziehungen auf die Probe stellen. Vor allem für jugendliche Nahtoderfahrene ist es schwer. Sie benötigen eine wachsame und liebevolle Begleitung, um den inneren Sog zu diesem Licht zu erkennen und sich zu entscheiden, ihn in Lebenskraft zu wandeln. Jugendliche finden oft nur schwer den Weg zurück in die Normalität, sie beamen sich mit Erinnerungen und Liedern in diese andere Welt. Sie leben ein perfektes Doppelleben und keiner erfährt von ihrer inneren Dimension. Heute kenne ich die Geschichte eines Achtzehnjährigen, der es nicht ausgehalten hat und sich tatsächlich das Leben genommen hat, um wieder im Licht zu sein. Ich kann ihn verstehen, auch wenn ich seine Selbsttötung mehr als bedauerlich finde.

Zu Beginn des 21. Jahrhunderts, einer Zeit, in der es kein Thema mehr gibt, über das nicht in der Öffentlichkeit berichtet und geredet wird, ist es ein Unding, dass eine Nahtoderfahrung immer noch tabu ist. Dass ein Nahtoderfahrener immer noch befürchten muss, als geisteskrank abgestempelt zu werden, und er sich deshalb nicht traut, darüber zu berichten. Ich stelle mir immer und immer wieder vor, wie es mir ergangen wäre, wenn ich auf Menschen und Therapeuten gestoßen wäre, die darüber Bescheid gewusst hätten. Die mich beruhigt, unterstützt und mir Hilfe im Dschungel der Erkenntnis und Neuorientierung in meinem Leben angeboten hätten, ohne mich zu vereinnahmen oder zu bedrängen. Alleine das Wissen um die Fakten hätte mir und meiner Familie sehr geholfen, davon bin ich felsenfest überzeugt.

Merkwürdige Zustände

In der Zeit, in der ich zum ersten Mal einen Menschen habe sterben sehen und damit ganz selbstverständlich umgegangen bin, ereignet sich eine seltsame Sache: Schon seit dem Aufstehen fühle ich mich schlecht. Mir ist schwindelig, ich habe keine Kraft, wirklich krank bin ich nicht. Ich gehe doch zur Schule und versuche mein Befinden zu ignorieren. Im Biologieunterricht, den ich sehr mag, weil mich alle Zusammenhänge brennend interessieren, habe ich Mühe, wach zu bleiben. Die Luft im Klassenzimmer ist schlecht, am liebsten würde ich doch nach Hause gehen. Da klappe ich auf einmal in der Schulbank zusammen. Ich bin einfach weg. Aber ich kriege alles mit, ich sehe von oben zu. Meine Nachbarin ist erschrocken und bittet unseren Lehrer, nach mir zu sehen. Ich werde in die stabile Seitenlage verfrachtet. Nachdem ich nicht zu mir komme, wird ein Krankenwagen gerufen. Die gesamte Fahrt verfolge ich außerhalb von mir und beobachte die Unsicherheit der Sanitäter, weil sie eine normale Herzfunktion feststellen. In der Notaufnahme herrscht auch Rätselraten. Ich kriege noch mit, wie man mir eine Spritze verabreicht. Dann falle ich in einen tiefen Schlaf.

Als ich erwache, ist es draußen schon dunkel und mein Vater steht neben mir. Er ist besorgt. Ich spüre eine ungeheure Verklemmung in ihm. Seltsam, aber wir reden nicht. Noch benebelt und wenig gesprächig bin ich, als wir nach Hause fahren. Dort lege ich mich sofort ins Bett. Ohne Abendbrot sinke ich wieder in einen tiefen Schlaf, aus dem ich erst am nächsten Morgen erwache.

Am Nachmittag merke ich, dass ich meine Zunge nicht bewegen kann. Ich kriege kein Wort heraus. Meine Beine, die unruhig hin und her zappeln, kann ich nicht mehr koordiniert bewegen. Sehr seltsam. Meine Mutter ist in heller Aufregung, mein Vater ruft in der Klinik an, die Ärzte bestellen mich sofort wieder dorthin. Ich werde wieder in einen Krankenwagen verfrachtet und habe Todesangst. Was passiert hier mit mir? Aber sprechen geht nicht. Fast eine Woche muss ich im Krankenhaus bleiben und es werden alle möglichen, zum Teil für mich grässliche Untersuchungen, wie eine Hirnwasserpunktion und Magenspiegelung, durchgeführt. Alles ohne einen Befund.

Mein Vater, er ist ja Apotheker, findet durch eigene Recherche heraus, dass ich eine Überdosis an Haloperidol erhalten hatte. Haloperidol ist ein starkes Neuroleptikum, das im Hirn das Dopamin reduziert und das bei psychiatrischen Erkrankungen und Symptomen wie Wahnvorstellungen, Denkstörungen, Halluzinationen, Ich-Störungen, Psychosen und Schizophrenie angewendet wird. Als Nebenwirkungen treten unter anderem Müdigkeit, Schluck- und Sprachstörungen sowie Bewegungsunruhe und Koordinationsstörungen auf. Er muss wohl den Ärzten Vorwürfe gemacht haben und ich vermute, man hat ihn gebeten, die Sache nicht aufzubauschen.

Ich erfahre damals aber nur, dass ich ein falsches Medikament erhalten habe und dass ich gesund sei. Meine Eltern halten es nicht für nötig, mit mir ein Gespräch zu führen und mich zu fragen, was denn eigentlich geschehen sei. Ich fühle eine grässliche Missstimmung, die mir das Gefühl gibt, ich sei nicht ganz dicht.

Noch heute, fast vierzig Jahre später, überkommt mich beim Niederschreiben dieser seltsamen Episode ein Gefühl, als wäre ich misshandelt worden, als hätte man mir Unrecht angetan. Was muss in den Köpfen der Ärzte damals vorgegangen sein? Was hat sie bewogen, so zu handeln? Warum hat mich keiner gefragt? Warum hat auch mein Vater erst Jahre später, als ich ihn in meiner Phase der Erkenntnis konkret auf diese Sache anspreche, nur mühsam mit der Wahrheit rausgerückt und das Gespräch unwirsch abgeblockt? Sicher hatte er damals gedacht, ich wäre verrückt, und das war ihm über die Maßen peinlich. Warum kann sich kein Mensch vorstellen, wie leicht es ist, seinen Körper zu verlassen, wenn es einmal geschehen ist! Warum kann dieses Phänomen nicht als völlig natürlich angesehen werden? Warum wird jegliches Anderssein sofort in den psychiatrischen Kontext eingeordnet? Dort nennt man es eine Dissoziation.

Ist es nicht so, dass etliche Jugendliche sich grundsätzlich mit Grenzerfahrungen auseinandersetzen, sie scharf darauf sind, ihre Ich-Grenzen zu verschieben, und dies sogar mittels Mutproben heraufbeschwören? Viele testen Nikotin, Alkohol und Drogen. Ganz makaber ist das Spiel mit dem Abdrücken der Gefäße am Hals, bis einer umfällt. Viele betreiben Extremsportarten, um den Kick zu spüren, um sich selbst zu spüren, ja, um womöglich diese andere Dimension für kurze Zeit zu erhaschen, die in diesem hochzivilisierten Land als Erlebnisform abgeschafft wurde! Wir müssen ja keinen Bären mehr jagen und den Prickel erleben, wenn wir mit heiler Haut davongekommen sind. Wir müssen nur noch online sein. Wenn das keine andere Dimension ist, was dann?

Neuentdeckung

In dieser Zeit meiner Einsamkeit laufe ich oft ziellos durch die Stadt. Dabei beobachte ich Leute und versuche herauszufinden, welche Grundstimmung sie wohl in sich tragen. Dieses Schlendern durch die Sträßchen lockert meine innere Bedrängnis und die immer wieder aufkeimenden Zweifel mir selbst gegenüber. Eines Tages lande ich in einem Hinterhof. Mein Blick wird von einem Schild angezogen: »Katakombe – Teestube«. Eine steile Treppe führt nach unten, die ich hinabstapfe. Die Tür quietscht beim Öffnen, wie in einem Gruselfilm. Als ich über die Schwelle trete, stehe ich in einem gemütlichen und mit Kerzen erleuchteten Kellerraum. Ich werde freundlich empfangen und noch am ersten Abend finde ich das, was ich mag. Nette, vor allem junge Menschen, mit denen ich tiefgründige Gespräche führen kann.

Schnell stellt sich heraus, dass diese Teestube ein Jugendtreff der Adventisten ist. Immer wieder werde ich gefragt, ob ich mich ihrer Gemeinschaft anschließen möchte. Ich bin hin- und hergerissen. Ich will keine Adventistin werden, sondern nur diese offene Atmosphäre erleben. Trotzdem besuche ich samstags den Gottesdienst, um niemanden zu enttäuschen. Da ich mich auch dort nicht traue, meine innere Zerrissenheit zu zeigen, steigert sie sich bis ins Unerträgliche. Ich habe Selbstmordgedanken. Wochenlang singe ich bei den Adventisten und spiele gleichzeitig die Möglichkeiten durch, meinem Leben ein Ende zu setzen. Ich stelle mir vor, wie die anderen reagieren würden. Ob sie mich überhaupt vermissen würden? Immer mehr sehne ich den Zustand herbei, endlich meine Ruhe und Frieden zu haben, wenn hier alles so schwer ist. Ständig kreisen meine Gedanken um diese eine Möglichkeit.

Ich überlege, mir im Krankenhaus Tabletten zu besorgen, doch ich fürchte, entdeckt zu werden, damit das Vertrauen der Krankenschwestern zu missbrauchen und meine Sonntagsarbeit zu verlieren. Eines Tages nehme ich mir vor, mich am Abend im Bett zu ersticken. Ich will mir so lange das Kissen auf mein Gesicht pressen, bis ich weg bin. Ob ich diese Form wählen wollte, weil mir das durch das Beinahe-Ertrinken irgendwie bekannt vorkam? Eigentlich naiv, denke ich heute, so leicht geht das dann doch nicht, es gibt erfolgreichere Methoden. Einen Abschiedsbrief habe ich auch nicht verfasst. Daran sehe ich, dass ich nicht wirklich habe sterben wollen, sondern dass ich meine Verzweiflung zu einem Höhepunkt treiben wollte, damit ich eine Art Neuanfang in Angriff nehmen konnte.

Den Versuch mit dem Kissen beende ich rasch. Es ist einfach schrecklich, zu ersticken. Ich bin tatsächlich so entsetzt über mich, dass ich mich an eine Frau, die ich bei den Adventisten getroffen habe, wende und ihr mein Herz ausschütte. Sie ist sehr bestürzt und geht mit mir zu meinen Eltern. Doch meine Eltern reagieren, als sie von meiner Not erfahren, verstockt und abweisend, so als würde ich gegen den geheimen Code der Familie verstoßen. Dieser Code heißt: Man trägt nichts nach außen! Als die Frau gegangen ist, stellen mich meine Eltern zur Rede, beschweren sich, dass ich mir Hilfe von einer Fremden geholt habe. Sie geben mir wie schon so oft zu verstehen, dass ich einen großen Fehler begangen habe, im Sinne eines Vertrauensbruches. Wieder werde ich tagelang mit Nichtachtung gestraft. Das ist ihr disziplinarisches Erziehungsmittel. Es wirkt. Irgendwann lege ich den inneren Schalter um, ziehe wieder das Kleid des inneren Verbiegens an, bin »lieb«, freundlich, den Eltern zugewandt, so wie sie mich brauchen.

Kurz danach geschieht etwas in meinem Inneren, das ich aus heutiger Sicht als eine Art Initiation deute. Danach wusste ich, dass ich nun erwachsen geworden war.

Ich stehe an diesem Morgen auf und bin überrascht, dass ich mich, aus heiterem Himmel, so frei und glücklich fühle. Ich hätte es nicht zu hoffen gewagt, nach all den Wirren der letzten Zeit. Im Badezimmer stehe ich vor dem Spiegel und will meine Haare sortieren, diese Locken, die ständig gebändigt werden müssen, weil sie machen, was sie wollen, und ich eigentlich für mein Leben gerne glattes Haar hätte. Ich schaue mir in die Augen, also in mein Abbild da im Spiegel, und fühle ein inneres JA. Ein JA, das mein ganzes Herz ergreift, mich ganz erfüllt. Ich höre mich sagen: »JA, ich bin ich und dieses Ich ist gut und richtig, auch wenn die ganze Welt dagegen wäre!«

Dieses JA war auch ein JA zu dieser Kraft, von der ich weiß, dass ich in ihr geborgen bin, komme, was wolle.

Die Liebe meines Lebens

Im September 1976 ereignet sich in dieser Teestube der Adventisten eine Begegnung, die bis heute in meinem Leben die größte Bedeutung hat. Ich bin neunzehn und will im nächsten Jahr endlich mein Abitur ablegen. Ich bin in einen Adventisten verknallt, der aber leider schon vergeben ist. Trotzdem finde ich ihn gut und will wissen, ob nicht doch was geht. Wir reden an der Bar der Teestube, ich merke schnell: Lass es, das wird nix! Ich stehe unnütz herum, weil keine vernünftige Stimmung da ist und es noch früh am Abend ist. Dann kommt ein Typ mit sehr langen Beinen die Treppe herunter, der meine Aufmerksamkeit auf sich zieht. Er ist mit einem weiteren Mann und einer Frau unterwegs. Die drei schauen überrascht. Ich merke sofort, dass die hier nicht dazugehören. Endlich habe ich was zu tun. Ich gehe auf sie zu, begrüße sie und komme schnell mit ihnen ins Gespräch. Vor allem der mit den langen Beinen hat es mir angetan. Wir unterhalten uns, als würden wir uns schon ewig kennen. Es gibt in dieser Unterhaltung einen Moment, in dem ich dem dunkelhaarigen Lockenkopf direkt in die Augen sehe. Und in diesem Moment verliebe ich mich. Ich weiß augenblicklich: Der ist es! Der ist mein Mann fürs Leben! Ich bin hin und weg. Ich weiß, es ist Liebe!

Ab diesem Zeitpunkt fängt für mich eine neue Lebensphase an, ich gewinne Abstand zu meinem Elternhaus. Wir lieben uns, wir trennen und versöhnen uns, weil wir spüren, wie schwer so eine Beziehung ist, welche Eigenheiten und Macken jeder hat. Wir schließen beide unsere Berufsausbildungen, Staatsexamen und Diplom, ab und ziehen zusammen nach Bremen. Wir erleben dort zwei tolle Jahre. Nach sieben gemeinsamen Jahren heiraten wir. Leider will mein Mann keine kirchliche Trauung. Das ist hart. Ich hatte, wie viele junge Frauen, von einer Hochzeit in Weiß geträumt. Aber er will es nicht, aus verständlichen Gründen. Seine Beziehung zur Kirche ist durch schlechte Erfahrungen gespalten. Ich liebe ihn und kapiere, dass ich das akzeptieren muss, hier darf ich keinen Druck machen. Wir heiraten mit einem schönen Ritual und einem großen, rauschenden Fest. Den Segen von oben, der für mich nicht an eine kirchliche Hochzeit gebunden ist, erbitte ich mir im Stillen ganz alleine. Ich fühle, es ist gewollt, wir beide sollen Mann und Frau sein.

Wir arbeiten voller Leidenschaft in unseren Berufen. Wir bekommen einen Sohn, drei Jahre später einen zweiten Sohn, wir bauen ein Haus, wir leben ein glückliches Leben und ich bin mir dessen immer bewusst! Immer! Ich spüre weiterhin, dass ich verbunden bin mit dieser großen Kraft. Ich eröffne meine Praxis für Physiotherapie, und als wir uns ein drittes Kind wünschen, klappt es sofort. Eine Tochter! Das Leben ist schön, es ist wunderschön, wenn auch anstrengend.

Kinder

Meine besondere Sensitivität entfaltet sich nicht nur am Lebensende, sondern auch am Anfang. Bei jeder Schwangerschaft wusste ich sofort, also kurz nach der Empfängnis und noch bevor sie medizinisch bestätigt wurde, dass ich eine neue kleine Seele empfangen hatte. Dass sich in mir etwas Heiliges entwickeln durfte, das ich hütete wie den größten Schatz in meinem Leben. Diesen Aspekt des Frauseins fand ich wundervoll. Ich war es, die einen neuen kleinen Mensch in mir tragen durfte. Ein Kind, das zuvor ja eigentlich nur ein Hauch des Göttlichen gewesen sein kann. Aus diesen Zellen, die womöglich noch gar nicht Materie sind, sondern reines Licht oder Liebe oder eine Möglichkeit quantenphysikalischer Zustände, aus diesem Urgrund des Seins entwickelt es sich heraus und darf in mir wachsen. Wann fängt Bewusstsein an? Oder hört es nie auf? Ist es immer da?

Dieser kleine Mensch, so spürte ich es immer, muss aus dem Licht geboren sein, lange bevor ich ihn gebäre. Dieses tiefe innere Fühlen hatte ich bei jedem Kind, ich frage mich heute, woher ich das alles wusste? Keine Ahnung, es war in mir. Einen Teil der Gedanken fand ich zufällig in dem schönen Buch von Frédérick Leboyer *Geburt ohne Gewalt* wieder. Dieses Buch ermutigte mich, mehr Selbstvertrauen in diesen wichtigen Teil meines Lebens zu investieren. Mit diesem neuen Verständnis für das Bewusstsein von Mutter und Kind erlebte ich die Geburten mit einem unsagbar kostbaren Gefühl. Als jedes Kind verbunden mit Schmerzen auf die Welt gekommen war und mir sofort auf den Bauch gelegt wurde, empfand ich es als pures Glück, als lichterlohes Bewusstsein. Für diese Liebe gibt es genauso wenig Worte wie für das Nahtoderlebnis. Dieses Empfinden ist eine Form des Seins, ein Einssein mit dem Licht und dem großen Ganzen, in einer irdischen Variante. Es ist aber auch das sichere Gefühl, dem Tod noch nicht gefolgt zu sein. Eine Geburt ist immer auch der Tod, ist immer das Ganze. Zu jeder Sekunde kann der Tod für Mutter und Kind eintreten. Eine Geburt ist eine absolute Grenzerfahrung, selbst wenn alles gut geht, wovon natürlich jeder ausgeht. Die Geburt ist ein Sterben, ein Abschiednehmen. Für das Kind ist es der Abschied von der Rundumversorgung und dem Einssein mit der Mutter. Für die Frau ist es das Abschiednehmen von der Fülle in ihr.

Ich bin dankbar, dass ich dies drei Mal erleben durfte. Das zweite Kind haben wir sogar zu Hause mit Hilfe einer fantastischen Hebamme geboren. Ich wusste ganz sicher, dass dies unser Weg war, dass wir geführt wurden, dass nichts geschehen würde, was uns in Gefahr bringen könnte. So haben mein Mann und ich auch niemandem davon erzählt, weil uns sonst alle mit ihrer Angst verrückt gemacht hätten. Als ich später meinen Arzt informierte, schrieb er in Rot auf die Krankenakte: Hausgeburt! Als wäre es etwas Schlimmes, wie eine Infektion! Schade, dass heute so viel

Technik sein muss, wenn ein Kind geboren wird. Sicher ist es gut, dass wir so viel Hilfe haben und so viele Kinder gesund zur Welt kommen können. Ich frage mich trotzdem, ob Frauen ihre Kinder nicht einfacher, leichter, liebevoller und mit viel mehr Selbstverständlichkeit und letztlich Sicherheit gebären könnten, wenn man es ihnen auch ohne den Medizinapparat und die ständigen Kontrollen zutrauen würde. Diese Kinder würden so nicht wie eine Ware, sondern wie ein neues Wesen empfangen werden können. Ein Wesen, das Schutz braucht, um sich zu entfalten. Ein Wesen, das wir Eltern als Geschenk empfangen, um es in die Welt zu heben. Ein Kind gehört uns nicht. Es bleibt immer ein Teil von dieser großen Liebe, die ich manchmal auch wieder wage »Gott« zu nennen, aber am liebsten sage ich Licht. Kinder sind sichtbares Licht, sie sollten uns die Herzen erleuchten und nicht das Leben schwermachen.

Die schwerste Entscheidung meines Lebens

Zu Kindern gehört auch die körperliche Liebe. Dieser Teil meines Frauseins entfaltete sich im Laufe der Lebensjahre auf wundersame Weise. Beim ersten Kind zählte noch rechnerisches Geschick, um den richtigen Zeitpunkt zu erwischen. Beim zweiten eigentlich auch, denn die Erwartung meiner Eltern und auch einiger Freunde, den nächsten Sprössling zu liefern, war groß. Beim dritten Kind dachte ich nicht mehr an den richtigen Zeitpunkt, sondern nur an dieses tiefe Sehnen, noch einmal einen Säugling in den

Armen halten zu dürfen. Die beiden älteren Kinder waren in der Zwischenzeit selbstständiger geworden, sodass wir in unserem Liebesleben wieder mehr Freiraum und Zärtlichkeit entfalten konnten. Wir schenkten unserer Liebe Zeit und so wurde sie noch einmal fruchtbar.

Kaum war unser kleines Mädchen eineinhalb Jahre alt, wurde ich krank. An körperliche Liebe dachte ich dann nicht mehr. Als ich nach elend langen Monaten und der ersten Chemotherapie wieder zu Hause war und aussah wie ein Huhn, das einer Legebatterie entkommen war, nahm mich mein Mann im Bett in die Arme. Ich wusste gar nicht mehr, was Liebe ist und wie verhungert ich war. Er taute mich mit seinen Armen langsam wieder auf. Ich vertraute ihm und fühlte mich in ihm geborgen und gehalten. Und vor allem schien es völlig unwichtig, ob ich gut aussah. Ich durfte so sein, wie ich war, grottenhässlich und im Modus der löchrigen Luftmatratze. Ich ließ mich in die Arme meines Mannes fallen und irgendwann sind wir miteinander verschmolzen. Statt den Hochgefühlen, die ich sonst kannte, schüttelten mich Tränen. Mein Mann hielt mich, ich weinte und die Glückseligkeit kam zögerlich hinterher. So ging das eine ganze Weile, aber mein Mann hatte nichts dagegen. Womöglich ahnte er in seiner eigenen Tiefe, dass er mich nur auf diese Weise wieder für sich gewinnen würde. Langsam aber sicher fanden wir zu einer reiferen Art der körperlichen Liebe, der Hingabe an sich selbst im anderen. Dies fühlte ich als etwas Heiliges, als eine Sorte des höchsten Glückes, geradezu als ein Gnadengeschenk nach all dem Leid und Ausgeliefertsein.

Die Chemotherapie hatte mich unfruchtbar gemacht. Ich

hatte mehrmals bei meinen Ärzten nachgefragt, wie es nun mit der Verhütung aussehe. »Die können Sie getrost vergessen«, bekam ich zur Antwort. Auch gut, dachte ich und kam nun erstmals in den Genuss der Unbeschwertheit.

Das Jahr 1999 beginnt mit einem Wunder. Draußen liegt Schnee und es ist bitterkalt. In mir ist etwas anders als sonst. Ich fühle neues Leben keimen! In mir meldet sich wieder dieses klare, absolut sichere Wissen. Ein paar Tage horche ich nach innen, überprüfe die ersten Zeichen meines Körpers mit wachem Verstand und fühle wieder das innere Schwingen einer kleinen neuen Seele. Ich halte es nicht mehr aus und gehe in die Apotheke. Der Test ist eindeutig positiv. Ich fühle eine tiefe Freude, wie jedes Mal, doch diesmal ist sie noch größer, weil wir uns so innig geliebt haben. Gleichzeitig meldet sich mein Frühwarnsystem mit einer knallharten Ansage: Ich überlebe keine weitere Geburt! Immer wieder taucht dieser Satz in mir auf. Ich kann ihn nicht abschütteln und nicht erklären.

Für meine Ärzte ist klar, dass ich einem weiteren Kind körperlich und psychisch nicht gewachsen bin. Sie raten mir ab, dieses Kind auszutragen. In der genetischen Beratungsstelle will sich keiner festlegen, ob das Kind ohne Schäden zur Welt kommen würde, denn es gebe bisher zu wenige Schwangerschaften nach Hochdosis-Chemotherapie und Knochenmarktransplantation und der Abstand von drei Jahren sei gering. Heute wird auch mit diesem Thema anders umgegangen, weil einfach mehr Wissen und Erfahrungen vorliegen.

Mein Mann und ich reden und überlegen wochenlang,

doch die letzte Entscheidung liegt einzig und alleine bei mir. Würde ich mich gegen dieses Wunder entscheiden, würde ich zulassen, dass ein Mensch getötet wird. So fühle ich es einfach. Demgegenüber steht in gnadenloser Härte meine innere Gewissheit: Ich überlebe keine Geburt! Wieder geht es um die Frage: leben oder sterben. Soll ich leben oder dieses Kind? Und was ist mit den anderen Kindern? Sollte ich mich meiner inneren Gewissheit widersetzen und es dann tatsächlich nicht schaffen? Mit meinen Ärzten kann ich diese Ebene nicht diskutieren. Von einem Pfarrer, den ich um Rat ersuche, muss ich mir zu meiner großen Überraschung anhören, dass Gott mich auserwählt habe, dieses Kind zu empfangen, also müsse ich auch in seine Kraft vertrauen und darauf, dass alles gut gehen wird. Für meine Bedenken hat er kein Verständnis. So befinde ich mich auch noch in dem Dilemma, mich womöglich gegen Gottes Plan zu entscheiden.

Es gibt Tage, an denen ich meine, ein viertes Kind würde ich doch noch kriegen können und wir könnten das als Familie alles schaffen. An diesen Tagen fühle ich einfach so viel Liebe in mir, weil das Wunder des Lebens für mich das höchste Glück bedeutet. Dieser Zellklumpen ist mein kleines Kind und auf dem Ultraschall habe ich das Herz schon schlagen gesehen. Ich sehe mein kleines Kind in meinen Armen, an meiner Brust liegen und denke mir recht burschikos: »Wo drei satt werden, wird auch noch ein viertes satt!«

Ich frage nach dem Sinn. Wofür ist es gut, dass ich jetzt auch noch dieses Kapitel meines Lebens zu durchringen habe? Was gilt es zu lernen? Eine wirkliche Antwort fällt mir schwer, ich habe nur eine Ahnung und die lautet: Dieses

Kind zeigt mir, wie viel Kraft in mir steckt, wie viel Gesundung ich schon erfahren und wie viel Liebe wir gelebt haben. Ich soll mich entscheiden. Wer soll leben? Dieser kleine Mensch oder ich? Beide, das wusste ich so sicher, würden es nicht können.

Ich zögere die Entscheidung so lange hinaus, bis ein Abbruch fast nicht mehr möglich ist. Dann bringe ich es hinter mich, das kleine Bündel wieder loszuwerden. Es ist grässlich. Die Ärztin hat den Ultraschallmonitor so eingestellt, dass ich mein Kind in voller Größe und mit schlagendem Herzen noch ansehen kann. Ich will noch aufspringen und weglaufen, da wirkt die Betäubung und ich bin weg.

Lange fühle ich mich schuldig und sehr traurig. Mein kleines Kind wurde mir entrissen. Ich finde es so brutal, wie es hat sterben müssen. Es muss doch alles schon gefühlt und eine Form von Bewusstsein gehabt haben. Sicher hat es fürchterliche Schmerzen erlitten. Ich hätte alles darum gegeben, wenn ich mein kleines Kind auf anderem Wege hätte hergeben können. Auch Wehen wären für mich in Ordnung gewesen, das Gefühl, es gemeinsam mit dem Kind geschafft zu haben, hat etwas Tröstliches. Ich hätte dieses Kind als Ganzes geboren. Das wäre würdevoll gewesen. Hätte man es mir in ein Tuch gewickelt und mitgegeben, dann hätte ich es im Wald, in der Nähe meines heiligen Pfades begraben.

Doch solche Gedanken sind in unserer medizinischen Welt nicht erwünscht. Ab in die Tonne, heißt es in einem deutschen Krankenhaus, dann womöglich noch ins Labor. Wo ist hier Liebe? Und darf ich das überhaupt so sagen? Darf ich von Liebe im Medizinbetrieb reden? Es muss ja nicht

Liebe sein, aber mehr Achtsamkeit und Achtung wäre schon wichtig und wenn sie nur der Vorbeugung von traumatischen Störungen dient.

Erst als mir mein Nahtoderlebnis bewusst wird und ich mich damit auseinandersetze, finde ich auch eine Möglichkeit, dieses Kapitel meines Lebens zu verarbeiten und anzunehmen.

Es war grausam, was ich diesem Kind antun musste, um selbst zu leben. Das ist mir immer bewusst. Der einzige Trost ist, dass mein kleines Kind trotz Gewalt ins Licht gehen konnte. Und das ist ein großer Trost für mich. Es ist wieder in den Urgrund des Seins zurückgekehrt und ich weiß, dass es ihm dort sehr gut geht. Es ist mir vorausgegangen. Und ich fühle diese Liebe zu ihm, die mich nun als Band sehr stark mit ihm verbindet, genauso stark, wie ich sie für alle unsere Kinder fühle, die hier leben dürfen.

Dem Trauma auf der Spur

All diese Sätze, die ich heute in der Lage bin zu formulieren, sind in mir gereift, weil ich mich den drängenden Fragen meines Lebens und meiner Person gestellt habe. Ich habe standgehalten in Zeiten, in denen ich selbst dachte, verrückt zu sein. Ich habe nicht aufgehört, nach einer sinnvollen Erklärung zu suchen. Es war das Bewusstsein in mir, mit etwas Größerem verbunden zu sein und geführt zu werden.

Anfang des Jahres 2005 bemerke ich, dass mir dieses Verbundensein abhandengekommen ist. Es ist grässlich für mich, so abgeschnitten zu sein vom großen Ganzen. Das Licht kann ich nicht fühlen. Ich sitze in einer dunklen Sackgasse. Obwohl es mir zwischendurch schon besser ging, habe ich nun eine Art Rückfall. Mein Körper führt wieder ein Eigenleben, das ich auch mit den besten Vorsätzen und Erkenntnisschritten kaum beeinflussen kann. Es sind die körperlichen Zeichen andauernden Stresses, wie kein erholsamer Schlaf. Einzuschlafen dauert Stunden und ich liege nachts wach. Ich bin übererregt, platze schnell und werde laut, ungehalten und gemein, auch wenn ich das nicht möchte. Es passiert und ich habe stets ein sehr schlechtes Gewissen. Unsere armen Kinder, diese Zeit ist für sie schwer. Sie haben sich wenig anmerken lassen, ob sie auch schon die Verdrängungsnummer draufhaben? Das schon erwähnte Kopfkino schaltet sich ein und aus, wann es ihm passt, und quält mich mit den Bildern der Vergangenheit. Zum anderen leide ich unter einer dauernden Erschöpfung, die als chronisches Fatigue-Syndrom nach Krebs bekannt ist. Von jetzt auf gleich ist meine Kraft weg, ich kann mich nicht mehr konzentrieren, und für alles, was der Alltag fordert, habe ich geschätzte siebzig Prozent an physischem Potenzial. Ich lebe ständig auf Pump meiner Kraftreserven, die dann nachts durch den Schlafmangel nicht erneuert werden. Wabbelige Luftmatratze als Dauerzustand. Ich will es nicht wahrhaben und lege ständig ein buntes Handtuch der Heiterkeit darauf, wie die Touristen in Mallorca auf den Liegestuhl am Pool.

Um das endlich in den Griff zu kriegen, fahre ich im Mai 2005 nach über einem Jahr Wartezeit zu einem Traumatherapeuten, der mich für zweieinhalb Tage als einzige Patientin in die Mangel nimmt. Er wird mein nächster Bergführer.

Der Therapeut und ich besprechen zuerst die Lage, wir suchen einzelne Bereiche heraus, die am dringlichsten sind, und entscheiden uns, mit einer Sequenz zu beginnen. Zuvor legen wir Regeln fest, mit denen wir uns durch diese gemeinsame Aktion hindurchwagen. Eine Videokamera dokumentiert die Behandlung, ich kann sie jederzeit stoppen. Die Technik heißt EMDR (Eye Movement Desensitization and Reprocessing), ein anerkanntes Verfahren aus den USA. Durch die beidseitige Stimulation der Gehirnhälften mittels bestimmter Augenbewegungen kann es zur Auflösung der angsterzeugenden Bilder kommen. Was hier wirkt, ist der erhöhte Verarbeitungsmodus, ähnlich wie in den REM-Schlafphasen, in denen auch erhöhte Augenbewegungen stattfinden. Angeregt durch die fließende Handbewegung meines Therapeuten und weiteren Bergführers machen wir uns auf den Weg, die nächsten vierhundert Höhenmeter meiner Bergetappe zum Gipfel der Selbsterkenntnis zu erklimmen. Meine Augen zappeln in einem bestimmten Rhythmus hin und her, als säße ich in einem fahrenden Zug und wollte ein vorbeifahrendes Bild fixieren.

Ich sitze in einem Sessel, gebe meine Augen in ihrer Bewegung frei und warte, welche der Schreckensbilder sich zeigen. Sie kriechen langsam aus dem Versteck, dazu gesellen sich passgenau die vegetativen Empfindungen, wie Herzrasen, Schwindel, Übelkeit, Muskelzittern, Tränen, Bauchschmerzen, alles, was es so gibt. Wenn ich nicht mehr kann, halten wir an. Das geht erstaunlich einfach: stopp, halt, ausruhen. Einmal gehe ich sogar zwischen blühenden Rapsfeldern spazieren, um mich wieder einzukriegen. Stunde um Stunde steigen wir auf, sortieren das Schwere, das Angstmachende, das Grässliche aus der Krankenzeit aus und gehen weiter. Am Ende des zweiten Tages dieser Bergtour gelange ich an eine Stelle, an der ich im Inneren auf einen Haufen blicke. Vergleichbar mit diesen Haufen in den Ortschaften nach Weihnachten, auf denen sich die ausgedienten Tannenbäume stapeln, die später von der Feuerwehr verbrannt werden. Solch einen Haufen haben wir herauspräpariert. Ich staune und spüre, dass ich ihn jetzt ohne Emotionen ansehen kann. Es ist nur noch ein Haufen gewesener Empfindungen, der noch entsorgt gehört. Wie auf Bestellung kommt ein Bild in mich herein, das mich beglückt. Das Feuer, mit dem die Tannenbäume verbrannt werden, ist mein heiß geliebtes Licht. Endlich ist es wieder da! Das Licht nimmt meinen ganzen Haufen und wandelt ihn in Ruhe und Frieden um. Genau in diesem Moment läuten im Dorf die Glocken den Abend ein. Es ist 18 Uhr und für diesen Tag darf ich Rast machen. Ich gehe mit leichten Füßen und lockerem Schritt in mein Gasthaus und esse mich an einer Portion Spaghetti kugelrund. Anschließend zieht es mich für einen Abendspaziergang noch mal zu den Rapsfeldern. Dieses Gelb ist heilend. Ich bin alleine und noch völlig überwältigt, aber gehalten und beschützt.

Die Nacht muss ich mit Hilfe meines Schlafmittels beginnen. Ohne diesen Stoff kriege ich meine Synapsen nicht entkoppelt. Jahre später werde ich nach zwei Nächten im Schlaflabor auf ein anderes Schlafmittel umgestellt und langsam lernen, wieder ohne chemische Keule in den Schlaf zu finden. Nur in Ausnahmesituationen werde ich noch ein Mittel benötigen. Nebenbei werde ich erfahren, dass der Arzt anhand der Aufzeichnungen sicher sagen kann, dass ich keine Depression habe. Ich werde zutiefst entlastet sein, weil die Psychoschublade, gerade die der Depression, heute so schnell aufgemacht wird, und jeder, der eine Krise zu bewältigen hat, ganz schnell mal eben in diese Schublade reinsortiert wird. Ich werde auch erfahren, dass jenes Schlafmittel, das mir über Jahre verordnet wurde, eine Substanz enthält, die langfristig die Synapsen des Schlafzentrums im Hirn zerstört.

Doch im Moment, nach der Traumatherapie, brauche ich das schädliche Zeug noch und bin froh, diese Dinger zu haben. Hauptsache schlafen, egal wie.

Traumatherapie ist wie Marathonlaufen. Nach diesen zweieinhalb Tagen bin ich erschöpft und fühle mich gleichzeitig aufgepumpt mit Glückshormonen. Es ist so toll, ein Ziel erreicht zu haben. Das Tollste ist meine Erleichterung, denn ich habe es mir viel schlimmer vorgestellt, als es tatsächlich war. Die Angst vor der Angst ist schlimmer, als die Angst selbst. Ich bin stolz, dass ich mich getraut habe und dadurch zu einem Stück neuer Lebensqualität finden konnte. Als ich auf dem Bahnhof stehe, um heimzureisen, verspüre ich keine Spannung mehr im Kiefer. Mein Unterkiefer hängt so was von locker in meinem Gesicht rum, dass ich ihn ständig bewege, weil ich diese Freiheit im Kehlkopf und Mundbereich nach dem jahrelangen Zähnezusammenbeißen nicht mehr kenne. Ich stehe da und weine vor Erleichterung.

Spurensuche am Tatort

Mit dieser neu gewonnenen Freiheit trete ich eine Reflexionsrunde mit meiner Detektivin an. Nun will ich es genau wissen. Zu jeder Spurensicherung gehört auch, den Tatort zu inspizieren. Wie soll ich nach so vielen Jahren noch mal Einlass in die Untersuchungsräume der Klinik erhalten? Ich habe ein detailgenaues Bild von dem Untersuchungsraum, in dem ich die Nahtoderfahrung hatte, im Kopf. Dieses Bild ist wie eingebrannt in meinem Gedächtnis. Am liebsten würde ich dort hingehen und mein inneres Bild mit den objektiven Tatsachen vergleichen. Meine Detektivin rät mir zu einer akribischen und behutsamen Vorgehensweise.

Als Erstes schreibe ich einen Brief an meinen damaligen Arzt. Ich schildere ihm meine Situation und bitte um einen Gesprächstermin. Er antwortet schriftlich, freundlich und zeitnah, teilt mir aber mit, dass die Räume in der Zwischenzeit umgebaut wurden. Schade, findet meine Detektivin und rät mir, erst mal abzuwarten und zu sehen, welche Optionen sich eventuell von alleine ergeben könnten. Sie erklärt mir, dass es oftmals zu überraschenden Wendungen kommen kann, wenn man einen Anstoß für einen Prozess gibt, und das habe ich ja nun getan.

Wochen später treffe ich meinen Arzt bei einem Spaziergang zufällig mitten im Wald. Wir sind von dieser unerwarteten Begegnung an diesem Ort beide überrascht und es gibt diesen kurzen Moment des Abwägens, ob es besser wäre, grüßend aneinander vorbeizugehen oder stehen zu bleiben. Wir bleiben beide stehen und geraten in ein Gespräch, das verlegen stockend beginnt und sich dem Alltäglichen widmet. Er möchte natürlich wissen, wie es mir geht. Ich erzähle ihm, wie mühsam das Leben an manchen Tagen ist, obwohl ich vom Krebs geheilt bin. Ganz mutig berichte ich von meiner Traumabehandlung. Ich bemerke, wie er langsam seine Rolle wechselt, vom Arzt zum Mitmenschen. Ich kann sein aufrichtiges Mitgefühl spüren. Er bestätigt mir mit angerührter Stimme, wie schwer und ernst meine damalige Lage gewesen sei und dass er sich gut vorstellen könne, dass man eine solche Zeit nicht einfach vergessen könne. Ich kriege einen Kloß im Hals, die Tränen steigen wieder hoch, weil es mir so guttut, dies erstmalig aus seinem Munde zu hören. Er bemerkt meine Not und nimmt mich in den Arm. Tut mir das gut! Ich spüre sein Mitschwingen und seine eigene Befangenheit und Sorge von damals. Er stand unter einem irrsinnigen Druck, weil er so lange keine Diagnose stellen konnte und es mir immer schlechter ging.

Wir gehen wieder auf Abstand. Inmitten dieser herrlich dichten grünen Bäume, die einen schützenden Raum über uns ausbreiten, bemerke ich, dass auch er feuchte Augen hat. Mein Herz schlägt schnell. Ich nehme all meinen Mut zusammen und spreche ihn auf das Nahtoderlebnis an. Er senkt seinen Blick und meint zögerlich, ich könne ihn alles fragen, aber zu diesem Thema wolle er nichts sagen. Ich spüre, dass ich nicht weiterfragen darf. Ich sehe es ihm nach, denn er hat viel für mich getan. Beim Auseinandergehen merke ich allerdings, dass meine Großzügigkeit doch ins Wanken gerät und mir vor Enttäuschung die Tränen übers Gesicht laufen. Er wäre der einzige Zeuge gewesen, der eine sachdienliche Aussage hätte machen können.

Dieser Pfad der Spurensuche ist also verschlossen und ich

grübele nach weiteren Möglichkeiten. Ich rufe im Krankenhaus an und will im Archiv meine Krankenakte einsehen. Eventuell finde ich dort noch subjektiv verwertbare Hinweise, die mir helfen können, meinen Fall abzuschließen. Dort erfahre ich, dass die Krankenakten aufgrund eines neuen Gesetzes nur noch zehn Jahre aufgehoben werden müssen und dass meine Akte gerade vernichtet wurde. Auch hier bewährt sich meine neu gewonnene Einstellung, dass alles zu irgendwas gut sein muss, auch wenn ich dieses Gute nicht sofort entdecke. Ich beschließe, auf eigene Faust eine Ortsbegehung durchzuführen und noch einmal dorthin zurückzukehren, wo ich so viele Wochen leiden musste und die schlimmste Zeit meines Lebens verbracht habe. Meine Detektivin ist besorgt über meinen Aktionismus und bittet mich, doch eine Freundin mitzunehmen. Nein, das kann ich nur alleine schaffen. Ich mache mich auf. Mit Herzklopfen betrete ich das Klinikgelände und steige diese alten Treppen wieder nach oben. Vom typischen Krankenhausgeruch wird mir übel. Ich übe wieder meine Antikotzatmung. Langsam und nicht zu tief atme ich durch den Mund und versuche mehr aus- als einzuatmen. Später lerne ich, dass mir in solchen Situationen auch ein Taschentuch mit einem angenehmen Duft helfen kann, das ich mir vor Nase und Mund halte. Passgenau rattert mein Kopfkino los. Es bleibt an jenem Freitagnachmittag, dem 6. Oktober 1996, stehen. Mein Mann und ich sitzen dem Chefarzt gegenüber, der bemüht ist, uns sachlich zu erklären, wie meine rätselhafte Krankheit heißt, was man heute alles zur Heilung tun kann, dass ich in die Uniklinik Mainz verlegt werde, mein Haar ausfallen wird und ich doch sicher tapfer und stark sein werde. Natürlich werde ich das! Heldenhaft höre ich mir alles an, verstehe nur die Hälfte und heule erst, als ich meinen Mann getröstet und verabschiedet habe und alleine mit hunderttausend Fragen in meinem Zimmer zurückbleibe.

Jetzt stehe ich auf dem Stationsflur starre auf zwei Menschen in Bademänteln und mit Schlurfgang. Die eine mit Glatze. Wieder wird mir übel. »Stopp!«, ruft meine Detektivin. Ich drehe mich um, remple fast mit einem im Eilschritt herannahenden Arzt zusammen und lande vor dem Aufzug. Nein, bloß kein Aufzug, dieser Geruch geht jetzt gar nicht. Bei jeder Stufe, die ich nach unten gehe, verabschiede ich die Bilder der Krankheit in meinem Kopf. An der frischen Luft beschließe ich, diesen Ort für immer zu verlassen und mich über jeden Tag, den ich habe, zu freuen. Ich beschließe auch, dass ich ohne Zeugen und objektive Begutachtung meine Erfahrung als wahrhaft richtig einstufe und dass ich nun mit einer neuen Portion Selbstbewusstsein und innerer Sicherheit weiterleben will.

Blättersammlerin

Immer noch passieren Dinge, die mich überraschen und nachdenklich stimmen. Diese Dinge sind übernatürlicher Art und ich behalte sie weiterhin unter Verschluss. Ich selbst reagiere mittlerweile gelassener und sammle die Ereignisse ein wie Blätter, die im Herbst von den Bäumen fallen und die ich in einer Tasche mitnehme. Der Vergleich hinkt natürlich, weil diese Herbstblätter nach kurzer Zeit vertrocknet sind und auf dem Kompost landen. Meine Erlebnisse jedoch bleiben frisch und jederzeit abrufbereit. Doch die Leichtigkeit, mit der sie mir übermittelt werden und mit der ich ihnen begegne, hat tatsächlich etwas von Blättersammeln an sich. Ich bin in meinem Doppelleben, in meiner Karriere als Weltenwechslerin und Sammlerin außergewöhnlicher Dinge unterwegs.

Hochsommer 2006. Endlich kann ich diese leichten Klamotten tragen, die monatelang im Schrank hängen und auf diese paar heißen Tage im Jahr warten. Auf einer Beerdigung einer Freundin aus dem Nachbarort trage ich hell. Sie starb nach langen Monaten an Krebs und hatte das Glück, bis zum Schluss zu Hause sein zu dürfen. Anfangs, als sie noch hoffte, den Krebs besiegen zu können, haben wir etliche Gespräche geführt. Sie hatte den Mut, das Sterben zu thematisieren und sich vorzustellen, wie sie das für sich leben wollte. Sehr früh habe ich spüren können, dass sie keine Heilung erfahren wird. Es war wieder so eine Vorahnung. Sie überfallen mich völlig überraschend. Wie eine Art Geistesblitz überkommen sie mich. Ich kann nichts dagegen tun. ZACK, sind sie da, ob ich will oder nicht. Anfangs war ich völlig überrumpelt und meinte, dass ich dem Jeweiligen doch Bescheid sagen müsse, er sollte doch wissen, dass er womöglich nur noch wenig Zeit hat für all die Pläne, die den meisten erst dringlich werden, wenn ihnen die Pistole der Endlichkeit auf die Brust gesetzt wird. Ein mögliches Gespräch darüber simulierte ich in meinen Gedanken und prüfte, wie sich der andere dabei vorkommen würde. Stets kam der gleiche Eindruck: Es wäre das absolute Chaos für den anderen. Also kann ich ihm diese

Botschaft beim besten Willen nicht auftischen, ich könnte sie ja auch nur schwer begründen. Der andere müsste mir das einfach glauben. Wer bin ich eigentlich, dass ich so etwas wissen kann? Ja, wer bin ich eigentlich mit diesen ganzen Vorahnungen? Ich weiß es auch nicht, ich kann mich nur beschämt lächelnd entschuldigen, dass ich nichts dafür kann, wenn wieder der Geistesblitz, ZACK, einschlägt. Ich nehme es so hin und weiß mittlerweile, dass er doch einen Sinn macht, wahrscheinlich am ehesten für mich. So kann ich mich ruhig und gelassen auf das Ende eines lieben Menschen vorbereiten. Mein Abschied geschieht schon vor dem Tod. Ich tue noch Dinge, die ich unbedingt und rechtzeitig erledigt haben möchte. Ich nehme dieses Tun sehr dankbar und wach an.

So war es auch bei meiner Freundin. Auf den Spaziergängen durch den Wald haben wir uns gegenseitig viel geben können. Sie erzählte von ihren Ängsten, ihren alten Konflikten mit der Familie, ihren Bemühungen, daran etwas zu verändern. Ich erzählte von meinen Ängsten, damals mit meinem Krebs, meinen Möglichkeiten, damit besser klarzukommen. Gelegentlich erzählte ich ihr auch, dass ich keine Angst mehr vor dem Tod habe. Ich spürte, wie ihr das guttat, und sie wollte oft mit mir darüber reden. Über das Nahtoderlebnis habe ich nicht direkt gesprochen, nur von der Tatsache, dass ich so nah am Tod dran war. Dann schwärmte sie immer von meinem Theaterstück und dem Tanz mit dem Tod. Sie hatte sich mehrere Vorstellungen, zusammen mit ihren Kindern, angesehen. Wir erzählten uns unser halbes Leben und jeder half es, die Schichten der eigenen Biografie zu sortieren und zu glätten.

In diesem sich gegenseitigen Zumuten fühlte ich dieses zarte Band der Liebe. Es wird bleiben zwischen uns. Am Tag ihres Todes bin ich dann so erleichtert, so froh, so glücklich, so voller Freude, weil ich spüre, dass sie es nun geschafft hat. Ihren Abflug ins Licht hat sie gemeistert, sie ist nun frei, im Licht, in der göttlichen Liebe, im großen Ganzen. Es ist wie bei einer Geburt, die Erleichterung, dass der Schmerz und die Enge überwunden wurden.

Mit dieser inneren Freude fahre ich zur Beerdigung, schirme mich ab von denen, die vor Tränen fast zerfließen. Ihr Schmerz geht mir so nah, dass ich mich schützen muss. Ich rufe ihnen in Gedanken zu, dass es ihr doch jetzt gut geht, könnt ihr das nicht auch sehen? Aber für einen Menschen, der voll im Schmerz ist, ist das leider kaum zu begreifen. Wieso gelingt es so schwer, den anderen gehen zu lassen? Wieso kleben wir so an der Körperlichkeit? Das Weinen ist doch das Beweinen des eigenen Schmerzes, oder nicht?

Ich kümmere mich nur um mich, spüre ich doch meine Dünnhäutigkeit an diesem Tag. Ich setze mich an den Rand, sodass ich mich nicht als Teil der großen Trauergemeinschaftsenergie fühle, die mich im Schluchzen mit fortspülen könnte. Der Raum füllt sich, es ist heiß, die Sonne scheint zu ihrer Freude. Die erste Musik beginnt, etwas Klassisches, es gefällt mir, ich nehme eine warme und leichte Atmosphäre wahr. Die ersten Sätze werden gesprochen, ich fühle mich selbst sehr leicht und dann ist sie da: Ich sehe eine große lichte Form neben dem Sarg, sie glänzt und strahlt. Ich sehe in dieser Wolke die einzelnen winzig kleinen und tausendfach schönen Teilchen, wie Lichtteilchen, die das Wesen meiner verstorbenen Freundin sind. Ich spüre auch noch mal kurz ihren durchlittenen Schmerz, es war nicht alles einfach in ihrem Leben, in ihrer Familie. Und dann sehe ich wieder nur dieses Leuchten. Ich sitze ganz still, als könnte die kleinste Bewegung alles zerstören. Diese Lichtwolke wird immer größer, erfüllt den ganzen Raum, und da die Türen der Kapelle wegen der Hitze offen stehen, zieht sie langsam, ganz langsam zur Tür hinaus. Einen kurzen Moment zieht es mich fast hinterher, ich will hier raus, es ist mir zu eng, ich brauche Luft und Raum. Ich spüre meinen Sehnsuchtsfaden, er zieht an mir, am liebsten würde ich aus meinem Körper aussteigen. Es wäre nicht schwer, ich merke, wie ich oben am Kopf ganz offen bin. Ich lege mir die Hand auf den Kopf und sage mir: »Sabine, bleib hier, nimm es an, es ist alles gut.« Ich atme tief in meinen Bauch hinein und fühle einen großen Frieden in mir. Es ist schön, in mir zu sein und doch das Licht und diese Liebe empfinden zu können. Was bin ich für ein Glückskind, dass ich das endlich so hinkriege, und das im Angesicht des Todes. Es ist doch alles so gut für uns Menschen gemacht. Wieso ist es so schwer, diese Ebene, dieses Erleben, dieses transzendente Sein in unser Leben zu lassen? Was ist nur geschehen in meinem Land, dass all dies so negativ gelebt und nur hinter vorgehaltener Hand darüber gesprochen wird?

Zum Leichenschmaus gehe ich nicht mehr mit. Ich brauche jetzt Stille und Rückzug. Müde und glücklich fahre ich nach Hause. Ich lege mich einen Moment hin und versinke in einen kurzen Schlaf, aus dem ich erholt wieder erwache. Ich setze mich an meinen Laptop, trinke eine sprudelnde Mischung aus Minze und Zitrone und schreibe dieses Erlebnis nieder. Ich muss es aufbewahren und dokumentieren für meine Fallsammlung, für meine Detektivinnenakte »Mehne-Nahtod-Kuriosum«.

Ich denke mir, dass solche Phänomene doch auch von anderen Menschen – auch ohne Nahtoderfahrung – erlebt werden müssen. Ich denke an alte Traditionen oder andere Religionen, die solche Erlebnisse in ihre Rituale eingebaut haben. Diese Möglichkeit, dieses Immer-wieder-Eintauchen-in-die-Transzendenz muss doch in uns Menschen angelegt sein, als Verbindung zur Quelle unseres Ursprungs. Vielleicht ist sie gut verborgen, in einem Safe verschlossen, damit der Schatz im Alltag nicht verloren geht. Bestimmte Erfahrungen haben das Zeug, diesen Safe zu öffnen. Dazu gehört mit Sicherheit die Nahtoderfahrung, aber es muss doch weit mehr tiefe Erlebnisse und Erfahrungen geben, die Menschen für das Transzendente öffnen. Ich muss die anderen Möglichkeiten und Menschen, die sie auch kennen, suchen gehen. Oder mich von ihnen finden lassen?

Weitere Erkenntnisse

Durch die Arbeit im Netzwerk stehe ich in regelmäßigem Austausch mit Alois Serwaty, Professor Ewald und lerne auch Dr. Joachim Nicolay näher kennen. Er hat Theologie und Psychologie studiert und sich in seiner Doktorarbeit mit der wissenschaftlichen Methode der Hermeneutik befasst. Dies ist die Lehre des Verstehens. Sie wurde als geisteswissenschaftliche Methode zum Verständnis von Texten und zur

Erschließung von Sinnzusammenhängen entwickelt. Mit dieser Vorgehensweise bewegt man sich auf der beschreibenden Ebene, ohne den Anspruch, Beweise für oder gegen einen Realitätsgehalt liefern zu müssen. So wird es möglich, den Sinngehalt von Nahtoderfahrungen zu erschließen. Dr. Nicolay vergleicht die Berichte über Nahtoderfahrungen und untersucht sie nach bestimmten Gesichtspunkten. Es sind Berichte, die schon in Büchern veröffentlicht wurden, und Berichte, die er persönlich von Erfahrenen gesammelt hat. Dies ist ein weiterer Meilenstein meines eigenen Verstehens, der in einem längeren Gespräch mit Dr. Nicolay zutage befördert wird.

Es beschäftigt mich die Frage nach dem Transzendenzerleben. Nach seiner Meinung sind für das Transzendenzverständnis die Erlebnisse von Bedeutung, bei denen Menschen nachher davon überzeugt sind, in eine andere Wirklichkeit eingetaucht zu sein. Sie spüren einen starken Sog zur anderen Seite hin, sprechen von Begegnungen mit Verstorbenen und mit dem Licht.

An meiner Erfahrung, so meint er im Gespräch, sei etwas Besonderes, weil ich noch außerkörperlich »vor Ort« und gleichzeitig im Licht war. Normalerweise, erklärt er mir, sei das Erleben der Außerkörperlichkeit noch keine transzendente Erfahrung. Er stellt mir Fragen, die mir so bisher keiner gestellt hat. Er wird mein nächster Bergführer für eine Etappe, die nicht so steil wie bisher, dafür aber kurvenreich auf einer Höhe verläuft und die mich zwingt, den geschlängelten Weg der Erkenntnis weiterzugehen und eine gradlinigere Wegführung einzuschlagen. So möchte er wissen, ob das Licht für mich eine persönliche Qualität gehabt habe oder ob es eher etwas Abstraktes gewesen sei? Ich bin überrascht, dass ich die Antwort sofort aussprechen kann, danach aber ein starkes Nachfühlen einsetzt, als wollte ich alles noch mal genau prüfen. Dieses Licht war beides. Es war einerseits abstrakt. Die Qualität des Erlebens war absolut neu, unerwartet, faszinierend und alles überragend, nicht von dieser Welt. Und gleichzeitig war es persönlich. In dem Moment des Verschmelzens fühlte ich mich wie erinnert, so, als würde ich dieses Licht schon lange kennen. Da dieses Licht eine so durchdringende Liebe aussendete und ich darin zu baden schien, war es mir überdimensional vertraut. Persönlich in dem Sinne, dass dahinter eine Person stecken würde, war es nicht.

Seine Fragen klingen einfach, doch dahinter lauert mehr Tiefgang als gedacht. So will er wissen, ob es einen »Gedankenaustausch« gab? Nein, sage ich, nur in der Form, dass ich alles wusste, alles verstand und alle Zusammenhänge sehen und wissen konnte, obwohl diese Begriffe eigentlich falsch sind, denn es ist kein Sehen mit dem Augen, sondern ein Sehen mit dem ganzen Bewusstsein, ein Emporgehobenwerden in weitere Dimensionen. Seine letzte Frage lautet: »War das eine Gotteserfahrung? Wenn ja, was bringt Sie dazu, es so zu sehen?« Jetzt verschlägt es mir doch die Sprache. Außerdem fühle ich wieder diese Scham. Ich stottere: »Na ja, wahrscheinlich war es eine Gotteserfahrung, aber ich würde nie behaupten wollen, ich hätte Gott gesehen oder erlebt, das kann kein Mensch behaupten, das geht ja gar nicht.« Nachdenklich sitze ich ihm gegenüber. In der Kategorie eines Gottesbegriffs zu denken, fällt mir schwer. Mir wird klar, dass mein Gottesbild, das ich tief in mir angelegt hatte, dem

»Licht« nicht mehr standhalten kann. Die Verschmelzung mit dem Licht hat für mich jeden Bezug aufgelöst, sowohl zu einem Gott oder zu einem Gottvater oder zu einem obrigkeitshörigen Denken gegenüber einem Herrn. Diese Verwandlung kann und will ich nicht mehr rückgängig machen. Sie lässt sich auch durch keine rationalen Prozesse beeinflussen.

Lesen ist Befreiung

In jeder freien Minute, die mir die Familie lässt, grabe ich mich durch weitere Bücher. Wegen meiner anhaltenden Konzentrationsschwäche schlage ich diese dicken Bücher manchmal einfach auf und lande genau an der Stelle, an der ich Nahrung für meinen inneren Prozess finde. So esse ich mich häppchenweise satt am Tibetischen Totenbuch, bei den Berichten der Schamanen, den Visionen der mittelalterlichen Mönche und lande sogar bei viel älteren Erfahrungen, die nur mündlich überliefert wurden: bei den Berichten der keltischen Druiden.

Als Zeitreisende wandere ich durch die Jahrhunderte und begegne den Mysterien des Todes. Ich bedauere erneut, im Geschichtsunterricht so oft aus dem Fenster geschaut und meinen damaligen Tagträumen den Vorrang gegeben zu haben. Ich begreife, dass alle Menschen aller Kulturen ihren eigenen Weg gingen, mit dem Geheimnis des Todes klarzukommen. Ich begreife auch, dass es heute noch Menschen gibt, die offensichtlich selbst im düsteren Mittelalter hängengeblieben sind. Sie verstehen Krankheit und Sterben noch immer als Strafe Gottes, als Sünde. Sie tischten mir damals frei von der Leber weg auf, dass mein Krebs eine Strafe Gottes sei! Damit brachten sie mich in große innere Not. Obwohl ich diese Aussage als Unsinn abtat, zerrte mein altes Bild vom strafenden Gott in mir. In meinem Kopfkino versammelten sich mittelalterliche Bilder von der Zeit, als die Pest die europäische Bevölkerung dahinraffte und der typische Sensenmann hinter jeder Tür lauerte. Ich sah die Beinhäuser an Friedhofsmauern und hatte Angstattacken. Die Krankheit Krebs fühlte sich für mich so bedrohlich an, als sei sie die Pest der Moderne.

Zu meiner eigenen Überraschung übermannte mich in meiner Kirche am Ort, die in der Krankheitszeit trotz allem ein Ort der Hoffnung war, beim Singen der alten Lieder diese alte Düsterkeit. Sie legte sich auf meine Stimmbänder, mein Singen wurde ein Krächzen und schnürte mir die Kehle zu. Ich wollte nie mehr singen. Genauso geht es mir, betrete ich diese alten Kirchengemäuer in Städten, in denen sie als begehrte touristische Ziele gelten. Trotz aller Bewunderung für die menschliche Bauleistung und das Gebäude an sich fühle ich mich dort eiskalt und verloren, auch wenn das frisch aufgemalte Gold mich zu umstrahlen versucht.

Viele Sätze, die ich lese, öffnen meine Schleuse und ich weine oft. Ich kann es nicht fassen, dass ich nach so vielen Jahren noch nicht damit aufhören kann. Meine Detektivin ist besorgt um mich, ermuntert mich trotzdem, diese Phase anzunehmen und abfließen zu lassen, was offensichtlich noch immer in mir angestaut ist. Wie gut, dass ich auf sie höre. Zur Belohnung schleicht sich immer das Glück in mich ein, weil ich weiß: Krankheit und Sterben können keine Strafe Gottes sein! Krankheit und Sterben sind der Schlüssel zum Licht.

Das Wagnis der anderen Ebene

Trotz aller Turbulenzen, trotz der Bilder, die weiterhin auftauchen, und der schlaflosen Nächte löst die weitere Auseinandersetzung in mir eine wohlwollende Bestimmtheit aus, eine Beruhigung und Freude. Leider hat die Freude immer wieder diese irre Sehnsucht im Gepäck, dieses Heimweh, als wäre ich eine Heimatvertriebene. Die magische Anziehungskraft dieses erlebten Lichtes ist durch nichts zu toppen. Im irdischen Dasein gibt es für mich nur Annäherungen. Diese sind selbstverständlich kostbar und ich möchte sie nicht missen, beispielsweise ein Kuss meines Mannes, ein Moment des tiefen Verstehens mit den Kindern, die Freude eines Menschen über etwas Schönes, der tiefe Schmerz, der einsetzt, wenn man zu erkennen beginnt, oder das Sein, das reine Sein, sehr gerne in der Natur. All diese wunderbaren und reinen Erlebnisse bleiben für mich Annäherungen. Kein Wunder, dass ich an manchen Tagen vor Sehnsucht, wieder dorthin zu gelangen, vergehen könnte und damit stets Angst und Unverständnis bei meinem Mann und anderen erzeuge, wenn ich es wage, von meiner Sehnsucht zu sprechen. Lässt sich diese Sehnsucht überhaupt rückgängig machen? Ich muss warten, bis ich sterbe, bis ich meinen wunderbaren Körper ganz und für immer ablegen darf. Dann wird meine

Seele, mein Wesen, meine Essenz, das, was unzerstörbar ist, ganz frei sein. Einen köstlicheren Zustand gibt es nicht. Das hat für mich nichts, aber auch gar nichts mit Lebensmüdigkeit zu tun. Das Gegenteil ist der Fall: Ich lebe sehr bewusst und gerne, aber eben auf mehreren Ebenen und in unterschiedlichen Körperlichkeiten.

Deshalb brauche ich Zeiten, in denen ich mich dieser Sehnsucht hingeben darf, so wie andere joggen gehen oder sich im Freibad vergnügen. Ich empfinde es wie tanken, einmal Super bleifrei bitte, voll. Am besten gelingt mir dies beim Liegen und Ruhen. Ich habe entdeckt, dass ich bei meiner Mittagsruhe meinen Körper und Geist weiten kann, indem ich mich entspanne, mein Tor zur Ewigkeit oben am Kopf öffne und mit ein paar Atemzügen in einen anderen Bewusstseinszustand gelange, indem ich mehr oder weniger aus meinem Körper aussteige. Ich sage bewusst »mehr oder weniger«, weil ich großen Respekt habe und immer damit rechnen muss, dass ich womöglich nicht zurückkomme, wenn ich zu weit gehe. Bei diesen Entdeckungsreisen gibt es für mich unterschiedliche Qualitäten.

Die einfachste Variante geht so: Ich liege flach auf dem Rücken oder auf der Seite, dann öffne ich die Stelle an meinem Kopf. Ich bitte das Licht, in mich hineinzufließen, bis hinunter zu den Füßen. Lasse ich das Licht an den Füßen wieder hinaus, dann fühle ich oft eine tiefe Erdung, obwohl mir das schwerfällt. Hole ich das Licht in mich zurück, erzeuge ich einen Wirbel, der mich stärkt und wärmt. Das Licht empfinde ich ähnlich stark wie damals beim Nahtoderlebnis. Es ist eigentlich namenlos, aber um es handhabbar zu machen, könnte ich es »goldenes Licht« nennen. Ich kann das Licht sowohl als Ganzes spüren als auch die einzelnen Teile. Das Licht, diese Dimension, die alles übersteigt, füllt mich mit Kraft und bewirkt eine Vergrößerung meiner Hülle. Ich kann damit meinen Körper, meinen zu eng gewordenen Wollpullover, für mich fühlbar ausdehnen und eine große Liebe in mir erzeugen. Ich bin dann nicht wirklich außerhalb meines Körpers, sondern fließe zwischen innen und außen hin und her.

Eine andere Variation ist die, dass ich mir vorstelle, mein Tor zur Ewigkeit besäße einen kleinen Deckel, der sanft auf- und zugeht. Das Öffnen und Schließen kombiniere ich mit der Atmung. Beim Einatmen öffne ich mein Tor, beim Ausatmen schließe ich es. Je nach Lust und Laune kann ich dies mit dem Einfließen des Lichts kombinieren. Beide Wirkungen sind schön, sie beruhigen mich, füllen mich mit großer Liebe und erneuern mein Bewusstsein, ein kleiner Teil vom großen Ganzen und gleichzeitig das Ganze selbst zu sein.

Es gibt Tage, an denen ich diese Übungen nicht hinkriege. Ich kann sie nicht erzwingen und auf Knopfdruck erzeugen. Entweder ich bin bereit und es geht oder es geht nicht. Das akzeptiere ich dann. Außerdem verstehe ich endlich, dass alle Zwischenfälle, in denen ich, meist bei medizinischen Eingriffen, unerwartet aus meinem Körper ausgestiegen bin, für mich etwas völlig Normales, ja Überlebensnotwendiges waren. Ohne diese Fähigkeit hätte ich vieles nicht überstanden.

Wäre ich eine Maschine und müsste ich eine Gebrauchsanweisung für mich zusammenstellen, dann würde unter der Rubrik »Fehlerquellen« der Hinweis stehen: Wenn es zu keiner sichtbaren Reaktion des Gerätes mit der Kennung

»Mehne, S.« kommt, ziehen Sie nicht den Netzstecker. Warten Sie einen Moment ab, setzen Sie sich ruhig neben das Gerät und atmen Sie aus. Können Sie nach 60 Sekunden keine Reaktion feststellen, legen Sie Ihre Hand oben auf den Kopf und schließen Sie den Deckel. Damit helfen Sie dem Gerät, seine Energie wieder für den Normalmodus bereitzustellen und den Superflowmodus zu verlassen.

Diese Anweisung gab ich im Oktober 2006 doch tatsächlich einer Krankenschwester, die bei einer Krampfaderoperation neben meinem Kopf saß und auf mich aufpassen sollte. Ich hatte eine örtliche Betäubung am Bein erhalten und das Beruhigungsmittel abgelehnt. Klassische Musik im Operationssaal und die unermüdlich auf mich einredende Krankenschwester sollten mich ablenken. Irgendwann bat ich sie, mich in Ruhe zu lassen. Ich erklärte ihr, dass ich eine spezielle Entspannungstechnik anwenden wolle, für die ich aber Ruhe bräuchte. Für den Fall, dass ich zu tief entspannen würde, sollte sie mir die Hand auf den Kopf legen. Offensichtlich vertraute sie mir. Ich atmete mich in einen Zustand, der mir half, das unschöne Rumgezupfe, das ich trotz Betäubung an meinem Bein wahrnahm, nicht mehr zu spüren. Ich stieg also kurz aus meiner Hülle aus und schaute von oben über den grünen Vorhang, der mir eigentlich die Sicht auf mein Bein verwehren sollte. Schmerzen hatte ich jetzt keine mehr. Von der Häkel- und Nähstunde am lebendigen Fleisch wurde mir aber übel und ich beschloss, kurz weiter weg zu fliegen, dorthin, wo ich frei und weit sein konnte. Es ging ganz leicht und ich fand mich draußen im schönen sonnendurchfluteten Klinikgarten wieder. Die ordentlich geschnittenen Buchsbäumchen säumten den Wegesrand und die Sonne konnte ich in ihren einzelnen Teilen spüren. Die Krankenschwester merkte wohl, dass ich nicht wirklich ansprechbar war und legte mir ihre Hand auf den Kopf. Ich hörte ihre Stimme: »Hallo, Frau Mehne, alles klar bei Ihnen? Die Operation ist jetzt gleich fertig, Sie dürfen dann wieder auf Ihr Zimmer!« Ich war stolz auf mich, diesen doch anfangs sehr gefürchteten Eingriff so gut überstanden zu haben, was sich auch bei der Wundheilung und dem Ergebnis der Operationen zeigte. Was ich regelrecht hasste, waren die Kompressionstrümpfe. Ich konnte es kaum ertragen, körperlich so zusammengedrückt durch die Welt laufen zu müssen, es erschien mir wie Freiheitsberaubung. Trotz Quetschmodus übte ich in dieser Zeit das bewusste Spüren des Bodens, eine Übung, die später noch sehr nützlich sein sollte.

Literatur ist Psychotherapie

Durch Dr. Nicolay erhalte ich weitere Literaturempfehlungen und habe in der Bett-Universität wieder mächtig viel Stoff durchzuackern. Diesmal bemühe ich mich, die Bücher ordentlich zu lesen, konzentriert Seite für Seite, solange ich es schaffe. Wieder sind es drei Bücher und jedes neue Wort wirkt wie ein entdecktes Puzzleteil, um das Mosaik meines Lebens zu vervollständigen. Über das Antiquariat habe ich das dünne Buch eines Eckart Wiesenhütter *Blick nach drüben – Selbsterfahrung im Sterben* erworben und verschlinge es in einem Aufwasch. Er ist 1916 geboren, war Mediziner und hatte zwei Nahtoderlebnisse infolge eines Lungeninfarktes. Außerdem war er als junger Arzt im Lazarett tätig, was mich durch meine eigene Auseinandersetzung mit dem Krieg und meine Fähigkeit, mich in Menschen im Lazarett hineinfühlen zu können, besonders anspricht. Sehr eindrücklich schildert er das Nahtoderlebnis eines jungen Soldaten, der durch einen Bauchschuss innerlich zerfetzt worden war und dessen Hoffnung auf Rettung fast null war. Dem Soldaten war klar, dass er bald sterben würde. Er habe diese Aussicht wie ein Wegschwimmen, eine Befreiung und Erlösung empfunden. Über seine Rettung war er mehr als entsetzt und er habe seinen Rettern schwere Vorwürfe gemacht. Sofort denke ich an meinen Onkel Walther, die Geschichten ähneln sich und die Zeilen im Buch des Lazarettarztes wühlen mich erneut auf. In diesem Krieg muss es doch unzählige Nahtoderlebnisse gegeben haben. Warum wird nur so selten darüber gesprochen? Ist das Erzählen zu schmerzhaft? Schickt es sich nicht, über etwas derart Schönes zu reden, weil es die Ehre eines Soldaten schmälert, weil es unmännlich und wenig heldenhaft wirken könnte?

Diese Frage diskutiere ich im Jahr 2011 mit der Journalistin Sabine Bode, die mehrere Bücher über die Kriegs- und deren nachfolgende Generation geschrieben hat. Sie berichtet von großen Mühen zu Beginn ihrer Recherche. Es war schwer, überhaupt Menschen zu finden, die zu einem Interview bereit waren. Die Kriegsaufarbeitung scheint ein ebensolches Tabuthema zu sein wie die Nahtoderfahrung. Frau Bode hat in den letzten Jahren unzählige Lebensgeschichten anvertraut bekommen und ich habe alle ihre Bücher gelesen. Ihr letztes hat mich besonders berührt, weil es meiner Generation gewidmet ist. *Nachkriegskinder – Die 1950er Jahr-*

gänge und ihre Soldatenväter. Ich frage sie, ob ihr die Menschen während der Interviews womöglich auch eine Nahtoderfahrung anvertraut hätten. Nein, meint sie, kein Einziger habe ihr davon erzählt. Schade finde ich das, denn ich bin davon überzeugt, dass viele das Licht gesehen haben müssen. Ob wir diese Erfahrung doch anders nennen sollten, damit sich mehr Menschen trauen, davon zu berichten. Muss gezielt danach gefragt werden? Oder sitzt die Kriegsvergangenheit doch noch zu tief in den Knochen?

Im selben Jahr zeigt mir mein Mann einen Brief aus dem Nachlass seines Vaters, den dessen Bruder, also der Onkel meines Mannes, am 10. April 1942 in Russland an seine Eltern schrieb. Darin steht: »Wenn ihr diesen Brief erhaltet, dann ruht euer großer Junge bereits in russischer Erde. Ihr werdet traurig sein wollen. Tut das bitte nicht, seid vielmehr stolz darauf, dass ich meine Soldatenpflicht erfüllt habe.« Er schildert, wie ihm wegen einer nicht heilenden Eiterung ein Bein amputiert werden musste. Aber es war zu spät, die Giftstoffe hatten schon seinen ganzen Körper beherrscht. Eine Blutvergiftung muss ihn getötet haben. »So ist es nun jetzt vorbei. Ich bin nicht allein, sondern zusammen mit den vielen Hunderttausend, die die gleiche Pflicht erfüllten wie ich.« Am Ende dankt er seinen Eltern für ihre Güte und Liebe und dafür, dass er studieren durfte. Seinem Bruder wünscht er »weiterhin bestes Kriegsglück und eine gesunde Heimkehr«.

Beim Lesen dieses Briefes vergieße ich Tränen und ich gestehe, dass ich es sogar noch beim Schreiben tue. Mein Mann und unsere Kinder, denen wir den Brief nicht vorenthalten, weinen auch. Wir empfinden alle eine tiefe ehrliche

Trauer. Am meisten weine ich über die Tatsache, dass all diese Erfahrungen unter Verschluss gehalten wurden.

Bei der Lektüre Wiesenhütters taucht eine drängende Frage auf: Hat es womöglich einen tieferen Sinn, dass ich so krank wurde und dass ich diese Kriegserlebnisse nachempfinden konnte? Ohne diesen Krebs hätte ich kein zweites Nahtoderlebnis gehabt und damit keine Chance, in ein erweitertes Bewusstsein einzutauchen. Ohne meine Spurensuche wäre ich nie an die Stellen meiner Biografie gelangt, die ich heute neu bewerten und damit gesundheitsfördernd gestalten kann. Für mich ist das eine zentrale Angelegenheit.

Das traurige Gefühl meiner Kindheit verwandele ich in eine wichtige Fähigkeit des Mitgefühls, mit der ich lernen muss, anders umzugehen. Meine hohe Sensibilität, die sich wissenschaftlich mit den Spiegelneuronen im Gehirn erklären lässt, ließ mich mein halbes Leben den unerlösten Schmerz meiner Eltern und Schwiegereltern fühlen. Womöglich verfüge ich über ein riesiges Feld an Spiegelneuronen, das durch die Nahtoderlebnisse vergrößert wurde und mein Gehirn hat sich entsprechend neu organisiert. Trotz Mitgefühl kann ich das Leid der anderen nicht auf meinen Schultern tragen, das habe ich versucht und die Last war viel zu schwer. Ich darf jetzt damit aufhören. Ich darf das Leid da lassen, wo es hingehört. Mitfühlen heißt nicht mitleiden. Ich habe mitgelitten und mich selbst geschwächt. Mitgefühl bedeutet, dem anderen zuzutrauen, dass er sein Schicksal alleine tragen kann. Jeder kann nur sein eigenes Leben meistern. Ich bin dabei, die Geschichte meiner Eltern in Beziehung zu mir auf eine Weise zu entwirren, die mir endlich mehr Lebenskraft schenkt.

Vergessenes Wissen

Eckhart Wiesenhütter war der erste Deutsche, der das Thema Nahtod in meinem Land zum Thema machte. Leider wurde er durch die anschließende Moody-Welle vergessen. Moody, der 1975 das Buch *Life after Life* veröffentlichte, war zu diesem Zeitpunkt Doktor der Philosophie und studierte später noch Medizin. Damit gab er den Startschuss für eine Nahtodforschung, die es sich zur Aufgabe machte, in systematischer Form die Erfahrungen zu sammeln und zu präsentieren. Zur selben Zeit trug auch die Ärztin Elisabeth Kübler-Ross dazu bei, das Phänomen Nahtoderlebnis bekannt zu machen.

Mir gefällt die Wortwahl von Dr. Wiesenhütter, seine Hingabe zu seinen eigenen Erfahrungen, die sein ganzes Leben als Mediziner offensichtlich verändert haben. Mit seinen Worten wird er für mich zu einem weiteren Bergführer. Einer, der mich nicht nach oben, sondern in die Tiefe, in mein persönliches Bergwerk führt.

Heute erkenne ich, dass Wiesenhütters Worte wie »das Individualbewusstsein verschmilzt mit absolutem Bewusstsein, sodass es kein getrenntes Bewusstsein mehr gibt« oder »ein Auslöschen des ICHs bedeutet nicht Zerstörung, sondern Aufgehen in etwas Größerem, in etwas, das ich als Liebe bezeichnen würde« mir weitere Gewissheit geben und mir bei der Aufgabe helfen, die alten Verbiegungen in meinem neuen Leben zu heilen.

Eine ähnliche Wirkung hat das dicke Buch *Die Upanishaden*, das ich mir nur häppchenweise zumuten kann. Diese sehr alten hinduistischen Erzählungen, die über Jahrhunderte mündlich überliefert wurden und erst ungefähr achthundert Jahre vor unserer Zeitrechnung niedergeschrieben wurden, enthalten Formulierungen, die mich überraschen, weil ich auf der Suche nach Worten zu ähnlichen Begriffen kam, obwohl ich nie zuvor etwas dergleichen gelesen habe. Wie ist das möglich? Erkenne ich mich in diesen zweitausend Jahre alten Texten wieder, weil die Menschen damals die gleichen Erfahrungen gemacht haben? Gibt es tatsächlich ein alles verbindendes Bewusstsein, das auch wirken kann, wenn ich mir dessen gar nicht bewusst bin? Oder bin ich schon Bewusstsein, alleine dadurch, dass ich diese Erfahrung machen durfte, ohne sie sofort deuten zu können? Liege ich einer Täuschung auf, weil ich durch dieses tiefe Berührtsein nicht mehr wirklich kritisch denken kann? Muss ich überhaupt ständig reflektieren?

Das dritte Buch meines Semesters in der Bett-Universität ist auch ein längst vergessenes Werk. Es heißt *Sterben ist doch ganz anders* von Johann Christoph Hampe. Mein Buch, das ich antiquarisch erwerbe, ist in der 8. Auflage 1980 erschienen. Johann Christoph Hampe lebte von 1913 bis 1990 und war ein evangelisch-lutherischer Theologe, der den ersten Versuch anstellte, ein Phänomen, das erst später als Nahtoderfahrung bekannt wurde, aus theologischer Sicht zu interpretieren. Er gibt unumwunden zu, dass er seine eigenen Vorstellungen über das Sterben nach der Erforschung der Berichte von Menschen, die dem Tod nahe waren, umgekrempelt hat. Schon im Vorwort postuliert er, dass die Menschen dazu neigen, diese Schilderungen, die wir Nahtoderfahrung nennen, mit Vorurteilen, Vorgedanken, aber auch der vorgelernten Dogmatik zu bewerten und die Erfahrung an die

Vorurteile anzupassen versuchen, anstatt sie als Anlass zum Hinterfragen zu nehmen. Für ihn als Theologen geht es natürlich um die spannende Frage, ob es einen Glauben an ein Leben nach dem Tode geben kann. Er meint, dass alles Wissen den Glauben nicht ersetzen kann. »Geprüfte Erfahrung«, schreibt er, »hat als einziges Mittel das Zeug, Urteile zu verändern.« Er spricht nicht von irgendwelchen Vorstellungen über eine jenseitige Welt oder von einer Verheißung, was ich bei einem Pfarrer fast erwartet hätte. Nein, er versucht das Sterben als eine Phase im Leben zu verstehen, als Schulungsweg der eigenen Erkenntnis. Ich lese auf Seite 156 voller Freude: »Sterben ist nicht nur, wie wir dachten und erfuhren, äußere Vereinsamung. Die Entblößung besitzt nicht nur gewalttätigen Charakter. Es befreit, löst und erlöst. Die neue Stufe heißt Vereinigung durch Verwandlung.«

Wie schon bei der Lektüre zuvor, finde ich es auch hier beachtlich, dass viele meiner Gedanken schon lange vor mir gedacht und niedergeschrieben wurden. Schade, dass sie zur damaligen Zeit zwar Beachtung fanden, aber dann wieder in Vergessenheit gerieten. Das Thema Nahtoderfahrungen schwappte durch Dr. Moody aus Amerika zu uns herüber. Ob es deshalb von der Theologie eher belächelt als ernst genommen wurde? Oder sind diese verklärten Beschreibungen, die ich und andere Nahtoderfahrene abgeben, eine Bedrohung für das theologisch definierte Weltbild?

Bei Professor Ewald lese ich, dass die Entstehung von Religion vermutlich immer mit Nahtoderfahrungen zu tun hatte. Das kann ich mir sehr gut vorstellen. Ich möchte keine neue Religion gründen. Es gibt genug, die uns das Leben nicht unbedingt einfacher machen und zu meinem großen

Bedauern unterm Strich mehr Leid als Freude erzeugen. Ich wünsche mir mehr Freiraum, mehr Anpassung religiöser Vorstellungen an unsere heutige Welt. Ich wünsche mir mehr Freiheit gegenüber dem riesigen Bedürfnis vieler Menschen auf der ganzen Welt, ihren inneren Erlebnisraum der Spiritualität ohne erhobenen Zeigefinger und einen Überbau an Macht leben zu können.

Nahtoderfahrung und Öffentlichkeit

Um mit all meinen inneren Wandlungsvorgängen auf dem Teppich zu bleiben, tut mir die praktische Mitarbeit im Netzwerk Nahtoderfahrung richtig gut. Es müssen Texte geschrieben, die Ziele immer wieder diskutiert und die Website weiter verbessert werden. Es gilt, die eine oder andere Tagung, meist in Zusammenarbeit mit kirchlichen Akademien, vorzubereiten und dann auch zu bestreiten. Ich formuliere meine eigenen Gedanken in Vorträgen, reflektiere sie im Vorfeld mit anderen aus dem Netzwerk und darf sie dann vor einer Zuhörerschaft, die sich mit großem Interesse dem Thema widmet, vortragen. Das ist eine gute Schulung, weil ich gezwungen werde, meine Auseinandersetzung mit dem Nahtoderleben erneut in Sprache zu gießen und mit selbst gewählten Schwerpunkten auf den Punkt zu bringen. Vom Netzwerk Nahtoderfahrung erscheinen mittlerweile jährliche Tagungssammelbände mit einem Schwerpunktthema, in denen die interdisziplinären Beiträge veröffentlicht werden und somit anderen Interessierten zur

Verfügung stehen. Auch wenn die NTE-Thematik in die Forschung und Lehre der Hochschulen und Universitäten noch kaum Eingang gefunden hat, so finden die Beiträge des Netzwerkes doch zunehmend Beachtung, auch im akademischen Raum.

In der Zwischenzeit sind die Presse und das Fernsehen auf unser Netzwerk aufmerksam geworden. Damit wird unser Ziel, über Nahtoderfahrungen aufzuklären und das Tabuthema aus der Nische des Verrückten zu befreien, in breiterem Maße möglich. Hervorragend! Bei Interviews für Presse und Fernsehen wechseln wir uns ab. Unser Netzwerk wirkt mit bei der Entstehung des Films: *An der Schwelle zum Jenseits – Nahtoderfahrungen aus der Sicht von Wissenschaftlern und Betroffenen,* den der Journalist Rainer Fromm als Auftrag für Matthiasfilm für den Religionsunterricht herstellen soll. Mir fällt das Auftreten in der Öffentlichkeit jedes Mal schwer. Die Skeptikerin in mir befürchtet, dass die Journalisten in meinen Bericht eine Bedeutung hineinformulieren, hinter der ich bei der Veröffentlichung nicht mehr stehen kann, womit ich mich und die Erfahrung quasi verraten würde. Bei Fernsehsendungen erfahre ich erst während der Ausstrahlung, welche Sequenzen von den stundenlangen Dreharbeiten ausgewählt wurden. Diese Unsicherheit ist manchmal schwer auszuhalten. Äußere ich meine Bedenken, bin ich dann doch erstaunt, dass die meisten Journalisten nicht nur das fantastische Element der Erfahrung interessiert, sondern sich meist im Gespräch herausstellt, dass eine eigene Affinität zum Thema Anlass für die Recherche der Journalisten war. So verlaufen die Interviews und Fernsehaufnahmen immer mit einem mir entgegengebrachten Respekt für meine Person und mein Erleben.

Leider ist es nicht damit getan, das Erlebnis einfach zu erzählen, wie man von einer Reise oder einem super Kochrezept berichtet. Die Tiefe und das eigentlich Bewegende müssen für mich atmosphärisch rüberkommen. Das erlebe ich als Anstrengung. Ich muss mich jedes Mal wieder voll darauf einstellen und zulassen, dass alle Gefühle der Sehnsucht und des Heimwehs in mir lebendig werden. Die Journalisten interessieren sich zwar für die Auswirkungen auf mein Leben und meine mühsame Sinn- und Weltbildsuche. Das Drehbuch fordert aber meist nur die Schilderung des Erlebten, was ich bisweilen als ermüdend erlebe. Viel spannender sind doch alle Fragen, die sich daraus ergeben. Widerborstig werde ich, wenn Journalisten versuchen, mir Äußerungen über eine mögliche Jenseitsvorstellung zu entlocken, und der Tenor des Berichts in eine Ebene gehoben wird, in der ich als eine Zeugin herhalten soll, die sagen könnte, wie es nach dem Tode weitergehe. Wer bin ich, das zu sagen? Ich war nicht klinisch tot, selbst wenn ich es gewesen wäre, wäre ich ja nicht gänzlich tot gewesen. Die Größe des Erlebten verbietet jeden Versuch, darüber Modelle zu entwickeln. Legitim finde ich es »ein Eingehen in dieses wunderbare Licht« zu nennen. Damit deute ich eine Dimension an, die unser Spatzenhirn nicht zu denken vermag.

Alle Religionen versuchen ihren Gläubigen Richtlinien vorzugeben, was sie glauben und im Leben tun sollen, um gut ins Jenseits zu gelangen. Ich bin hier zurückhaltend und der Meinung, dass ich genau das nicht darf und auch nicht möchte. Ich brauche keine Vorstellungen irgendwelcher himmlischen Sphären. Nein, alles was auf uns wartet, ist nicht mit Worten zu beschreiben. Stelle ich mir vor, dass ich bei meinem Sterben womöglich noch einmal eine solche tiefe Nahtoderfahrung erleben dürfte, dann wäre das völlig ausreichend. Es könnte sein, dass sie noch schöner und lichter werden wird, wenn ich tatsächlich sterbe. Diese Vorstellung, dieses Gefühl der Erwartung in diese Dimension des Bewusstseins einzutreten, reicht mir als Hoffnung und Gewissheit völlig aus.

Im Spiegel der anderen

Der direkte Austausch mit anderen Nahtoderfahrenen ist für mich ein kostbares Gut. Entweder rufen sie im Netzwerk an und erbitten Rat und Information oder ich treffe sie auf Tagungen. Gelegentlich erreicht mich auch eine E-Mail. Es ist für mich spannend und hilfreich zugleich, denn im Kontakt mit den anderen, die oft noch am Anfang ihrer Auseinandersetzung stehen oder die auch jahrelang glaubten, sie seien verrückt geworden – manch einer hat sich sogar vor lauter Verzweiflung und Aus-der-Welt-geworfen-Sein freiwillig in eine psychiatrische Klinik einweisen lassen –, erlebe ich eine weitere Möglichkeit der Selbstreflexion. Beide Seiten wagen eine direkte und klare Kommunikation, die etwas Schonungsloses und Heilendes hat. Es ist, als schaute ich in einen Spiegel. Im anderen erkenne ich mich selbst. Und obwohl wir in die Tiefen unserer Wesen einsteigen und unsere unglaublichen Geschichten gegenseitig austauschen, was bei mir immer wieder schlaflose Nächte, Tränen und Bedrücktsein auslöst, spüre ich, dass ich heiler werde. Womöglich werde ich meinen Masterstudiengang in Selbsterkenntnis bald zum Abschluss bringen können. Ich schließe damit nicht nur meine Krankheitsgeschichte ab, sondern auch meinen Heilungsprozess. Heilung heißt für mich nicht, dass alle Symptome kuriert sind, sondern dass ich eine Form der inneren Ruhe und des Friedens hergestellt habe. Die Brüche, die jahrzehntelangen Verleugnungen meiner wahren Identität und das stete Für-andere-zur-Verfügung-Stehen und für deren Belange zu funktionieren, all das gilt es zu erkennen und zu verwandeln. Mit den Spätfolgen der medizinischen Therapie muss ich leben lernen, akzeptieren, dass vieles eben nicht mehr möglich ist, was Gesunde leicht schaffen können. Ein hoher Anspruch. Ich spüre, dass ich es mir wert bin, nicht nur den Krebs, sondern mein ganzes Leben zu heilen. Es ist letztlich die einzige Möglichkeit, dauerhaft gesund zu bleiben. Denn mein Zweitkrebsrisiko liegt deutlich höher, wie meine Ärzte immer wieder betonen.

Zu einigen Nahtoderfahrenen habe ich noch heute Kontakt und wir begleiten uns auf unseren Wegen, auch wenn zwischendurch lange Spannen des Schweigens liegen. Der große Vorteil ist, dass wir uns unter Gleichgesinnten einfach und mühelos in den anderen einfühlen und ihn verstehen können. Auch der tiefe Wunsch, das erfahrene Wissen sinnstiftend ins Leben einzuweben, verbindet uns.

Es sind nicht nur die Nahtoderfahrungen, über die wir reden. Wir vertrauen uns auch an, dass wir Lichter bei Verstorbenen sehen können, dass wir plötzliche Eingebungen haben, die sich manchmal als richtig erweisen, dass wir so viel feinfühliger geworden sind und uns dieses starke Mitgefühl fast zerreißt. Ich höre von ihnen auch, dass sie keinen Krimi mehr ansehen können, weil sie ständig mit den Figuren mitfühlen und keine Lust mehr auf so viel Leid und menschliche Brutalität haben. Ich fühle mich durch die anderen sehr bestätigt, sodass ich geduldiger werde mit mir und meinen Lieben.

Denn es ist wirklich blöd, wenn die Mutter nicht mit ins Kino gehen kann, weil es wieder mal ein »böser Film« ist, der zu viel Action beinhaltet. Die Schnelligkeit der wechselnden Bilder macht mich kirre. Der Ton ist mir immer viel zu laut. Die Kinder schämen sich für mich, wenn ich aufstehe und darum bitte, ihn leiser zu drehen. Mittlerweile habe ich einen individuellen Gehörschutz in der Tasche, den ich mir dann in die Ohren stecke. Der Akustiker, dem ich mein Leid klagte, schaute verdutzt, denn normalerweise tragen nur Musiker im Orchestergraben oder vernünftige Jugendliche, die in der Disco keinen Gehörschaden kriegen wollen, diese Teile. Eine überdimensional hörempfindliche Frau mittleren Alters hatte er bisher noch nicht in seiner Kundschaft. Er passte mir die Teile trotzdem an. Ich habe mir sogar zwei Filter geleistet. Einen starken für den ICE, fürs Flugzeug oder fürs Kino und einen weniger starken für Menschenansammlungen und Gespräche. Leider ist das Sprechen damit umständlich, weil ich den Knochenschall der eigene Sprache lauter höre, dadurch leiser rede und mich manche Menschen dann nicht verstehen.

Schwierigkeiten in der Partnerschaft

Im Austausch mit anderen Nahtoderfahrenen höre ich immer wieder von den Schwierigkeiten in der Partnerschaft. Manche Beziehung und Ehe zerbricht an der Belastung. Einige leben alleine, weil sie es nicht mehr aushalten mit einem Partner, der keinen Funken an Einfühlungsvermögen besitzt, sich auf die veränderten Bedürfnisse einzustellen. Sie haben auch keine Lust mehr, sich permanent zu verstellen und zu verleugnen.

Ich selbst kann mir nicht vorstellen, meine Ehe aufs Spiel zu setzen, und doch empfinde ich bestimmte Bereiche als Verpflichtung, die ich am liebsten abgeben möchte. Wie gut, dass ich trotzdem noch so viel Liebe zwischen uns empfinde. Ich hege die leise Hoffnung, dass mein Mann und die Kinder zunehmend mehr verstehen, wenn ich mich ehrlicher zeige und ich mich ihnen zumute. Es würde mir das Herz zerreißen, würde ich weggehen, nur weil ich es mit ihnen und der ständigen Überfüllung des Lebens nicht mehr aushalten könnte. Mein Mann und ich haben mit unserer Familie etwas so Schönes geschaffen, das ich nicht einfach aufgeben kann. Wir haben drei Kinder und damit eine Verpflichtung, sie mindestens so lange zu begleiten, bis sie auf eigenen Beinen stehen können. Auch wenn wir nicht kirchlich geheiratet haben, so haben wir uns den Schwur für die guten und schlechten Zeiten trotzdem gegeben. Zur Ehe gehört für mich nicht nur das ewige Glück, sondern dieses unablässige an sich selbst und am anderen Dranbleiben, weil gemeinsames Leben mehr Veränderung als Konstanz beinhaltet. Aushalten, warten können, ehrlich sein, immer wieder neu beginnen und dann auch Höhepunkte erleben. Trotz der Zweifel weiß ich: Wir sind füreinander bestimmt, komme, was wolle. Ich spüre, dass es bei meinem Mann ähnlich ist, obwohl ich mir denke, dass auch er bisweilen an Aufgeben denkt. Ich habe dafür Verständnis, auch wenn ich es grässlich fände, würde er mich verlassen. Es muss doch eine Möglichkeit geben, unser Leben langsam und behutsam umzubauen, sodass wir mit meinen Veränderungen alle gut leben können. Ich lechze danach, so gesehen zu werden, wie ich nun geworden bin, doch wie soll meinem Mann das gelingen, wenn ich mich weiterhin verstelle? Durch mein Mitgefühl für ihn weiß ich, wie schwer es auch für ihn ist. Er ist hohen Anforderungen im Beruf ausgesetzt und ich spüre, dass er momentan nicht mehr geben kann als das, was er schon gibt.

Meine Veränderungen, wie dieses ständige »Onlinesein im großen Ganzen«, sind für mich normal geworden. Ich könnte niemals mehr ohne diese Dimension leben. Ich muss mich stets ermahnen und mir ins Gedächtnis rufen, dass andere Menschen, vor allem meine Familie, dies nicht haben oder zumindest nicht in dieser ausgeprägten Weise. Ich muss noch warten, bis wir es geschafft haben, uns besser aufeinander einzuschwingen.

Nach manchen Gesprächen mit anderen Nahtoderfahrenen bin ich allerdings dann doch neidisch auf deren Freiheit, die sie sich durch eine Trennung ermöglicht haben. Es gibt Tage, an denen möchte ich nur so leben dürfen, wie ich es brauche. Still, langsam, lesen, lesen, lesen, mit anderen im harmonischen Austausch stehen, ab und an einen guten Vortrag hören und schlafen können, wenn es geht. Und vor allem mich nicht mehr »aus Liebe verbiegen müssen«. Immer noch empfinde ich mich als ein sonderbares Gewächs auf diesem Planeten. Eines, das an manchen Tagen besser im Gewächshaus untergebracht wäre als auf einer Familienwiese, auf der in ohrenbetäubender Lautstärke Fußball gespielt wird.

Neue Herausforderungen trotz Ermüdung

Im Frühjahr 2007 erhalte ich eine Anfrage für die Mitwirkung bei einem Kongress zum Thema »Ethik des Sterbens – Würde des Lebens, Nahtoderlebnisse, eine andere Wirklichkeit« in Berlin. Geplant sind Vorträge von Wissenschaftlern und eine Podiumsdiskussion, bei der drei Nahtoderfahrene zu Wort kommen sollen. Der Veranstalter ist der Verein »Gesundheit aktiv e. V.«, ein unabhängiger Patientenverband, der die anthroposophische und komplementäre Medizin fördert. Zusammen mit Inge Drees, einer weiteren Nahtoderfahrenen aus unserem Netzwerk, sage ich zu.

Das Reisen fällt mir noch immer schwer, weil ich die damit verbundene Überreizung und die Folgen wie Schlaflosigkeit, Muskelschmerzen und physische Erschöpfung wieder für ein paar Tage in Kauf nehmen muss. Mein chronisches Fatigue-Syndrom, das ich nun schon jahrelang mit mir herumschleppe, beschert mir weiterhin überraschende Energieeinbrüche, Denkblockaden, Erinnerungslücken und bleierne Müdigkeit. Löchriger Luftmatratzenmodus, auch wenn ich mitten in einem Vortrag sitze. Abends muss ich oft schnell ins Bett. Ich kann dann bisweilen kaum noch auf meinen Beinen stehen, obwohl ich eine Weltmeisterin in Selbstbeherrschung geworden bin. Ich will nicht, dass man es merkt, denn ich verstehe ja mein Leben als ein solches Geschenk und die Freude darüber soll stärker sein als die Erschöpfung. Ein Geschenk ist für mich auch, den Auftrag unseres Netzwerkes in die Welt tragen zu dürfen, mit dem, was ich in der Lage bin zu geben. Ich finde Gefallen daran, das heimische Fußballfeld gegen das Flair der Großstadt einzutauschen.

Die Fahrt nach Berlin ist am 14. September, meinem Jahrestag. Seit meiner Nahtoderfahrung sind nun schon 12 Jahre vergangen. Auf der Zugfahrt rattern in meinem Hirn passend zum Takt des ICEs einige Bilder noch mal durch. Ich bemerke, dass die Bilder der schweren Zeit leichter geworden sind. Trotzdem kostet mich der Wechsel zwischen den unterschiedlichen Ebenen noch viel Kraft.

Eine neue Begegnung

Bei diesem Kongress in Berlin lerne ich weitere Neuigkeiten aus der Nahtoderforschung kennen und begreife, dass der Abschluss meines Masterstudienganges in Selbsterkenntnis um weitere Semester verschoben werden muss. Ich sollte mir eine Verlängerung genehmigen. Dort lerne ich Dr. Pim van Lommel kennen. Er war als Kardiologe in Holland tätig und hat während seiner Zeit als leitender Arzt in einem Krankenhaus die weltweit erste und größte prospektive Studie zum Thema durchgeführt, die sogar in dem anerkannten Wissenschaftsjournal *The Lancet* publiziert wurde. Eine prospektive Studie ist deshalb von so hohem wissenschaftlichem Wert, weil sie alle Patienten mit einer bestimmten, vor Untersuchungsbeginn festgelegten Diagnose, zum Beispiel einem Herzstillstand, einbeziehen kann. Diese Patienten werden dann nach ihren Erinnerungen aus der Zeit ihrer Bewusstlosigkeit befragt. So kann man alle medizinischen und persönlichen Daten der Patienten mit erfassen, was bei retrospektiven Studien, bei denen Nahtoderfahrene oft erst Jahre später interviewt werden, nicht möglich ist.

Die Tragweite seiner Arbeit kapiere ich zu diesem Zeitpunkt noch nicht. Im persönlichen Gespräch in den Pausen erlebe ich einen Mann, der keinerlei Starallüren oder ärztliche Überheblichkeit an den Tag legt. Er ist hocherfreut, mit mir, einer Nahtoderfahrenen, sprechen zu können, und er stellt mir viele Fragen. Ich fühle mich erneut wie ein Glückskind. Schon wieder erhalte ich eine unerwartete Chance, denn ich treffe auf einen weiteren Wissenschaftler mit einem enormen Wissensfundus über Nahtoderfahrungen, der gleichzeitig auf dem Boden der Realität steht. Er bestärkt mich in meinem Tun für das Netzwerk Nahtoderfahrung und er berichtet mir über die Arbeit der niederländischen Sektion der International Association for Near-Death Studies. Sein Vortrag ist gefüllt mit Fakten und neuen Erkenntnissen, die ich mir gar nicht alle merken kann. Voller Spannung höre ich, dass er von einem Bewusstsein spricht, das unabhängig von der Hirnfunktion möglich sein kann. Das, was ich für mich schon so lange als richtig empfinde, wird aus dem Munde eines Wissenschaftlers dargelegt. Außerdem spricht er davon, dass aus seiner Sicht Nahtoderfahrene nicht als Betroffene zu bezeichnen sind, sondern als Beschenkte. Im Inneren hüpfe ich vor Freude und bedauere es, dass sein Buch bisher nur in holländischer Sprache zu lesen ist. Bei der gemeinsamen Podiumsdiskussion bin ich aufgeregt, weil ich nur wenig Zeit für ein eigenes Statement habe. Ich entscheide mich, eines meiner Stenogramme vorzutragen und spüre dabei, wie still und aufmerksam die Atmosphäre in diesem großen Saal ist.

Inge Drees schildert ihr Erlebnis, das nicht in Todesnähe geschah, trotzdem hatte es eine hohe Intensität und Wandlungskraft. Ich mag ihre zarte Stimme und ihre Überzeugungskraft. Der Dritte im Bunde ist ein Ingenieur, den ich erstmalig höre und der als Mann erstaunlicherweise seine Rührung genauso zeigt wie wir Frauen. Vom Podium aus lasse ich meinen Blick in die Zuhörerschaft wandern und bin überrascht über die große Zahl der am Thema interessierten Menschen und über die wohlwollende Energie, die von ihnen ausgeht. Die anderen Vorträge halten anthroposophische Ärzte und ich erfahre erstmals, dass das Phänomen der Nahtoderfahrung in der Anthroposophie eine Rolle spielt. Sie deutet auf eine geistige Welt, auf die geistigen Aspekte unseres Menschseins hin.

Beschämt sitze ich in meinem Sessel. Bisher hatte ich einige Vorurteile gegenüber der Anthroposophie. Die ewig gleichen Witze, dass Waldorfschüler nicht genügend rechnen lernen, weil sie ihren Namen tanzen oder in der Erde buddeln und Weizen säen müssen, statt Rechtschreibung zu üben. In meinem bisherigen Leben ist mir die Anthroposophie immer wieder über den Weg gelaufen. Einige Aspekte habe ich für gut befunden. Durch diesen Kongress wurde ich aufgerufen, meine heutige Sicht auf die Welt und die Anthroposophie zu überprüfen. Wieder ein neues Thema für meine Bett-Universität und die Weltbildfrage. Ich dachte, dass ich endlich damit durch sei. Doch so leicht soll es nicht gehen.

Teil 4

Die Zeit des inneren Friedens
2008 bis 2012

Hospizerfahrung

Anfang des Jahres 2008 bin ich im Hospiz Helenstift in Hamburg. Dort erlebe ich erneut, wie frei ich mich in der Nähe von Sterbenden fühle. Der Tod ist mir zum Freund geworden. Er ist der Wegweiser, um den Weg ins Licht ganz und vielleicht bewusst gehen zu dürfen. Manchmal spiele ich mit dem Gedanken, mich zur Hospizhelferin ausbilden zu lassen. Aber meine Besonderheiten kenne ich mittlerweile zu gut. Ich bin nicht wirklich dauerhaft belastbar und für andere einsetzbar, mein eigener Alltag kostet mich noch zu viel Kraft, obwohl mittlerweile unsere Söhne ausgezogen sind. Außerdem bin ich einfach zu sensibel, um die Gerüche des Sterbens langfristig ertragen zu können. Wenn es der Familie dient, will ich gerne bei denen sein, die meine Anwesenheit und Unterstützung annehmen möchten. Die Zeit in diesem Hospiz hilft mir, das zu lernen.

Das Hospiz Helenstift strahlt für mich Würde und Liebe aus. Im Eingangsbereich steht ein großer Ständer mit weißen Kerzen. Brennt eine Kerze, ist ein Mensch gestorben. Bei meiner Ankunft brennt keine Kerze. Die Flure sind mit farbenfrohen Bildern und viel Licht ausgestattet. Aber am wichtigsten ist die Atmosphäre im Haus. Sie ist zart, herzlich, fröhlich, manchmal zum Verzweifeln gespannt, aber immer vom Bemühen getragen, den Gästen ihre letzte Zeit so angenehm wie möglich zu machen. Ich übernachte in einem Gästezimmer und fühle mich dort wohl. Sogar der

Schlaf will mir mit der Hälfte der sonst üblichen Dosis an Schlaftabletten gelingen.

Die Cousine meiner Mutter ist dort freiwillig eingezogen, nachdem sie als austherapiert galt und keine Kraft mehr für weitere Therapiequalen hatte. Sie ist fast so alt wie ich. Ihr Brustkrebs hat mittlerweile Metastasen gebildet und sie fast überall in ihrem Körper verstreut. Ihr Leben war nicht einfach. Schon als junge Frau musste sie mehrere Operationen mit anhaltenden Folgen erdulden, weil sie einen gutartigen Hirntumor hatte. Erst in der letzten Phase ihres Lebens kommen wir zwei in Kontakt und tun uns gegenseitig gut. Unsere Gespräche haben immer wieder ihre große Angst vorm Sterben zum Inhalt. Manchmal gelingt es mir, sie zu beruhigen.

Bei meinem Besuch plaudern wir zum Warmwerden erst über unser Leben. Draußen wird es langsam dunkel und ich bemerke, dass sie müde wird. Ich möchte in mein Zimmer gehen. Da wird sie wieder wach und erzählt mir von einer Hospizschwester, die ihr manchmal die Füße massiert und dass ihr das so guttäte. Sie fragt mich bittend, ob ich meine Hände an ihren Kopf legen könne, sie würde so viel Druck im Inneren verspüren. Ich bin überrascht, dass ich ihr so nahekommen darf, quetsche mich hinter das Bettende und nähere meine Hände langsam ihrem Kopf. Die Spannung, von der sie sprach, spüre ich schon aus der Entfernung. Meine Hände finden einen Platz unterhalb des Hinterkopfes, die Fingerspitzen an der Halswirbelsäule. Ich trage ihren Kopf auf Händen. Sie genießt es, schließt ihre Augen, atmet ruhiger. Meine Berufserfahrung darf sich hier noch einmal entfalten. Ich stelle mir vor, dass meine Hände ihr die Schwere ihres Kopfes abnehmen und er ähnlich einer halb durchlässigen Zellmembran arbeitet. All das, was drückt, kann durch die kleinen Membranöffnungen abfließen, durch meine Hände und meinen Körper nach außen gelangen. Mein Körper wird in diesem Moment ein Filter, durch den das Schwere hindurchläuft. Ich leite es hinunter zu meinen Füßen, dann in den Boden und schließlich weit weg bis ins Universum. Dort, denke ich, ist genug Platz für alles. Meine Hände und ihr Kopf fühlen sich jetzt leicht an, ihre Atmung ist ruhig. Sie ist kurz vorm Einschlafen. Ich öffne mein Tor zur Ewigkeit und bitte mein goldenes Licht um Hilfe. Es möge mich füllen, durch meine Hände und ihre Membranen auch zu ihr gelangen und ihr noch etwas Kraft und Liebe schenken. Ich atme tief in meine Mitte und bin dankbar, dass ich ihr mit so wenig offenbar so viel geben darf. Ein Moment der Entspannung auf dem mühsamen Weg, ihren schmerzenden und verfallenden Körper zu verabschieden.

Ich sitze noch eine Weile in ihrem Zimmer und fühle zu meinem geliebten Licht. Es ist, als würde es hier gerade leuchten. Ein heiliger Moment, der uns und unsere Familien miteinander verbindet. Die Cousine meiner Mutter schläft und meine Gedanken gehen auf Reisen. Ich stelle mir vor, wie leicht und einfach es wäre, wenn ein solches Berühren mit den Händen öfter und ganz selbstverständlich für kranke Menschen wie eine Medizin gegeben würde. Statt Morphium oder anderen Mitteln sanfte Berührung und lichtvolle Gedanken. Mir kommen all die gelähmten Menschen in den Sinn, die mit einem wachen Geist in einem tauben und bewegungslosen Körperkorsett eingesperrt sind. Sie könnten doch lernen, ihr Tor zur Ewigkeit zu öffnen. Sich zu weiten und neue Dimensionen zu erklimmen. Der starren Hülle für Momente zu entfliehen, dadurch neue Kraft zu tanken, sich zu motivieren, das Licht in ihren Körper zu geleiten. Schließlich können auch Gedanken etwas ändern und womöglich Nervenfasern zur Regeneration anregen. Quantenphysikalische Zustände, Schwingungen in Bereichen, die keiner sehen kann – warum sollten sie nicht, ähnlich wie Laserstrahlen, heilend wirken? Womöglich tun das viele der Gelähmten längst, sicher heimlich. Wer redet schon über solche Dinge und welcher Neurochirurg würde so etwas glauben?

Ich denke auch an all jene, die unter chronischen Schmerzen leiden. Ich selbst übe oft, den Schmerz mit Hilfe des Lichtes zu verdünnen, zu vergolden, zu wandeln in eine Kraft, die mich im Körper und am Leben hält. Hochpotente Möglichkeiten zur Behandlung kranker Menschen werden nicht genutzt, nur weil das Menschen- und Gesellschaftsbild zu starr und festgefahren ist. Wie sehr könnte unsere Medizin davon profitieren!

Sind mein Hiersein und meine Gedanken in der Gegenwart eines Menschen, der langsam von unserer Welt Abschied nimmt, nicht wie ein Gebet, wie ein Lotos-Sutra, wie ein Gottesdienst? Ist das nicht die eigentliche Religion, die keine Kirche, keinen Altar, keine festgezurrten Riten braucht, sondern nur das reine Sein in der Liebe? Es fühlt sich so leicht an.

Wenige Wochen nach diesem Besuch schläft die Cousine meiner Mutter friedlich im Beisein einer Frau ein, die gekommen war, um ihr vorzulesen. Im Stillen denke ich, diese letzten Wochen im Hospiz waren in einer gewissen Weise die schönste Zeit ihres Lebens. Hier erfuhr sie noch einmal Geborgenheit, die volle Wertschätzung ihrer Person und die stetige Zusicherung, so sein zu dürfen, wie sie ist. Es schien mir, als hätte sich hier ihr wahres Selbst entfalten dürfen, was sonst stets unter Verschluss gehalten werden musste. Ich denke, dass ihr dies geholfen hat, so frei hinüberzuschlafen.

Organspende

Immer wieder werde ich gefragt, wie ich als Nahtoderfahrene zur Organtransplantation stehe. Die fragenden Menschen scheinen sich sehr ausführlich damit zu befassen und sind an meiner persönlichen Meinung interessiert. Das Thema ist ein heißes Eisen. Es wird in meinem Land mit einer gewissen Einseitigkeit diskutiert. Prinzipiell finde ich es grandios, was unsere Medizin leistet. Aber müssen wir auch wirklich alles machen, was wir können? Für mich gibt es eine Grundfrage, die mir noch nicht ausreichend geklärt ist, bevor über Organtransplantation nachgedacht wird. Ist unsere Gesellschaft überhaupt bereit, den Tod zu akzeptieren? Mir scheint es so, als wäre der Tod das letzte Tabu, das wir auch noch wegoperieren können, eine technische Angelegenheit, bei der nur Organe, ähnlich wie Ersatzteile in der Autowerkstatt, ausgetauscht werden. Schlimm finde ich, dass sich eine Art Anrecht auf ein längeres Leben als Grundrecht in den Köpfen der Menschen ausbildet: Gibt es ein Recht auf Organe? Oder ein Recht auf ein langes Leben, möglichst bis hundert und das ohne Zipperlein? Wohl kaum.

Ich frage mich immer wieder, wie es kommt, dass das Leben als solches als ein persönlicher Besitz angesehen wird? Und dass man meint, über Menschen, die sterben, frei verfügen zu können. Ärzten wird oft die Schuld gegeben, weil sie einem den Besitz wegnehmen. Sie hätten nur eine bessere Medizin geben müssen. Man kann sie sogar verklagen. Das finde ich absurd. Was hat das mit Liebe zu tun, die immer dann ins Spiel kommt, wenn der Tod auftaucht? Das Leben oder einen Menschen zu lieben, heißt das nicht auch, dass man ein Leben lang übt, es und ihn nicht festzuhalten? Das Leben und den Menschen freizugeben?

Ich staune oft nur, wie andere mit ihrem Leben umgehen. Sie schätzen es zu wenig als das kostbarste Gut auf der Welt. Sie gehen so unbedacht und lässig damit um, dass ich manchmal neidisch bin. Ich kann das nicht mehr. Obwohl ich keine Angst vor dem Tod habe, habe ich Angst, mein Leben zu verlieren oder es in Gefahr zu bringen. Ich prüfe viel bewusster, was ich mir wirklich zutraue und ob ich womöglich einer Selbstüberschätzung meiner Kräfte unterliege. Gerade beim Autofahren oder bei der Frage, ob eine Woche Spaß auf Skiern wirklich sein muss. Das Risiko, dabei mein Leben in Gefahr zu bringen, ist mir zu hoch. Ich brauche die Woche Spaß im Schnee nicht. Ich habe mehr Freude, wenn ich mich sicher auf meinen zwei Beinen weiß und Stille habe.

Mit dem Leben ist es wie mit einem Konto. Ich kann nicht ständig Geld abbuchen, ohne das Konto wieder zu füllen, sonst wird es mir gesperrt. Jeder Mensch hat ein Konto an Lebenstagen, ohne über das Gesamtkapital Bescheid zu wissen. Ich beobachte, dass einige meiner Mitmenschen lässig ihre Tage ausgeben und viel zu wenig fragen, wie lange sie das unbeschwert tun können? Sie freuen sich aber auch viel zu wenig über die Tage, die schon gebucht, gelebt sind, als echtes Kapital. Manche leben so, als hätten sie einen Dauerdispokredit an Lebenstagen. Kommt dann die Kontosperrung, in Form einer Krankheit oder eines Unfalls daher, sind diese Mitmenschen empört, dass ihnen das widerfährt.

Eine Organtransplantation ist doch kein Garant für ein langes und gesundes Leben. Viele Menschen machen sich viel zu wenig klar, was es heißt, eine solche Prozedur zu überstehen und mit den Folgen zu leben. Darüber wird in der Öffentlichkeit auch zu wenig und nicht ehrlich genug berichtet. Es wird so dargestellt, als wären alle Probleme gelöst, gäbe es nur mehr Organspender, die freimütig ihren Körper teilen im Sinne einer gelebten Nächstenliebe. Der Doktor und die Pharmaindustrie erledigen den Rest.

Diese auch kritische Sichtweise kann mir natürlich vorgeworfen werden: »Sie haben gut reden, Sie sind ja gerettet worden, Sie haben doch vom Suppentopf der Hochleistungsmedizin ein ordentliches Menü erhalten. Wären Sie denn damals gerne gestorben?«

Und ich würde auch heute noch sagen: JA! Ich wäre zwar nicht gerne gestorben, weil ich eine Verantwortung für drei kleine Kinder und einen geliebten Ehemann hatte, für diese lieben Menschen wäre es schlimm gewesen, ganz sicher. Ich für mich hätte gehen können. JA! Ich war dem Tod so nahe, dass ich ohne Morphium, ohne künstliche Ernährung, ohne Medikamente und den ständigen Einsatz von Fachpersonal nicht mehr lebensfähig war. Ich spürte, dass ich mich bedingungslos hätte fügen können in diesen Verlauf, der zum Tod geführt hätte. Es war dieses JA tief in mir, ohne Schnörkel und Mitleid, gegen das ich mich nicht mehr auflehnte. Innerlich hatte ich tatsächlich dieses Leben losgelassen. Als dann endlich die Diagnose feststand und mir eine Therapiemöglichkeit in Aussicht gestellt wurde, musste ich mein inneres Fühlen erst umpolen. Ich hatte das sichere innere Wissen, dass mein Sterben nicht mehr schlimm werden würde. Das Schlimmste hatte ich schon lange hinter mir. Die Therapie stellte ich mir damals grausamer vor als mein Sterben! Die Ärzte fragten nicht nach meinem Einverständnis für die Chemotherapie. Sie gingen selbstverständlich davon aus und standen mit dem Infusionsständer bewaffnet überraschend an meinem Bett. Ich habe sie weggeschickt und mir eine Stunde Bedenkzeit erbeten. In dieser Stunde kämpfte ich mit mir, gab letztlich meiner Vernunft recht und stimmte der Giftkeule zu. Trotzdem gebe ich heute unumwunden zu, dass ich in manchen Nächten froh gewesen wäre, wenn ich von diesem Martyrium erlöst worden wäre.

Ich habe genug Menschen getroffen, die mir versicherten, dass sie gerne gehen würden. Sie spürten aber, dass ihre lieben Angehörigen sie noch nicht hergeben mochten, und deshalb ließen sie die Therapie über sich ergehen! Darf man ehrlich sagen, dass man die Option, sterben zu können, als eine gute Möglichkeit empfindet? Wird Patienten, die eine Organspende brauchen, diese Frage überhaupt gestellt?

Würde ich heute mit der Entscheidung konfrontiert werden, entweder noch drei Monate Lebenszeit vor mir zu haben oder eine Herztransplantation über mich ergehen zu lassen, dann würde ich die drei Monate wählen. Einmal durch den Fleischwolf der modernen Medizin gedreht worden zu sein, ist für mich genug. Ein zweites Mal kann und will ich das nicht mehr schaffen. Ist stelle mir vor, wie ich diese Zeit gerne gestalten möchte: Ich mache es mir so schön, wie es irgend geht, ich nehme bewusst und mit der vollen Liebe Abschied und ich freue mich auf den Moment, an dem ich hinübergehen darf in dieses Licht und mich wandeln kann. Außerdem wünsche ich mir, dazu in einem Hospiz oder zu Hause zu sein, wo es Menschen gibt, die keine Angst vor meinem Sterben haben. Ich fände es schön, von einer Sterbeamme begleitet zu werden, die mental mit mir ein Schwingungsmuster erschaffen könnte, das unser beider Bewusstsein oder wenigstens meines so erweitert, dass ich schmerzfrei aus dem Körper aussteigen kann, um davonzufliegen wie der Schmetterling, der sich aus seiner Puppe schält. Selbst wenn ich ganz alleine wäre, wie so viele Menschen in ihrer letzten Stunde, dann würde ich gut sterben können. Das weiß ich heute mit der ganzen Kraft meines Herzens.

Der Moment des Geborenwerdens und der Moment des Sterbens sind in uns so angelegt, dass es möglich ist, alleine hindurch oder hinüberzugelangen. Vielleicht wird heute auch zu viel gemacht. Die Menschen werden überversorgt. Sie werden darin gestört, ein einfaches und zufriedenes Leben zu führen, und sie werden im Sterben gestört.

All jene, die über Organspende ernsthaft nachdenken, sollten ein paar praktische Erfahrungen machen, bevor sie sich entscheiden, denn es kann keine reine Kopfsache sein. Wir müssen das Herz mit einbinden. Außerdem gilt es zu differenzieren zwischen der Frage, ob ich ein Organ annehmen würde oder ob ich auch bereit wäre, eins zu spenden? Jeder, der sich überlegt, ob er Organempfänger oder Organspender werden möchte, könnte sich doch in gesunden Tagen mal eine Zeit lang auf einer Intensivstation oder in einem Hospiz aufhalten und spüren, was er dort empfindet. Vielleicht reicht es auch, bei der Oma zu sitzen, wenn sie geht. Wir sind doch auch nicht zimperlich, unser Abendbrot während der Nachrichten mit ihren Katastrophenbildern einzunehmen und uns Krimis mit gut geschminkten Leichen einzuverleiben. Echtes Leben ist angesagt, um solche Entscheidungen treffen zu können.

Ich fände es sinnvoll, Nahtoderfahrene, Menschen mit einer Grenzerfahrung oder Transplantierte in Ethikkommissionen und in öffentliche Diskussionen einzubeziehen. Die persönliche Erfahrung muss einen Platz bekommen, neben allen medizinischen, ethischen, praktischen, psychologischen und theologischen Überlegungen.

In meiner Patientenverfügung habe ich alle möglichen Krankheitszustände mit Hilfe einer Medizinjuristin aufgelistet. Beim Punkt Koma verfüge ich, dass ich nach drei Monaten bitte sterben dürfen möchte. So lange traue ich mir zu, diesen Zustand auszuhalten, um allen genug Zeit zum Abschied zu geben. Und dann möchte ich bitte ins Licht gehen dürfen!

Für mich habe ich ein schönes Ritual gefunden, von dem ich denke, es hat das Zeug zur Nachahmung: Jeden Abend ziehe ich Bilanz. Zuerst freue ich mich, dass ich wieder einen Tag, einen vollen Tag geschafft habe. Das ist ein grandioses Gefühl, Demut pur. Dann frage ich mich: Wenn dies nun mein letzter Tag gewesen sein sollte, wäre alles in Ordnung? Könnte ich gehen? Zu allererst fällt mir mein Schreibtisch ein, weil ich es wieder nicht geschafft habe, ihn aufgeräumt zu verlassen. Ich denke an die Termine in meinem Kalender, auf die ich mich freue. Ich denke an meinen Mann, die Kinder, die Katzen, was wären sie denn alle ohne mich? Ja, was wären sie ohne mich? Sie wären zu allererst sie selbst, eingebunden in ein großes Netzwerk an guten Beziehungen. Sicher wären sie sehr traurig. Doch irgendwann würden sie ihr Leben weiterleben in dem Wissen, dass ich nicht verloren bin, dass ich mitten unter ihnen bin. Ich glaube, spätestens dann würden sie ganz begreifen, dass ich als kleine Schwingungsfigur überall herumschwirre und jederzeit fühlbar bin, wenn sie mich brauchen. Das Weltgeschehen würde weitergehen, wie alles andere auch, nur ich wäre in einer anderen Existenzform unterwegs. Bin ich an diesem Punkt meiner Gedanken angelangt, atme ich aus und spüre voller Liebe, wie dieses JA in mir hochsteigt. JA, klar wäre ich bereit, auch wenn es mir das Herz zerreißen würde. Zu diesem JA gesellt sich dann eine große Portion Dankbarkeit. Dankbarkeit, dass ich überhaupt lebe, und darüber, eine Verlängerung bekommen zu haben, die ich als sehr üppig empfinde.

Haben Nahtoderfahrungen ein heilendes Potenzial?

Mehrmals wurde ich von engagierten Religionslehrern und Pfarrern eingeladen, um in einer Schulklasse und im Konfirmandenunterricht über meine Erfahrungen zu berichten. Die Jugendlichen sind sehr offen und kritisch. Viele setzen sich mit den Fragen der Endlichkeit und des Lebenssinns auseinander. Ich mag es, mit Jugendlichen zu diskutieren, das ist meistens für beide Seiten Tiefgang pur.

Auf einer weiteren Tagung mit dem Titel »Die Botschaft der Nahtoderfahrung«, treffe ich erneut Dr. van Lommel. Wieder führen wir gute Gespräche. Ein gemeinsamer Workshop zeigt uns, dass wir hervorragend zusammen arbeiten können.

Im Herbst 2008 sind neben anderen Referenten aus unserem Netzwerk Alois Serwaty, Professor Ewald, Herr Dr. Nicolay und ich für das Symposium »Schritte auf dem Weg zur Heilung – Grenzsituationen und Nahtoderfahrung« im Benediktushof in Holzkirchen bei Würzburg unter der Mitwirkung von Willigis Jäger eingeladen. Schon oft hatte ich von ihm gehört und war sehr gespannt, ihn kennenzulernen.

In meinem Redebeitrag formuliere ich meine Idee von einem heilenden Potenzial der Nahtoderfahrung. Ich kenne Menschen, die aus medizinischen Gründen eigentlich nicht hätten überleben können. Sie hatten aber eine Nahtoderfahrung und haben es tatsächlich zurück ins Leben geschafft. Natürlich drängt sich die Frage auf, ob das Nahtoderlebnis für das Überleben eine Rolle gespielt hat. Ich bin davon überzeugt, dass eine Nahtoderfahrung, die eine tiefe Wandlung in einem Menschen auslöst, auch in der Lage ist, heilungsfördernd zu wirken, selbst wenn die Erfahrung nicht im Alltagsbewusstsein abrufbar ist. Meine Erfahrung hatte mit Sicherheit ein starkes Heilungspotenzial. Wieder ein Punkt, der sich wissenschaftlich nicht beweisen lässt, der für mich trotzdem gültig ist.

Für mich stellt sich eine Frage neu: Kommen Nahtod- oder ähnliche Erfahrungen womöglich viel öfter vor, als wir denken? Als kurzes Eintauchen in das große Ganze, als eine Art Heißwaschgang mit Transzendenz, auch wenn diese Erfahrungen nicht erinnert werden? Meiner Meinung nach JA! Vor allem bei Kindern. Zumindest bei schweren Erkrankungen sollte in der Anamnese danach gefragt werden. Das Wissen über die Heilkraft von Nahtoderfahrungen ließe sich für die akute und die spätere Behandlung von Menschen im Koma, für Frühgeborene, die später Auffälligkeiten zeigen, und für all jene, die eine Intensivstation lebend wieder verlassen dürfen, nutzen.

Ich wäre froh gewesen, hätten meine Ärzte diese Dimension angesprochen und mich gefragt, ob ich überhaupt die innere Kraft besitze, mich während der Knochenmarktransplantation erneut in die Nähe des Todes zu wagen. Die Floskel »Sie schaffen das schon« empfinde ich auch heute noch wie eine Ohrfeige.

Erste Sitzmeditation

Nach Ende des Symposiums bleibe ich noch zwei Tage länger. Ich möchte die Atmosphäre im Benediktushof erleben und auch an den Sitzmeditationen teilnehmen. Es wird mir erlaubt, in einer kleinen Gruppe mit Hausgästen zu meditieren. Bisher habe ich diese Form der Meditation noch nicht ausprobiert. Ich setze mich auf mein Meditationskissen wie alle anderen mit dem Gesicht vor die weiße Wand und warte gespannt, was passiert. Meine Gedanken ziehen durch mich hindurch. Anfangs sind sie sehr lebhaft, später werden sie langsamer und ich beginne die Stille im Raum zu genießen.

Beim Sitzen entdecke ich eine neue Empfindung, eine Form der absoluten Erschöpfung. Es ist, als säße meine Hülle zwar hier und als sehnte sich alles in mir nach Stille und Bewusstheit, gleichzeitig aber fühle ich mich zu müde, diesen Zustand auch zu erreichen. Mit dem Oberkörper sinke ich ständig nach vorne und ich wünschte, ich dürfte liegen. Nach fünfundzwanzig Minuten erlöst mich der Ton einer Klangschale und ich gehe mit den anderen bedächtig im Kreis umher. Danach sitzen wir wieder 25 Minuten. Ich bin weiter kaum in der Lage, aufrecht zu sitzen, und lenke mich ab, indem ich die Stille einzuatmen versuche. Das Getrampel in den Fluren, das mich vorher noch gestört hat, ist abgeebbt. Einfach Stille, das ist so unbeschreiblich gut für mich. Ob ich doch besser in einem Kloster untergebracht wäre? Ob ich doch anders leben soll und langfristig anders leben muss, weil ich mich so verändert habe? Bin ich nicht mehr kompatibel für diese Welt? Oder muss ich mich nur mit dem passenden Update auf den neuesten Stand bringen? Wo kriegt man diese Dinger? Im Kloster? Beim Quantencoach? Oder doch im Gottesdienst? Ich beschließe, diese Fragen auf Wiedervorlage zu legen und jetzt nur den Moment zu nehmen, als Geschenk an mich.

Die Regel, dass während der Meditationskurse am Benediktushof nicht gesprochen werden soll, auch nicht bei Tisch, kann ich gut befolgen. Auch ohne Sprechen bei Tisch herrscht eine gruselige Geräuschkulisse. Das Klappern der Bestecke auf den Tellern ist laut wie Pferdegetrappel, manche benutzen ihre Messer wie Sägen, andere kauen wie Gäule.

Sind die alle schon schwerhörig? Einige der Anwesenden müssen doch Monate, wenn nicht Jahre an Achtsamkeitstraining hinter sich haben. Erstaunlich, dass sie ihr Ego bei Tisch nicht ablegen können und sich offensichtlich nicht in einen Nebenmann hineinversetzen können, dem durch lautes Schmatzen der Appetit vergeht. Interessant ist es allemal, Menschen schweigend bei Tisch wahrzunehmen, ohne sie anzusehen, denn Augenkontakt ist auch nicht wirklich gewünscht. Ich bin froh, dass das Essen zügig beendet wird. Dafür herrscht sonst Ruhe, endlich mal keine Geräusche aus dieser überfüllten Welt. Nur Vogelgezwitscher und manchmal ein Knacken unter den Füßen, wenn ich bei den Spaziergängen im angrenzenden Wald auf einen Ast trete. Es ist herrlich. Ich merke, wie sich mein Luftmatratzenmodus langsam verändert, als würde ich innerlich aufgeblasen werden. Ich fühle mich leichter, auch wenn die körperliche Erschöpfung weiter an mir zehrt.

Westöstliche Weisheit

Von Willigis Jäger und seinem Team möchte ich mehr erfahren. Ich melde mich noch einmal an. Diesmal gelingt es mir, zwischen den Jahren von meinem Familienfußballfeld, das gerade an Weihnachten Saison hat, eine Auszeit zu nehmen. Meine Rückkehr ist am Silvestertag und meine Lieben empfangen mich mit den Vorbereitungen für ein reichliches Mahl. Es ist das erste Mal in meinem Leben als Mutter, dass ich am Silvesterabend nur zur Türe hereinkommen muss und mich an den gedeckten Tisch setzen darf. Das alleine ist schon mystischer Natur und hilft mir, die Erlebnisse der letzten Tage zu ordnen.

In den vier Tagen lebe ich in einem modernen Einzelzimmer. Es wird wieder geschwiegen und neben den Meditationseinheiten erledige ich die eine Stunde gewünschte Hausmitarbeit, indem ich die Eingangshalle putze, zusammen mit einem anderen Teilnehmer. Dort spüre ich eine wohlwollende Kraft, obwohl ich mich in alten Gemäuern, einem ehemaligen Kloster befinde. Ich bin überrascht, dass ich die sonst übliche Kühle und Starre alter Kloster- oder Kirchengemäuer hier nicht empfinde.

Normalerweise hätte ich mich zuvor über die Inhalte und Gedankenkonstrukte, die im Seminar vermittelt werden, informiert. Diesmal habe ich es bewusst gelassen. Ich wollte erfahren, wie es mir dort ergeht. Die inhaltliche Nacharbeit erledige ich nebenbei und später zu Hause. Mir ist es wichtig, frei und ohne eine gewisse Erwartung an den Übungen teilzunehmen. Ich weiß nur, dass der Benediktushof für eine Spiritualität steht, die an keine Konfession gebunden ist und die einem zeitgenössischen Weltbild und der modernen Wissenschaft gerecht werden will. Willigis Jäger ist sowohl als Benediktiner von der christlich-abendländischen Mystik als auch als Zenmeister von der östlichen Philosophie inspiriert und geprägt. Er versucht den Menschen in seinen Übungen und Vorträgen beide Seiten nahezubringen und geht dabei weit über die traditionellen Vorstellungen der Religionen hinaus. Seine Vision ist die einer integralen Spiritualität, die den großen Erfahrungsschatz der östlichen und westlichen Weisheiten vereint.

Zu Beginn erhalten alle Neulinge eine kurze Einführung in Zen und Kontemplation. Wir führen auch Gespräche und können jederzeit zusätzliche erbitten, sollte dies für uns notwendig sein. Ich gehe erst mal ganz lässig an die Sache heran. Alleine die Tatsache, vier Tage für mich zu haben, in denen ich die Stille genießen kann und eine Form des nackten Seins erleben darf, ist schon köstlich. Im Zendo, dem großen Saal, suche ich mir meinen Platz direkt am Fenster. Der Saal füllt sich, ich bekomme Beklemmungen. So viele Menschen wollen hier meditieren. Jeder verbeugt sich in Andacht vor seinem Platz, bevor er sich niederlässt. Wieder sind es dreimal 25 Minuten, dazwischen langsames, bedächtiges Gehen und Lüften des Raumes. Ich habe die Idee in mir, mich hier hinzuhocken und alles, was in mir ist, loszulassen, so ähnlich, wie wenn ich nach einem Vollbad das Wasser ablasse. Leider geht das nicht auf Knopfdruck, weil mein Gehirn sofort anfängt, Gedanken zu entwickeln. Na klasse, denke ich, das kann ja heiter werden, dieses innere Gehirngeplapper hat nichts mit Wasser ablassen, eher mit Wasser zulaufen lassen zu tun.

Ich lerne jeden Gedanken, der kommt, durch mich durchziehen zu lassen, und ihn nicht zu bewerten, am besten mit der Atmung kombiniert. Ich winke die vielen Gedanken, die sich lösen und die ich gerade nicht denken möchte, durch. Das ist eine interessante Aufgabe. Fast wie der Lebensfilm, nur dass ich jetzt nichts dazu fühlen und empfinden muss.

Es wird eng in mir, die Masse der Menschen bedrängt mich. Ich fühle wieder alle Schwingungen der anderen. Diese lassen sich nicht einfach durchwinken wie meine Gedanken. Mir ist übel, obwohl gelüftet wurde. Mein Geruchssinn ist viel sensibler als früher. Ich frage mich, ob das eine Folge der Chemotherapie oder der Nahtoderfahrung ist.

Ich spreche meine Misslichkeit an und darf in den kleinen Meditationsraum wechseln, wo acht Hausgäste sitzen. Dort geht es mir besser, auch wenn mir das körperliche Strammsitzen wieder extrem schwerfällt. Im Prozess des »Wasserablassens« gelange ich dann an einen Punkt, an dem mein Gehirngeplapper tatsächlich verebbt. Ich fühle mich leer. Nichts. Kein Glück, kein Licht, still und rein, wie Quellwasser, köstlich. Dann kreist mein vertrautes Licht um mich. Ich öffne meinen Deckel am Kopf und bitte das Licht aus dem Universum, in mich einzuströmen. Die Grenze zwischen mir und dem Raum wird weich und verschwimmt.

Trotz dieses Wohlgefühls quält mich meine physische Schwäche, die ich schwer einordnen kann. Ich entscheide für mich, die erste Meditationseinheit um 5:30 zu streichen. Stattdessen schlürfe ich meinen grünen Tee im Bett. Diese »Frühbewässerung« in der Stille am Morgen ist meine beste Kraftquelle. Wenn ich in den letzten Jahren eines gelernt habe, dann war es das, genau zu prüfen, was ich brauche, um gesund zu leben. Ich reise stets mit Tauchsieder, einem Behälter und Tee. Speziell? Ja, aber überlebensnotwendig. Beim Teetrinken dämmert mir, dass Disziplin wichtig ist, auch beim Meditieren, für mich aber ein Punkt erreicht ist, an dem ich steife Regeln ablegen darf. Das Glück der Leere kriege ich auch so hin. Ich bin froh, dass sich darüber keiner aufregt und ich es so machen kann, wie es für mich passt.

In einem Vortrag spricht Willigis Jäger von der integralen Spiritualität. Das Sitzen, auch Zazen genannt, ist unabhängig von allen Konfessionen eine Übung der Innenschau. Für ihn gibt es nur den Urgrund des Seins, aus dem wir kommen und in den wir gehen. Ich bin erfreut, dass er genau dieselben Worte benutzt, die ich für mich und für diese Dimension auch gefunden habe. Der Urgrund des Seins. Diese Worte haben einen wunderbaren Klang, sie vergehen mir fast auf der Zunge, hauchdünn, zart und trotzdem gehaltvoll. Der Urgrund des Seins, das klingt für mich tausendmal schöner als der Begriff GOTT. Willigis Jäger betont, dass die nicht in Sprache zu packende Dimension, die wir hier im Westen Gott nennen, auf ein »absolutes Bewusstsein« hinweise, das rational nicht begriffen werden könne. Diese hintergründige Wirklichkeit ergieße sich in alles, was Form hat und was diese Form doch nicht ist. Religionen seien für viele Menschen gut, aber sie begrenzten den Menschen, weil sie letztlich nur das Transportmittel darstellten, um zur Erkenntnis der sprachlosen Dimension zu gelangen. Für ihn ist diese Dimension das Unaussprechliche hinter allen Religionen und sollte frei bleiben. Der tiefere Sinn des Sitzens ist, sich aller Bilder zu entledigen und sich nur im Hier und Jetzt zu fühlen, verbunden mit der Urkraft. Im besten Falle überkommt einen die sogenannte Satori-Erfahrung, ein Zustand der inneren Leere, der Entgrenzung des Ichs, der Zeit und des Raumes oder aber der tiefen Erkenntnis, dass alles, so wie es sich in jedem einzelnen Moment darstellt, als richtig und gut empfunden werden kann. Selbst wenn die Satori-Erfahrung ausbleibt, das Sitzen, Schweigen und Ausmüllen ist in unserer übervollen Welt ein Dienst an sich selbst.

Müde, aber beseelt fahre ich nach Hause und begrüße das

neue Jahr mit meiner Familie. Ich fühle verstärkt diese mir so vertraute und reine Form des Seins in mir und erwarte mit Neugier, was das Jahr 2009 für mich auf dem Plan hat.

Erschöpfung auf dem Weg zum Gipfel

Ich würde gerne offener mit meinen Veränderungen umgehen, aber ich traue mich noch nicht, meine alte Rolle auch nach außen hin zu verlassen. Eine homöopathisch arbeitende Ärztin, die ich um Rat frage, sagt mir, mein Wesen habe etwas Grenzenloses. Ich könne mich verstrahlen, das sei etwas Kostbares. Trotzdem müsse ich lernen, meine physischen Kräfte zusammenzuhalten, also auch mal die Schotten dicht zu machen. Ob dafür jetzt die richtige Zeit gekommen ist? Ich entscheide mich, wie ich es im Benediktushof gelernt habe, einen Teil meines inneren Ringens loszulassen. Die Gedanken von all den klugen Menschen, wie Werner Heisenberg, Max Planck, John Eccles, Carl Friedrich von Weizsäcker, Thomas Görnitz, Burkhard Heim, Meister Eckhart, Graf von Dürckheim, Elisabeth Kübler-Ross, Dag Hammarskjöld, Sören Kierkegaard, Ludwig Wittgenstein und noch vielen mehr, winke ich durch und lasse sie ziehen. Manches verstehe ich erst dadurch, dass ich es wieder freigebe.

Zu Hause spiele ich weiter im Mittelfeld auf meiner Familienfußballwiese und werde beim Rennen jäh gestoppt. Ein Freund von uns stirbt an einem plötzlichen Herztod! Es kann sehr schnell gehen und auch uns kann es treffen. Immerhin sind mein Mann und ich im kritischen Herzinfarktalter. Selbst ich, die ja selbst jederzeit gehen könnte, fände es ziemlich blöd, jetzt als Witwe dazustehen. Ich wüsste meinen Liebsten schon im Lichte aufgehoben, so ist es nicht, aber ich sehne mich nach Zeit nur für uns. Noch ein bisschen, dann wäre ich bereit, den Schicksalsschlag anzunehmen, wenn er denn käme. Wie kann ich meine Sehnsucht nach Ruhe und Zeit leben, wenn die anderen bis zum Umfallen arbeiten?

Ich reiße mich weiter zusammen und setze noch eine Runde obendrauf. Ich halte meinem Mann den Rücken frei, begleite die Kinder weiter auf ihrem Lebensweg, kümmere mich um seinen alten Vater, um meinen Vater, der an den Augen operiert wird, um meine Mutter, die mehrere Wochen im Krankenhaus verbringt. Heimlich verfolge ich meine Themen. Meine innere Stimme macht eine knallharte Ansage: Wenn du nichts änderst, wirst du wieder krank, kein Schnupfen, nein, todkrank. Folge endlich der Spur deines Herzens.

Einladung nach Berlin

Die Einladung nach Berlin zur Buchvorstellung der deutschen Ausgabe von Pim van Lommels Buch mit dem Titel *Endloses Bewusstsein* im September 2009 kommt gerade recht. Er bittet mich, ihn zu begleiten, und wünscht sich meine Unterstützung, indem ich von meiner persönlichen Erfahrung berichte. Die Transzendenzwolke sieben winkt, ich springe auf. Diese Einladung empfinde ich als einmalige

Chance, sowohl für mich persönlich als auch für unser Netzwerk. Die Zusammenarbeit mit Dr. van Lommel ist so kraftspendend, denn jedes Mal lerne ich etwas Neues. Sogar mein Mann begleitet mich und wir haben ein paar schöne Tage in Berlin.

Die Podiumsdiskussion, die vom Veranstalter und dem Verlag vorbereitet wurde, ist heftig für mich. Ich sitze zwischen den Stühlen. Auf der einen Seite Dr. van Lommel mit seiner Ansicht, dass unser Hirn nur eine vermittelnde Funktion habe, auf der andern Seite ein junger Wissenschaftler und Bewusstseinsforscher aus Berlin, der sich festbeißt an seiner These, dass das Gehirn das steuernde Element des Bewusstseins sei und nur gelten dürfe, was nachweisbar ist. Es ist sinnlos, mit Menschen zu diskutieren, die das Staunen verlernt haben und deren Weltbild keine Lücke offen lässt. Ich begreife, dass junge Wissenschaftler ins Korsett des gängigen Mainstreams eingezwängt sind und öffentlich denken müssen, was man von ihnen erwartet. Ich versuche durch mein Strahlen die beiden Seiten zu verbinden. Es gelingt nicht! Das Publikum mischt sich in die Diskussion ein und wirbt mit heftigen Worten für die Hypothese von Dr. van Lommel. Einige verlassen empört den Saal. Wie gut, dass ich kein Wissenschaftler bin. Meine Erfahrung kann mir keiner absprechen. In Berlin spüre ich, dass das Phänomen Nahtoderfahrung gesellschaftsfähig geworden ist und ich nicht mehr fürchten muss, in der Öffentlichkeit für verrückt erklärt zu werden.

Endloses Bewusstsein

Zu Hause angekommen, starte ich mit der Verlängerung meines Studiums in Selbsterkenntnis in meiner Bett-Universität. Ich verschlinge die 454 Seiten des Buches und lese einen Großteil dessen, was ich mir mühsam in den letzten Jahren selbst erarbeitet habe. Darüber hinaus erfahre ich viele neue Details. Ich staune, dass sich ein Naturwissenschaftler dafür einsetzt, das wissenschaftliche Paradigma zu verändern. Endlich, denke ich, traut sich das einer. Das Buch wirkt auf mich wie eine Offenbarung. In meinem Inneren werden alle Schatzkammern, in denen ich weitere Reste meiner Geschichte verschlossen halte, auf einmal geöffnet. Alle Gefühle prasseln auf mich ein, ich sinke in eine Krise. Statt zu frohlocken, wie fleißig ich war und wie weit ich schon gekommen bin, weine ich an vielen Stellen der Lektüre. Die Kapitel über die Veränderungen durch Nahtoderfahrung und über Nahtoderfahrungen bei Kindern bewegen mich am meisten. Noch nie habe ich etwas über Nahtoderfahrungen bei Kindern gelesen. Ich sehe das kleine Mädchen in mir und spüre erneut dieses tiefe Leid, das in mir wohnte und das jetzt erst Befreiung erfährt. Die drängende Verzweiflung, mich immer als anders und fremd empfunden zu haben, befördert noch mal Tränen der Erleichterung nach außen. Jetzt weiß ich endlich ganz, ganz sicher, dass ich nie falsch war, sondern von den anderen einfach nicht in meiner wahren Natur gesehen werden konnte. Sie waren selbst unwissend. Ich komme mir vor, wie ein Mensch, der jahrelang zu Unrecht verurteilt wurde und im Knast sitzen musste, weil seine Unschuld nicht bewiesen werden konnte. Mein

Knast ist ein inneres Gefängnis, in das ich mich natürlich auch selbst eingeschlossen habe und aus dem ich mich nun entlasse. Auch ich stehe erst mal so wie jeder entlassene Häftling mittellos da, denn bisher weiß nur ich davon. Die anderen müssten dieses Buch lesen. Dann würden sie mich endlich verstehen.

So einfach ist es natürlich mal wieder nicht. Die anderen sind weiterhin in anderen Themen und Welten unterwegs, sie haben keine Zeit, und wieder merke ich, wie ich ihnen auf die Nerven gehe. Dass ich in den Augen von Dr. van Lommel keine Nahtodbetroffene, sondern eine Beschenkte bin, eine, die gründlich und ohne Vorwarnung in die Wirklichkeit hinter der Wirklichkeit getaucht wurde und den Hauch von dem, was auch keine Quantenphysik jemals rechnerisch und sprachlich zu erfassen mag, inhalierte, tröstet und versöhnt mich. Dieses Eingetauchtwerden ist wie eine Impfung, eine Impfung mit Liebe, die einen lebenslangen Schutz gibt. Ich erkenne, wie viel Glück ich bisher in meinem Leben gehabt habe. Wie oft ich doch beschützt wurde und wie oft ich Menschen gefunden habe, die mich gestärkt und geleitet haben. Mehr noch, die Erfahrung, die mich im Inneren teilte und zu einem Doppelleben zwang, hat mich letztlich auch wie ein Klebeband zusammengefügt oder sie hat wie eine Laterne meinen Weg ausgeleuchtet. Bei allem Leid hatte ich immer Glück. Ob es die Dimension der bedingungslosen Liebe ist, die für die anderen so schwer wahrnehmbar ist? Da ist es wieder, dieses zackige JA! Ja klar, anders kann es gar nicht sein. Wir Menschen sind immer umhüllt und durchdrungen von ihr! Wir haben nur unsere Wahrnehmung dafür abgeschaltet. Ich muss das nun als

Tatsache endlich einsehen und Abschied nehmen von der Idee, jemals verstanden zu werden. Ich begreife, dass ich ein winzig kleiner Teil in diesem riesengroßen Universum bin. Und dass ich zu mir stehen kann: Ich bin nun mal, wie ich bin und was das Leben aus mir gemacht hat. »Eigentlich ist doch alles gut«, sagt meine Detektivin, die plötzlich wieder bei mir auftaucht. »Kann ich den Fall jetzt abschließen?«

»Nein«, gebe ich zur Antwort, »irgendetwas kommt mir noch seltsam vor und ich werde erst ruhen, wenn ich ganz oben angelangt bin auf dem Gipfel meines Achttausenders der Erkenntnis.«

Reisen und Vorträge vor großem Publikum

In den folgenden Monaten reisen wir zusammen in verschiedene Städte. Dr. van Lommel berichtet in seinem Vortrag über seine Forschung und seine neue Hypothese über ein Bewusstsein, das ohne Gehirn und Körper funktioniert. Für mich und alle Nahtoderfahrenen bricht er eine Lanze und bereitet jedes Mal den Boden für den Bericht meines Erlebens vor. Ich gehe dann ganz in meine innere Übereinstimmung, öffne meinen Deckel zur Ewigkeit, lasse meinen heißen Draht zum Urgrund des Seins glühen, damit mir die passenden Worte geschenkt werden, um die Botschaft so erzählen zu können, dass sie in die Herzen und Köpfe der Menschen gelangt. Es ist ein Unding, dass immer noch so wenige Menschen über Nahtoderfahrungen und die großen, damit einhergehenden Veränderungen Bescheid wissen. Ich spüre, dass ich mich nicht mehr verstecken darf. Gesicht, Mut und Wahrhaftigkeit zu zeigen, das ist ein Teil meiner Aufgabe und ich nehme sie an. Es gelingt mir sogar, eine kleine Veranstaltung in Darmstadt zu organisieren und unsere drei Kinder sitzen im Publikum. Sie hören erstmals die Worte von Dr. van Lommel und ich merke, dass sie langsam verstehen, was mit ihrer Mutter geschehen ist. Es ist für sie leichter, dies alles nicht nur aus meinem Mund zu erfahren. Sie haben die Möglichkeit, selbst noch mit Dr. van Lommel zu reden. Seitdem haben wir immer wieder tiefe Gespräche und heftige Diskussionen miteinander. Ich bin froh, dass das Eis zu schmelzen beginnt.

In den meisten Städten erleben wir einen Ansturm von Zuhörern. Die Säle sind oft ausverkauft und die Atmosphäre zeigt uns, dass sich in unserem Land ein gehöriger Bewusstseinswandel vollzieht. Es gibt so viele Menschen, die sich mit den Fragen nach unserem Bewusstsein und den Konsequenzen für unser Leben und unsere Erde befassen, dass ich jedes Mal total beglückt bin, diese Aufgabe wahrnehmen zu dürfen. Und zwischendurch kann ich einen Forscher zu allem befragen, was mir an Wissen noch fehlt. Ich lerne begierig und kann mir kein schöneres Studium vorstellen. Jedes Mal ermuntert mich Dr. van Lommel aufs Neue, mich zu trauen, mich zu zeigen und Geduld zu üben mit meinen Mitmenschen. Tief in mir gräbt sich eine Äußerung ein, die er fast nebenbei macht: »Es dauert in der Regel bis zu zwanzig Jahren, bis die Menschen ein solches Erlebnis gut in ihr Leben einbauen können. Bis alle alten Verletzungen, die mit einer solchen Aufarbeitung zusammenhängen, gelöst und gewandelt sind.« Es ist Arbeit, schwere Arbeit, aber sie lohnt sich.

Alle Nahtoderfahrenen, die er kennenlernen durfte, alle, die, so sagt er immer, seine Lehrer waren, seien nach der Durststrecke und dem Ringen um ihre Wahrhaftigkeit Menschen geworden, die sicher wissen, welche Dimension der Liebe ihnen geschenkt wurde. Dies weiterzugeben, sei einer der größten Schätze, die man haben kann, ob heimlich oder öffentlich sei dahingestellt.

Meine Durststrecke will noch etwas dauern und verlangt mir eine weitere Prüfung meines Lebens ab.

Die Luft ist raus

Die letzte Hürde, die ich zu überwinden habe, tut sich vor mir auf. Es ist der Teil bei der Achttausenderbesteigung, bei dem der Sauerstoff sehr knapp wird, es kalt und gefährlich ist, bevor der Gipfel endlich erklommen werden darf. Es braut sich eine Gemengelage zusammen, die mehrere Bergführer erforderlich macht. Ich habe keinen Saft mehr in mir, ich fühle mich selbst nicht mehr. Die Luftmatratze hat so viele Löcher und liegt völlig platt am Boden. Die Grundsubstanz ist aber gut, es lohnt sich, die Löcher gründlich zu flicken. Meine Internistin päppelt mich mit Infusionen auf, um meine Blutwerte zu verbessern. Es gibt sogar einen spezifischen Blutwert, der auf ein erneutes Tumorwachstum hindeutet. Meine innere Stimme sagt: Hör endlich nur auf dich. Ich ignoriere den Blutwert in Absprache mit meiner Ärztin, obwohl sie zur Sicherheit gerne einen PET-Scan machen würde. Ich aber will nicht mehr in die Röhre steigen!

Ich höre nur auf mich und verordne mir meine eigene Lichttherapie. Dafür schicke ich das Licht in verschiedenen Dosierungen in meine Zellen. Ich überlege ein letztes Mal, ob ich wieder das volle Programm an Therapie durchziehen würde, wenn der Verdacht Gewissheit werden würde. Und ich fühle ein klares NEIN. Nein, ich würde nichts mehr tun. Ich würde zustimmen und mich auf den Weg machen. Ich frage meine Ärztin, ob sie bereit sei, diesen Weg mit mir zu gehen. Sie sagt ja.

Nach sechs Monaten stimme ich einem PET-Scan zu. Ich will es nun doch wissen, ob ich mit meiner Therapie erfolgreich war. Es gibt keinen Hinweis auf Tumorwachstum. Auch der Blutwert ist wieder normal! Erleichterung. Ich überlege, wofür diese Episode gut gewesen sein soll, und die Antwort kommt prompt: Ich sollte noch einmal prüfen, ob ich es wirklich ernst meine, ob ich tatsächlich keine Angst vor dem Ende habe. Ich habe keine Angst. Noch schöner die tiefe Erkenntnis: Ich habe auch keine Angst mehr vor dem Leben. Ich will endlich wieder meine Lebenskraft erneuern. Ich verspüre eine unbändige Lust nicht nur auf ein bisschen, sondern auf das volle Leben. Das bedeutet für mich, die Karten offen auf den Tisch zu legen und aufzuhören, es allen recht machen zu wollen. Jetzt bin ich an der Reihe und dann sehe ich weiter!

Ich sage meinen Eltern, dass ich für weitere Unterstützungen nicht zur Verfügung stehe. Ich trete von allen Aufgaben zurück, auch von den Versorgungs- und Bankvollmachten, die ich bereitwillig Jahre zuvor unterschrieben habe. Sie sind entsetzt und enttäuscht, auch, wenn sie es nicht zeigen. Ich verstehe ihre Enttäuschung aus tiefstem Herzen und ich spüre eine unsagbare Traurigkeit und einen tiefen Schmerz in mir. Immer noch denke ich, wir hätten es auch anders hinkriegen können. Doch dazu hätten wir offener miteinander reden müssen und das wollten sie nicht.

Meine Geschwister übernehmen alle weiteren Aufgaben, wofür ich dankbar bin. Leider sind sie sehr barsch zu mir und fragen noch nicht einmal nach meinen Beweggründen. Ich werde abgestraft, wie es üblich ist in unserem Clan. Wer nicht spurt, kriegt eins auf die Hucke und wird mit Missachtung gemaßregelt! Ab in die moralische Besenkammer, heißt es nun für mich. Dort habe ich wenigstens meine Ruhe und bemerke, es ist mir egal. Es ist das erste Mal in meinem Leben als brave Tochter und geduldige Schwester, dass ich sage: Ich halte nichts mehr fest und gebe alles frei. Soll sich fügen, was sich fügen will, ich bin dafür nicht verantwortlich! Ich habe alles versucht. Schade, dass ich mich das nicht früher getraut habe. Aber besser jetzt als nie! Meine Internistin stützt mich und sagt mir, dass auch alte Menschen noch lernfähig seien und jeder Mensch bis zum Schluss seine Lernaufgaben erhalte, die er noch zu meistern habe. Ich darf und muss jetzt nur an mich denken und dafür muss ich eine Energiestrahlpause einlegen. Alles, was da noch strahlt, gehört nur mir. Ich soll es nach innen richten, mich selbst wieder erstrahlen lassen. Unsere Kinder, mittlerweile 25, 22 und 16 Jahre alt, kapieren das sofort und sie unterstützen mich. Es ist für mich unsagbar schön, weil hier etwas umgekehrt wird. Jahrelang habe ich sie gestärkt, jetzt geben sie mir etwas zurück. Ich nehme es von Herzen gerne an und spüre, wie sie das auf ihrem Weg, erwachsen zu werden, beflügelt.

Und wenn es dicke kommt, dann kommt es richtig dicke. Ich weiß auch nicht, was mich reitet, doch ich bin so fertig mit den Nerven, dass ich auch keine Geduld mehr mit meinem Mann habe. Aus heiterem Himmel stehe ich vor der Erkenntnis: Diese Ehe ist zu Ende. Es ist vorbei, ich lasse die Zügel los, ich halte nicht mehr fest. Ich bin entsetzt über meine eigenen Gefühle! Gleichzeitig spüre ich zum ersten Mal keine Angst vor diesem Schritt. Ich denke an die Stelle in Dr. van Lommels Buch, an der er schreibt, dass der Mensch, den man einmal geheiratet hat, nach der Nahtoderfahrung nicht mehr derselbe ist. Der Ehepartner ist es, der unter den Veränderungen am stärksten leidet. Mein armer Mann, was hat er alles ausgehalten! Und doch kann ich das Rad nicht zurückdrehen.

Aber er hat auch viel von mir bekommen. Alleine die Beziehungsarbeit, die ich für unsere und seine Familie jahrelang bereitwillig geleistet habe, so wie fast alle Frauen dieser Welt, was leider selten bemerkt wird von den Männern dieser Welt. Fehlende Anerkennung schwächt.

Als erfahrenes Ehepaar sind wir trotzdem in der Lage, offen zu sprechen. Wir überlegen, ob wir uns gegenseitig freigeben sollen, damit sich keiner mehr eingeengt fühlt. Damit geliebäugelt hatte ich ja schon einige Male, vor allem, wenn ich mir einzureden versuchte, dass Singles mit ihrer Freiheit das große Los gezogen haben. Jetzt ein Leben als Single zu führen, ist aber unmöglich, denn ich spüre, dass diese Liebe zwischen uns nicht völlig aufgebraucht ist. Verbraucht ist die Bereitschaft, sich für den anderen zu verbiegen. Nach langem Überlegen kommen wir zu dem Schluss, dass es etwas gibt, das wir ablegen müssen, etwas muss sterben, um einen Neuanfang zu schaffen. Wir stehen im Niemandsland, in einem Vakuum, im Nichts. Das Alte taugt nicht mehr und dieses Neue müssen wir erst erschaffen. Wir müssen uns öffnen, dass es kommen kann.

Schließlich ist es mein Mann, der Größe zeigt. Er ist mal wieder mein Fels in der Brandung und hat eine gute Idee. Er meint, wir sollten alle Entscheidungen vertagen. Ich solle erst wieder zu Kräften kommen. Er könne warten. Er will mich freigeben, aber nicht für immer. Das ist ein kostbarer Liebesbeweis für mich und ich fühle, dass er es ernst meint. Nach langem Hin und Her und Beratungen bei meiner Internistin, die sich als gute Bergführerin herausschält, willige ich in ihren Vorschlag ein, eine Auszeit zu nehmen und in eine Fachklinik zu gehen. Ich will alle körperlichen Symptome wieder in den Griff kriegen.

Eine gute Freundin empfiehlt mir eine Klinik im Schwarzwald, die sich mit erweiterter anthroposophischer Medizin befasst. Da ist sie wieder, die Anthroposophie. Ich denke sofort an Rudolf Steiner, der als Kind auch Dinge spüren konnte, die ihm die Eltern auszureden versuchten und der sich seine Vision nicht hat ausreden lassen. Er hat ein vielschichtiges Modell erschaffen, das bis heute in vielen Bereichen wirkt. Und ich erinnere mich, dass eine Nahtoderfahrung in der Anthroposophie nichts Verrücktes ist. Ich, die nie mehr in eine Klinik wollte, gehe nun freiwillig dorthin, weil ich Schutz und Hilfe anzunehmen bereit bin. Im Inneren nehme ich Abschied von meinen Eltern und meinem Schwiegervater. Wenn das Universum es so will und sie in dieser Zeit sterben sollten, dann ist es so. Ich darf trotzdem hier sein und auftanken. Es dauert ein paar Wochen, bis meine Krankenkasse zustimmt. Ich habe genug Zeit, um in Ruhe zu überlegen, was ich dort brauchen werde. Ich sammle behutsam meine Sachen zusammen. Mein Tauchsieder ist wieder dabei, denn auch dort werde ich nicht am gemeinsamen Frühstück teilnehmen, weil ich die Stille des Morgens für mich benötige. Es ist für mich die heiligste Zeit des Tages.

Weggehen, um wieder anzukommen

Den allerersten Fitzel an Erholung verspüre ich nach drei Wochen in der Klinik. Alle Pflaster, die ich in all den Jahren provisorisch auf die Löcher meiner Luftmatratze klebte, haben bis hierher gehalten. Es ist wieder ein Hauch von Luft in mir. Hier habe ich ein ganzes Team erfahrener Bergführer um mich, die mich nicht nur bei den letzten hundert Metern zum Gipfel begleiten, sondern auch das Handwerkszeug besitzen, meine Selbstheilungskräfte so anzuregen, dass ich es letztlich sein werde, die die Löcher in der Luftmatratze flicken wird.

Schnell wird klar, dass ich hier keine Höhenflüge in andere Wirklichkeiten schaffen, sondern wieder auf die Füße gestellt werden soll. Mein Gipfel, den ich erklimme, ist gleichzeitig ein Ankommen bei mir selbst. Es geht um meine Hülle, genauso wie um mein Innenleben. Ich erhalte unterschiedliche Behandlungen, die mir helfen sollen, meine Leiblichkeit zu stärken. Eine davon ist die Rhythmische Massage. Sie soll meine physischen und ätherischen Kräfte, wie es die Anthroposophie nennt, verbinden. Dabei wird der

Mensch als Wesen verstanden, das alle Elemente der Natur transformiert in sich trägt. Die Lemniskate, das Symbol für die Unendlichkeit, eine liegende Acht, umschließt zwei Räume. Den sogenannten Sonnenraum mit ausstrahlenden und den Erdenraum mit einstrahlenden Kräften. Der Griff des Therapeuten soll diese Kräfte rhythmisch übertragen.

Die Idee ist gut. Nur die Wirkung ist bei mir überraschend anders. Ausgelöst durch die erste Massage erlebe ich in der Nachruhephase noch einmal ein Außerkörpererlebnis von einer solchen Dichte, Klarheit und Transformationskraft, ich möchte sagen Schönheit, die das Zeug zur Heilung und Überwindung der letzten Hürde mit sich bringt. Während meine Hülle völlig bewegungslos für etwa eine Stunde auf der Behandlungsbank liegt und ich nicht ansprechbar bin, tauche ich in die Sphären des endlosen Bewusstseins ein. Fast wie ein Tempelschlaf, denn ich werde bewacht und begleitet von einer Pflegekraft und dem Chefarzt. Sie haben keine Eile, sie wissen, was zu tun ist und sie lassen mir alle Zeit, die ich brauche. Später wird mir der Chefarzt sagen: »Sie mussten einfach noch mal komplett aussteigen, um wieder ganz in sich anzukommen!« Beeindruckend, dass dies in einer deutschen Klinik heute möglich ist.

Mein Wesenskern, meine Essenz, das, was unzerstörbar ist, von mir aus auch meine Seele, vielleicht auch mein Funken vom Urgrund des Seins, egal, dieses Etwas schießt so schnell oben aus meinem Kopf hinaus, dass ich nichts dagegensetzen kann. Beeindruckend ist für mich, dass ich in diesem Zustand ausgewählte Bilder meines Lebensfilmes von damals, wie zur Nacharbeitung, glasklar sehe. Es sind Szenen meiner Kindheit und meines Lebens, die gruselig und schmerzhaft waren. Ich weiß jetzt, wie alles war. Und es ist jetzt gut. Alleine über den Verstand, über eine reine Sprachtherapie, hätte ich diese Wandlung nie hingekriegt!

Ich brauche noch Tage, bis meine Körperhülle nicht mehr schmerzt und ich mich sicher in mir weiß. Es ist, wie noch mal neugeboren zu werden und trotzdem gleich wieder im Hier und Jetzt anzukommen. Ich spüre mit aller Kraft meines Körpers, dass ich jetzt oben dicht bin. Oben am Kopf, da wo das Tor zur Ewigkeit ist, hat mein Deckel, den ich öffnen und schließen kann, jetzt wieder einen funktionsfähigen Verschluss, der ganz auf und vor allem endlich wieder ganz zugeht. Ich bin es, die im Alltag entscheidet, wann und wie oft ich den Deckel öffne. Genial!

Ich kann singen

Zur Stärkung meiner Ich-Kräfte arbeite ich mit einer Musiktherapeutin und mache Stimmübungen. Ich, die niemals singen wollte und konnte, deren Stimme wegen der alten Kirchenlieder und der Traurigkeit in der Kindheit einen Trauerflor trug, erfahre hier im Schutz der Klinik und mit dem Können meiner Begleiterin, wie ich tönen und auch singen kann.

Beim Aufstieg zu meinem Gipfel sind die Töne anfangs mehr als mickrig. Und ich quäle mich mit einer Sorte Scham, die mich fast vom Weg abkommen lässt. Doch dann gelangen Töne aus mir heraus, die ich noch gar nicht kenne. Und das, obwohl die Luft hier oben dünn ist und ich wirklich an steilen Graten meiner inneren Felslandschaft vorbeiwanke. Mehr noch: Ich spüre, wie sich mein Brustkorb, mein Bauch, mein Zwerchfell bewegen. Diese Körperteile hatte ich abgeschaltet, weil dort damals Massen von Lymphtumoren wuchsen. Trotzdem kann ich diese Schichten jetzt bewegen. Mein geschrumpfter Wollpullover sitzt dort zwar noch immer wie ein Schnürkorsett. Aber jeder Ton dehnt es aus. Es fühlt sich an, als würde ich auf eine besondere Weise reanimiert. Es ist ausgerechnet ein Halleluja, das sich aus mir herausschält und die Kraft für den weiteren Aufstieg freigibt. Immer dann, wenn die Spannung steigt, töne ich und lasse Dampf ab. So einfach und doch muss ich mich erst mal trauen.

Farben

Stundenlang darf ich bei einer weiteren Bergführerin in Farben und Formen verweilen. Kunsttherapie. Mit der Hand und den Fingerspitzen arbeite ich mich durch Farben, die ich selbst wählen darf. Anfangs hauche ich nur die Farben aufs Papier, ich traue mich nicht, weil ich noch nie gemalt habe. Ich kann nicht figürlich zeichnen, doch das muss ich hier auch nicht. Ich übe die Lemniskate, die liegende Acht, fahre unentwegt diese Kreise nach und muss zusehen, dass ich in der Mitte wieder lande und die Form halten kann, um meine Form, trotz Unendlichkeit, wieder spüren zu können. Es ist anfangs anstrengend, doch dann wird es wie ein Gebet, wie eine Trance, wie ein Hier- und auch ein Dortsein.

Nach einer Stunde bin ich hundemüde und muss ausruhen. Unglaublich.

Mein Aufstieg zum Gipfel wird jeden Tag bedächtiger, aber klarer. Ich ahne das Ziel und bin jeden Abend froh, wenn ich in mein Bett sinken darf. Mein Zimmer ist schön. Holz, hell, heimelig. Ich bin ganz oben und habe einen super Blick. Am meisten genieße ich, dass ich mich einfach an den gedeckten Tisch setzen darf und etwas zu essen bekomme. Der Speisesaal, unser Basislager, ist mit Liebe eingerichtet, die Tische mit weißen Tischtüchern gedeckt und täglich werden gestärkte Servietten aufgestellt, wie im Hotel. Und immer stehen frische Blumen auf den Tischen. Die Speisen sind sorgfältig zubereitet. Überall spüre ich eine Liebe für uns gestrandete und vom Leben ausgemergelte Menschen. Ich treffe auf andere Schicksale und bin überrascht, was andere aushalten müssen. Dagegen ist meine Geschichte ja noch einfach, oder nicht? Ich habe das Licht gesehen. Wie machen es nur Menschen, die dieses Licht nicht kennen? Wie kann man ein schweres Schicksal annehmen ohne dieses Licht, ohne spirituelle Verankerung? Ich halte es für unmöglich, doch es geht. Die anderen finden ihr Licht auf eine andere Weise, indem sie ihr Leben systematisch durchgehen und Stück für Stück lernen, an sich selbst zu glauben. Und einige sind sehr spirituell und religiös. Ich treffe ein paar Mitpatienten, die auch eine Nahtoderfahrung hatten und die genauso wie ich üben, sie ins Leben einzubauen.

Reden und Eurythmie

Mit der Psychotherapeutin sortiere ich in Ruhe das Puzzle meiner ganzen Vergangenheit und ich spüre, dass ich sie nun langsam ruhen lassen kann. Wir besprechen Strategien für die Zukunft. Und das tut mir gut.

Ich habe auch Eurythmie, diese Methode der Anthroposophen, die wunderschön aussieht und womit viele Menschen nichts anfangen können. Den bekannten Scherz, Eurythmie ist, wenn man seinen Namen tanzen muss, lege ich ganz schnell ab. Ich nehme diese Stunden als Geschenk. Die Gesten kommen mir vor wie die Gebetstücher, die in Tibet hängen und im Wind wehen. Diese Gesten sind so etwas wie Geist, der durch mich weht, der mich trägt und der meine Hülle füllt. Es ist für mich körperlich anstrengend, das Gleichgewicht zu halten, deshalb liebe ich das U, das mich mit meinen Wurzeln verbindet und das im Wort »Urgrund« des Seins zweimal vorkommt. Das E ist auch gut für mich, weil ich mich damit abgrenzend erfahre. Im Sein kommt es einmal vor, in meinem Namen dreimal. Hallo, Sabine, hast du das schon gemerkt? Dein Name hat auch Abgrenzung im Gepäck, also mach die Schotten dicht und bleib bei dir. Auf diese Weise erfahre ich, dass ich ganz im Mitgefühl sein kann, wenn ich in mir standhaft stehe. Und das auf den letzten hundert Metern meiner Bergtour. Ich bin eins mit dem Fels und doch bin ich ich.

Meine Füße, ein Schwingungsmuster

Ein weiterer Bergführer ist ein spiritueller Therapeut, mit dem ich eine spezielle Bewegungsform übe, die Bothmer-Gymnastik. Ich verstehe auch davon nur eine Winzigkeit, aber die reicht aus, um mein nächstes Pflaster abzunehmen. Wir üben das Gehen. Er zeigt mir, wie ich vor jedem Aufsetzen des Fußes auf der Erde zuerst meinen Geist durch den Fuß nach unten geleite. Erst dann setze ich den Fuß auf, was die Erdung perfekt macht. Alleine der Gedanke wirkt wie eine Vitaminspritze. Er beflügelt mich dermaßen, dass ich stundenlang oft barfuß durch den anliegenden Wald gehe und das Glück, mit meinen Füßen und dem Boden verbunden zu sein, neu erlebe. Auf dem Klinikgelände gibt es eine Wiese mit einer herrlichen Aussicht bis in die Vogesen. Wir haben sie die Himmelswiese genannt. Erwache ich wieder zu früh, bin ich schon um fünf oder sechs Uhr ganz alleine oben auf der Himmelswiese und gehe barfuß über das feuchte, duftende Gras. Bei jedem Schritt bin ich erfüllt und spüre, wie schön sich das Leben wandelnd anfühlen kann.

Bei diesen Gehübungen begleiten mich die Gedanken von Hans-Peter Dürr, dem Physiker, der von sich behauptet, er habe fünfzig Jahre lang damit verbracht, zu fragen, was eigentlich hinter der Materie liegt, und er sei zu dem Schluss gekommen, dass es keine Materie gibt! Ich höre seinen Vortrag »Das Lebende lebendiger werden lassen« in mir, den er 2006 auf einem Symposium in Österreich gehalten hat. Ich stelle mir vor, wie er zu mir spricht und mir davon berichtet, wie erstaunlich es für ihn war, als Forscher lernen zu müssen, dass diese Wirklichkeit, von der alle überzeugt sind, nicht existiert. Ich widerspreche ihm, weil ich doch gerade endlich wieder eine handfeste materielle Wirklichkeit unter meinen Füßen spüre. Er schmunzelt und ich höre ihn sagen, es gebe streng genommen keine Elektronen und keinen Atomkern, sondern nur Schwingungsfiguren. Das habe ich bei Professor Ewald doch auch schon gehört. Sind meine Füße nur Schwingungsfiguren, die ich mit Hilfe meines Geistes, also weiterer Schwingungen bewege? Ja, so ähnlich, höre ich ihn sagen. Materie kommt da zustande, wo sich alles Wandelnde überlagert, wie Ameisen eines Ameisenhaufens. Nee, bitte, verwirren Sie mich nicht, wenn ich gerade mein Weltbild so schön sortiert habe, sage ich in den Wald hinein. Ich höre noch leise etwas von einem Instabilitätspunkt und unserem Bedürfnis nach ewiger Sicherheit, das uns aber die Freiheit rauben würde, dann ist es still.

Boah, welche Entdeckung! Ich kann mich, ohne aus dem Körper zu gehen, von oben betrachten. Von dort habe ich einen zweiten Blick auf mich und meine Füße, mit dem ich meine Gangunsicherheit super ausgleichen kann. Das ist, wie wenn ich ein Satellitenauge zur Verfügung hätte. Wegen der Gefühlsstörungen in den Füßen, eine Spätfolge der Chemo, spüre ich den Untergrund nicht fest, sondern wattig, und ich erhalte keine optimale Rückkopplung, wie meine Beine im Raum stehen. Ohne Augenkontrolle bin ich unsicher und instabil. Mit Hilfe der Augen und der Vorstellung, den Geist durch die Füße zu schicken, laufe ich sicherer. Mir dann noch vorzustellen, dass meine Füße und der Boden im Sinne Dürrs Materie sind, die erst dann zustande kommt, wenn sich Wandelndes überlagert, macht mich komischerweise glücklich. Ich habe offensichtlich einen Quantentick!

Mit seiner Hilfe und diesen neuen Fähigkeiten lerne ich hier auf geniale Weise wieder richtig den Boden unter den Füßen zu haben. Je öfter ich es übe, umso selbstverständlicher wird mir diese Form der Fortbewegung. Mich zwischen den Polen oben und unten, Himmel und Erde, in der Welt auszuloten, ist eine Urerfahrung, die mir hilft, wieder ganz in der Welt anzukommen.

Wirklich oben bist du nie

Diese Weisheit habe ich von unserem sportkletterbegeisterten und -erfahrenen Sohn. Denn jeder, der einmal ganz oben war, will weiter. Jeder Schlusspunkt ist wiederum der Beginn von etwas Neuem. Das letzte Stück auf meiner Reise zu mir selbst erlebe ich kurz vor meinem fünfzehnten Jahrestag meines Nahtoderlebnisses. Es geht jetzt noch darum, diesem Wesenskern, der sich in mir zusammengezogen hat, zur Ausdehnung zu verhelfen. Er soll nicht bei der nächsten Bedrohung wieder wie eine Kanonenkugel oben aus mir herausschießen. Dieser Wesenskern soll sich ausdehnen, sich in mir wohlfühlen und sich vielleicht wie eine kleine zarte Innenhaut wieder an mich anschmiegen. Wie die wasserdichte Goretexmembran in meiner Jacke. So wäre es möglich, meine Luftmatratze und alle Löcher dauerhaft abzudichten.

Der Chefarzt bereitet in weiteren Schritten die letzten fünfzig Meter zum Gipfel vor. Für diesen Teil muss ich erst Theorie büffeln. Er bittet mich, ein Buch von Peter Levine, dem bekannten amerikanischen Traumatherapeuten, zu lesen. Ich lerne, dass die erste Verteidigungsstrategie gegen Verfolger, Angreifer oder andere Gefahrenquellen meistens in der Abwehr liegt. Sich zu ducken, auszuweichen und sich zurückzuziehen, die Arme zu heben, um einen tödlichen Schlag abzuwehren, das alles klappt manchmal ganz gut. Fliehen oder kämpfen ist die zweite Möglichkeit, wenn Erstere versagt. Das alles konnte ich damals nicht. Ich hätte ja nicht einfach aus dem Krankenhaus fliehen oder einen Arzt angreifen können. Die Ärzte waren meine Helfer, doch ihre Techniken waren für mich angstauslösende Angriffe gegen alles, was mich ausmachte. Also wählte ich die dritte Reaktionsmöglichkeit, die Erstarrung. Auf die Erstarrung folgt eine Art Lähmung. Bei Reptilien und Säugetieren ist das bekannt. Gesteuert wird dieser Vorgang über das sympathische, adrenalingesteuerte Nervensystem, dem Teil des Nervensystems, den der Mensch nicht willkürlich beeinflussen kann. Levine beschreibt in seinem Buch *Sprache ohne Worte, wie unser Körper Traumata verarbeitet und uns in die innere Balance zurückführt* sechs maßgebliche Reaktionsmuster: erhöhte Wachsamkeit, Überprüfung der Umgebung, Flucht, Kampf, Erstarrung und Zusammenbruch. Zu einem Trauma kommt es immer dann, wenn ein Mensch zutiefst verängstigt ist und an der körperlichen Bewegung gehindert wird oder er sich in der Falle fühlt. Er erstarrt oder bricht zusammen. Mein zu eng gewordener Wollpullover ist das Sinnbild meiner erstarrten Muskulatur, meiner Abwehrhaltung und meines Kampfes, die labberige Luftmatratze ist der Ausdruck des inneren Zusammenbruches. Ich begreife, dass ich in meinem Masterstudiengang der Selbsterkenntnis um diese Tatsache nicht herumkomme, will ich dauerhaft lebendig sein. Den Frieden mit mir selbst, den ich allzu gerne außerhalb von mir oder in tiefster Verbindung mit dem Urgrund des Seins suche, finde ich nur in mir selbst. Das Große zeigt sich im Kleinen. In mir zeigt sich der Urgrund des Seins, zur vollen Entfaltung kommt er aber erst, wenn Ruhe in mir einkehrt und ich diese Erstarrung auflöse. Bei Levine erfahre ich weiter: »Viele traumatisierte Menschen leben in einer Welt mit wenig oder ohne emotionale Unterstützung, was sie noch verletzlicher macht. Nach dem verheerenden Ereignis, Vergewaltigung, einer Operation, Krieg oder Autounfall, neigen sie dazu, sich zu isolieren. Das gilt auch für Menschen, die mit Freunden, Familienangehörigen oder Lebenspartnern zusammenwohnen. So erleben sie keine wirkliche Nähe, und damit fehlt ihnen das heilsame Gefühl von Zusammengehörigkeit, nach dem wir uns alle sehnen und was wir für ein erfülltes Leben brauchen.«

Ich schlucke. Das ist genau der Aspekt, der mir noch fehlt. Meine Sehnsucht nach Stille ist berechtigt, aber leider habe ich mich so weit zurückgezogen, dass ich die Annäherungsversuche und Liebesbeweise meiner Mitmenschen nicht sehen will, dass ich niemanden mehr wirklich an mich heranlasse. Dem Licht vertraue ich mehr als allen, die mich lieben. Ich kann die Fülle der anderen schwer aushalten. Ob das mit Traumatherapie wegzukriegen ist? Ich muss es probieren. Ein Erfolg wäre schon, wenn ich ein wenig öfter und ein wenig mehr die Nähe der anderen ertragen könnte. Die letzten fünfzig Meter meines Gipfelaufstiegs werden noch richtig aufregend.

Die Erstarrung löst sich

Bei einer osteopathischen Behandlung gelange ich durch das zarte Schütteln meiner Beine in einen Zustand, der die geballte Ladung angestauter Erregung in Form von Zittern und Wut heraufbeschwört. Ich zittere am ganzen Körper, wie unter Strom. Nach der Behandlung trampele ich wutstampfend und schimpfend durch das Treppenhaus der Klinik in mein Zimmer. Zitternd vor Erregung habe ich das Potenzial in mir, das gesamte Mobiliar um mich herum zu zerkloppen. Als gut erzogener Mensch haue ich nur auf mein Bett und schreie die dicken Brocken an Wut aus mir heraus. Ich bin wütend auf all die Ärzte, die mich gequält haben. Natürlich haben sie nur ihre Pflicht getan. Trotzdem bin ich wütend und will das hier und jetzt sein dürfen. Die armen Ärzte sind mir egal!

Ich erinnere mich an das U und das E aus der Eurythmie. Mit diesen zwei Buchstaben und den dazu durchgeführten Bewegungen gelingt es mir, mich wieder einzukriegen. Es dauert, ich übe und übe, mache kleine Schritte, wie auf dem schmalen Grat eines Bergrückens. Das ist beachtlich. Der Weg ist das Ziel, das Transportmittel ist heute ein U und ein E. Kann es so einfach sein? Ich fühle eine aufsteigende Ruhe in mir und entdecke so was wie Frieden. Ich staune über meinen Körper und darüber, was er alles auszuhalten in der Lage war und ist. Ein Kunstwerk. In ihm steckt eine solche Regenerationskraft, dass er selbst den absoluten Kahlschlag mit einer Lebendigkeit beantwortet, die fast schon unverschämt ist. Ich fühle einen wohltuenden Stolz auf meine Hülle. Da steht plötzlich meine Detektivin neben mir. Sie lächelt, die Akte »Mehne-Nahtod-Kuriosum« ist prall gefüllt.

»Sind wir jetzt durch?«

Ich könnte ihr eine schmieren, dabei habe ich sie selbst eingestellt.

»Bitte seien Sie weniger respektlos«, fauche ich sie an. »Ich bin hier mit den tiefsten Tiefen meines Seins und allem Seienden befasst und habe keine Lust auf blöde Sprüche.« Sollte sie jemals wieder eine Nahtoderfahrene vertreten, dann wäre es wirklich gut, wenn sie auch das noch kapieren könnte:

»Wissen Sie, was einen am meisten beutelt? Es ist diese verdammte Sehnsucht, da wieder hinzukommen! Schließlich ist es für viele ein Unding, dass sie gerettet wurden. Die edlen Retter sind stolz auf ihre Tat, aber man will doch bitte gerne gefragt werden, ob man überhaupt zurückwill, oder?«

»Nun mal langsam«, kontert sie. »Die machen alle nur ihre Arbeit, jetzt werden Sie mal nicht ungerecht!«

»Ja klar«, gebe ich kess zurück, »aber dazu gehört auch, dass Sie lernen, was eine Nahtoderfahrung ist und wie sie sich auf Menschen auswirkt. Ich bitte Sie, wir leben im 21. Jahrhundert, da ist das nicht zu viel verlangt. Die Retter haben verdammt noch mal auch die Aufgabe, einem die Landung etwas zu erleichtern, finden Sie nicht?«

»Na ja, schon, aber dann hätte ich nichts mehr zu tun. Von diesen kuriosen Fällen, wie Sie einer sind, lebe ich ja schließlich.«

Ich danke ihr für ihre Arbeit und bitte sie, mir die Rechnung zu schicken. Die Akte kann sie von mir aus vernichten. Bevor sie verschwindet, klopft sie mir auf die Schulter und flüstert in mein Ohr: »Durch Ihren Fall habe ich ganz schön viel gelernt. Respekt, Sie haben mich beeindruckt.«

Mitten in der Nacht bin ich knallwach. Ich stehe am offenen Fenster und blicke zu der erleuchteten Burgruine, die von der Klinik aus zu sehen ist, über ihr der Mond. Postkartenkitsch. Ich finde, der Mond lächelt mich an, das geht mir jedes Mal so, wenn ich zum Nachthimmel hochschaue.

Vor den Geburten war immer Vollmond und er lächelte damals schon, als wüsste er mehr als ich. Nicht nur kitschig, nein, auch ziemlich kindisch, aber irgendwie ist das gerade gut. So fällt es mir leichter zu kapieren, dass ich nun nichts mehr dagegen habe, beim Sterben gestört worden zu sein. Auch wenn ich damals, vor fünfzehn Jahren, nur aus Verantwortung für unsere Kinder und meinen Mann der Chemotortur und der Knochenmarktransplantation zugestimmt hatte. Ein Teil von mir war immer dagegen, weil dieser Teil von mir keine Angst vor dem Tod hatte. Für ihn wäre das Sterben letztlich leicht und licht gewesen, hatte er sich für den Abflug doch schon bereit gemacht. Er saß ja gut gepolstert in seinem Kokon. Dieser Teil war zusätzlich in einen kollektiven Sog verstrickt, der sich mit den Toten des Krieges heimlich verbunden fühlte. Als hätte ich durch meinen eigenen Tod irgendetwas ausgleichen können. Ziemlich verrückt!

Jetzt schließe ich Frieden. Frieden verstehe ich als Kunst, in mir das aufzufüllen, was fehlte, und das zu reduzieren, wovon ich zu viel hatte. Frieden mit allem Leid, Frieden mit der Sehnsucht heimzukommen und dem tiefen Wissen, dass die Toten nicht von uns weg, sondern in uns hinein sterben. Meinen Kokon öffne ich und mein Wesenskern dehnt sich aus. Dann verbindet er sich mit meiner Innenhaut. Meine Luftmatratze ist jetzt dicht, mit einem Stoff aus Nanopartikeln, so einer Art Netz aus allen Schwingungsmustern, die es je gab und geben wird und die mich lebendig und gesund halten.

Epilog

Im Oktober 2010 bin ich nach elf Wochen Klinik wieder heimgekehrt. Meine Reise zu mir selbst war eine wichtige Zeit in meinem Leben. Noch einmal in meine Vergangenheit zurückgekehrt zu sein, hilft mir, meine Gegenwart besser zu verstehen und entsprechende Veränderungen einzuleiten. Die wichtigste Erkenntnis ist die, dass ich ein Leben führen muss, in dem ich wenig Stress, viel Stille und trotzdem viel gelebte Liebe brauche, und all das ohne ein schlechtes Gewissen. Die bedeutsamste Beziehung in meinem Leben ist und bleibt die zu meinem Mann. Wir sind die Kraftquelle für uns und unsere Familie. Diese tiefe Verbindung zwischen uns, die nun schon über dreißig Jahre lang gehalten hat, gilt es zu pflegen. Wir benötigen Nähe, aber auch Distanz. Zeiten, in denen jeder sein ureigenes Schwingungsmuster ausleben darf, das sich dann wieder mit dem des anderen vermischt.

Mein Meditationskissen dient mir nur noch ab und an als Sitzmöbel. Ich muss gehen und mich bewegen. Meine Art von Meditation ist das Gehen im Wald. Dort lebe ich bei jedem Schritt das reine Sein. Der Weg ist das Ziel. Gehen erdet mich und das ist weiterhin lebensnotwendig.

Ich entdecke eine Leichtigkeit in mir, die ich als absolutes Novum empfinde. Alles, was ich zu erledigen habe, wiege ich mit Leichtigkeit auf und prüfe, wie viel mir und uns guttut. Ich habe einen riesigen Gefallen an den einfachen Dingen. Ich schäle mit einer neuen Hingabe die Kartoffeln oder summe beim Toilettenputzen vor mich hin. Was ist schon Materie, denke ich oft. Kann sich einer vorstellen, was für ein wunderbares Schwingungsmuster eine Kloschüssel hat? Es ist mir, als läge in jedem kleinen Alltagskram die Vollkommenheit, die Ewigkeit vor und in mir.

Meinen alten Wollpullover habe ich gegen unzählige neue, kuschelig weiche Pullover getauscht. Ich schwelge in unterschiedlichen Farben und prüfe genau, welche Außenumhüllung ich brauche, um mich warm und beschützt zu fühlen. Ich entdecke eine neue Freude an Klamotten und liebe es, mich aufzuhübschen. Mein Körper verdient es, regelmäßig gepflegt und schön verpackt zu werden.

Ich absolviere nun ein medizinisches Muskeltraining. Einmal pro Woche trainiere ich meine Kraft und kann mich dadurch besser spüren. Die wabbeligen Muskeln zeigen langsam feine Konturen, was mich auch daran erinnert, dass ich nun immer öfter eine gut gefüllte Luftmatratze bin. Die langsam anwachsende Muskelkraft trägt erheblich dazu bei, mich wieder wie ein echter Mensch zu fühlen. So fühlt sich Leben an. Das ganze Leben. Ich bin überwältigt, was auch nach Jahren möglich ist, wenn man nur beginnt und dranbleibt. Im Nachhinein empfinde ich großen Respekt für alle meine Patienten, die es mir vorgemacht haben, als ich noch jung und gesund war. Mein chronisches Fatigue-Syndrom habe ich als meinen ständigen Begleiter akzeptiert. Es ist mein Bodyguard. Sobald ich wieder in den Multitasking-Modus zurückfalle oder mir von komplizierten Mitmenschen die Lebensenergie rauben lasse, zeigt er mir die rote Karte und zieht den Stöpsel an der Luftmatratze heraus.

Auf der Literaturliste meiner Bett-Universität steht noch

das Mammutwerk von Gerda Lier: *Das Unsterblichkeitsproblem, Grundannahmen und Voraussetzungen*, Teil 1 und 2, ganze 1433 Seiten. Häppchenweise habe ich darin natürlich schon gelesen und ich bin jedes Mal entzückt über alles, was ein Mensch wissen kann und was ich wohl nie mehr werde wissen können. Dieses Buch ist eine Doktorarbeit im Fach Religionsphilosophie und Theologie und die Autorin prüft fünf zentrale Annahmen, die das Phänomen Unsterblichkeit negieren sollen. Frau Lier zeigt, dass es gute Belege, aber natürlich keine Beweise gibt, die für eine Unabhängigkeit und Trennbarkeit des Bewusstseins vom physischen Körper sprechen. Ich gebe zu, dass ich ab und zu meine Vorlesung schwänze und stattdessen mit meinem Elektrorad durch meinen heiß geliebten Wald fahre, meditierend gehe oder nur einen Moment ohne Tun zelebriere. Immer öfter kommt es vor, dass ich es wieder aushalten kann und echte Freude empfinde, wenn ich umringt bin von meiner Familie und guten Freunden.

Die praktische Abschlussprüfung meines Masterstudienganges in Selbsterkenntnis legte ich mit drei Prüfungen innerhalb von sieben Monaten ab. Das Thema lautet: Wie lässt sich die neu gewonnene Leichtigkeit erhalten, wenn schon wieder das Leid an die Tür klopft?

Im Dezember 2010 durfte ich wie eine Hospizhelferin aus vierzig Kilometern Entfernung meinen Schwiegervater begleiten. Er hatte plötzlich eine Halbseitenlähmung entwickelt. Der Pfleger in seiner Seniorenresidenz hatte den Krankenwagen schon bestellt, bevor er bei uns anrief. Durch viele Gespräche mit dem Schwiegervater wusste ich, dass er großes Heimweh hatte, er sehnte sich nach seiner Frau. Außerdem hatte ich die Vorahnung, dass er noch an diesem Tag gehen würde. Deshalb hatte ich den Mut, mein Veto gegen einen Transport ins Klinikum einzulegen. Zur Sicherheit fragte ich, ob er noch irgendetwas gesagt habe, und erfuhr, dass er in klarem Tonfall darum gebeten habe, man möge ihn in Ruhe lassen und das Licht ausschalten! Ich rief meinen Mann bei der Arbeit an und erreichte die Ärztin meines Schwiegervaters. Wir entschieden gemeinsam, seinem Wunsch Folge zu leisten. Ruhe und Licht aus! Er starb innerhalb von sechs Stunden friedlich und völlig entspannt mit fast 95 Jahren in seinem Bett. Mein Mann übernahm die Totenwache bei ihm und konnte von seinem Vater und seiner Vergangenheit in Ruhe Abschied nehmen.

Vier Monate später, im April 2011, folgte ihm sein Sohn, der Bruder meines Mannes. Er kämpfte zuvor noch drei Monate mit einer Blutvergiftung und lag im künstlichen Koma auf der Intensivstation in sechshundert Kilometer Entfernung von uns. Da er alleine lebte und mein Mann sein einziger leiblicher Verwandter war, fühlten wir uns zuständig für seine Betreuung. Ich lernte mühsam, dass es mir und uns gut gehen darf, auch wenn er leiden muss. Mein Mann und ich sprachen viel miteinander, womit wir uns gegenseitig stärkten. Wir wussten, dass wir das Blatt seines Lebens nicht mehr wenden konnten. Auch nicht, wenn wir ihn ständig besuchten und damit unser eigenes Leben vernachlässigten. Er hatte diesen Weg selbst gewählt, war erst in letzter Minute zum Arzt gegangen und wollte sich vorher trotz aller angebotenen Unterstützung nicht helfen lassen. In stundenlangen Telefonaten regelten wir die notwendigen Schritte angemessen für ihn. Er hatte einen amtlichen Betreuer und ein paar gute Freunde am Ort, die sich für ihn einsetzten.

Zusätzlich haben ihn die Mitarbeiter des dortigen Hospizdienstes liebevoll begleitet. Und mittels meiner Fledermausfähigkeiten konnte ich tatsächlich Kontakt mit meinem Schwager aufnehmen. Unzählige Male haben sich unsere Wesenskerne, das, was unzerstörbar ist, unsere Seelen, verbunden und Schwingungsmuster der höchsten Sorte kreiert. Ich konnte ihm aus der Entfernung nah sein und wusste, dass auch das Leben ist.

Mein Mann und ich reisten dann genau in der Woche zu ihm, als er sich entschied, ins Licht zu gehen. Es war mir sogar möglich, den Geruch der Intensivstation auszuhalten. Mein alter Film tauchte im Nebel in mir auf, aber er war keine direkte Bedrohung für mich. Und ich tat eines noch für ihn. Ich zwängte mich an den Türmen aus Infusomaten und Schläuchen vorbei, um an seinen Kopf zu gelangen. Meine Hände fühlten nach seinem Tor zur Ewigkeit. Ich zentrierte die ganze Kraft des Lichtes in mir und stellte mir vor, ihm dabei zu helfen, sich ganz aus seinem Körper zu befreien. Mit feinen Bewegungen meiner Fingerspitzen unterstütze ich ihn, die letzten Anhaftungen zu lösen. Ich fühlte, dass es nur noch ein feiner Faden war, der ihn hielt. Mein Mann war dann genau in der Stunde bei seinem Bruder, in der sein Herzschlag immer leichter wurde und schließlich verstummte. Es war mir, als hätte mein Mann durch dieses Erleben nun ganz verstanden, was mit mir los ist, als hätte auch er seine Fledermausfähigkeiten entdeckt.

Drei Monate später, im Juli 2011, verabschiedete sich mein Vater. Das kostete mich noch mal alle Kraft, denn zwischen uns wirkte noch etwas Schweres. Er grollte noch immer, dass ich mich zurückgezogen hatte. Doch ich wusste, dass ich etwas getan hatte, was er als junger Mann auch getan hatte. Er war es, der den Kontakt zu seinem Vater abgebrochen hatte. Auch dieses Ereignis wollte er ungeschehen machen, indem er es verschwieg. Aber wir beide hatten die gleiche Intention: Rückzug, um Schutz für die eigene Person zu erwirken. Der Großvater war für mich nicht existent, ich kannte ihn kaum und er fehlte mir genauso wie meine beiden im Krieg verstorbenen Onkel. Ich liebte diesen Großvater unabhängig von allen seltsamen Dingen, die vor meiner Zeit geschehen waren. Nun löste ich in meinem Vater den gleichen Schmerz aus, den er in seinem Vater ausgelöst haben muss. Ich empfand es als seine Aufgabe, diesen Knoten aufzulösen. Ich konnte und durfte die Kohlen für ihn nicht mehr aus dem Feuer holen. Doch es war schwer für mich, meinen Vater leiden zu sehen und seine unerledigte Sache bei ihm zu lassen. Er hatte seinen Kokon im Inneren so fest zugezogen, dass ich es fast nicht aushalten konnte, ihm mit meiner neu errungenen Weichheit gegenüberzutreten. Ich hatte Angst, dass er mich fortspülen oder so stark an meiner Innenhaut reißen könnte, dass die Löcher meiner mühevoll geflickten Luftmatratze erneut undicht werden würden.

Auch hier halfen mir meine Fledermausantennen. Ich wusste, dass er kurz vor dem Tod mit Sicherheit einen Lebensrückblick haben wird, in dem er alles ansehen und spüren wird. Dann wird er mich mit all meinen Eigenschaften und Facetten endlich ganz verstehen. Ich ließ von den Versuchen ab, eine Versöhnung zu erzwingen. Sie wäre nicht möglich gewesen, ohne dass ich mich wieder hätte verbiegen müssen. Das Gesetz meines neu gewonnenen Lebens lautete, mir treu zu bleiben, auch wenn er das nicht mehr verstehen konnte.

Als ich seinen nahenden Tod spürte, traute ich mich, ihn doch noch zu einem Gespräch unter vier Augen einzuladen. Es gibt immer wieder Wunder, dachte ich. Fünf Tage vor seinem Tod saßen wir uns gegenüber und ich musste meinen Kokon wieder schließen. Er bebte vor Angst, ein Pflegefall und entmündigt zu werden. Er bebte vor Zorn, aber der Zorn galt nun nicht mehr mir, sondern ihm selbst und seiner Geschichte. Und er bebte vor Enttäuschung, dass ich mich von ihm abgewendet hatte. Ich hielt seinem Beben stand und fühlte, dass ich keine Möglichkeit hatte, ihn zu erreichen. Ich hielt es einfach aus, so wie es war, und blieb ganz in mir. Mehr an Liebe konnte ich ihm nicht mehr geben, aber ich fand, das war doch viel.

Unser Sohn war es, der dann nach der starken Hirnblutung im Krankenhaus genau in dem Moment bei ihm war, als er den letzten Atemzug machte. Sofort danach rief er mich völlig erregt und erleichtert an und sagte mir: »Mama, du glaubst es nicht, der Opa hat so was von gelächelt.«

Auf der Beerdigung sprach der Pfarrer viel vom Licht. Ich war überrascht. Er tat es vor allem so, als würde er den Begriff »Licht« nicht als Floskel verwenden. Ich konnte es ihm abnehmen, ich spürte, dass er das, was er sagte, auch ganz tief in sich fühlte.

Bei den Besuchen meiner Mutter fließt jetzt immer seltener Strom durch diesen Elektrozaun, der sich zwischen uns aufgespannt hat. Dann steige ich darüber und fühle endlich ihr zartes Wesen, das mit Liebe gefüllt ist und keine Angst vor dem Tod hat.

Vor ein paar Wochen schlich ich mich an einem Nachmittag heimlich in unsere Kirche am Ort. Sie war offen und ich war mir sicher, dass ich für eine kurze Zeit von niemandem entdeckt werden würde. Ich setzte mich in die letzte Reihe und wollte wissen, wie ich mich jetzt dort fühle. Ich spürte eine zarte Regung von Frieden in mir. Und doch liefen mir noch mal die Tränen über die Wangen. Es war ein so mühsamer und schmerzhafter Weg bis hierher. Hab ich es mir selbst so schwer gemacht? War ich vernagelt, verbohrt, verbiestert? Oder waren es die Umstände? Egal, es war, wie es war. Bis hierher war es mein Weg, den ich so gegangen bin und von dem ich jetzt sage: Er war gut. Ich bin dankbar für alles, was ich erfahren durfte.

Als ich wieder klar schauen konnte, traute ich meinen Augen nicht. Dieses Kreuz auf dem Altar hatte ich schon so oft angesehen, aber jetzt war es mir, als sähe ich es zum ersten Mal wirklich. Dieser Jesus dort war aus purem Gold und nur als Form, als menschliche Form abgebildet. Seine Arme hingen nicht schmerzverzerrt zur Seite, nein, sie waren wie ein großes V nach oben gerichtet. Ich sah nur noch Gold, Leichtigkeit und Freude, weil auch am Kreuz zu sterben letztlich ein Gehen ins Licht sein kann. Ich fühlte mich an das Bild erinnert, das ich damals in der Klinik aus mir heraus habe malen können.

Bin ich womöglich doch noch eine Christin? Eine, deren Glauben nun ein inneres Wissen ist? Eine, die ihre Wurzeln und ihre Kultur nicht einfach ablegen kann, auch wenn sie ihren Körper schon mehrmals abgelegt hat? Eine, die mit ihrem Christseinwollen viele Probleme hat und die immer darunter gelitten hat, dass es in der Geschichte des Christentums so viele Widersprüche gibt. Brauche ich die Kirche noch? Braucht mich die Kirche noch?

Ich werde sehen. Eines weiß ich ganz sicher: Verbiegen für irgendetwas, das ich nicht mehr als aufrichtig und stimmig empfinde, werde ich mich nicht mehr. Ich werde mich weiterhin mit der ganzen Kraft meines Herzens dafür einsetzen, andere Menschen zu unterstützen, ihr ureigenes Schwingungsmuster in sich zu entdecken und zu leben.

Lyrische Stenogramme

Nach den gemeinsamen Veranstaltungen mit Pim van Lommel fragen mich die Menschen immer wieder, wo sie meine lyrischen Stenogramme nachlesen können. Diese kurzen Texte entstehen spontan. Ich habe an sie nicht den Anspruch von echter Lyrik. Sie sind in Worte geflossene Gedanken, die keiner Regel unterliegen wollen. Aufgrund der vielfachen Nachfrage gebe ich meine Texte nun für die interessierte Öffentlichkeit frei.

Dem Tode nahe
2004

Die Schichten trennen sich.
Ablösung der Innenhaut,
zart, fein,
schmerzlos, mühelos,
zeitlos.

Schweben,
Unendlichkeit,
großes Glück,
Freiheit über alles.

Baden im Licht,
trinken vom Licht,
ganz Licht.
Licht der Seele,
Licht der Göttlichkeit,
erfüllt von allem.

Seele ist frei
für Neues.
Verstehen ohne Worte,
Ohne Form.

Glückseligkeit.
Schauen ins Paradies,
Gott ganz nah.
Alles in einem.

Wieder im Leben
2004

Außen und innen
sind nicht mehr eins.

Die Stellen der Anheftung
für immer gelöst.

Hauchdünn beieinander,
aber getrennt.

Sog zum Licht
zieht an der Hülle
wie ein Sturm
an der Leine des Bootes,
wie der Wind
am Halm des Grases.

Sehnsucht.
Sie brennt.
Ist Motor für Neues,
für Zartes,
für Liebe, die strahlt.
Ähnlich dem Licht,
die Augen leuchten.

Es war die absolute Liebe
2006

Verlasse den Körper,
die leibliche Hülle,
verschwimmende Erdenform.

Streife ihn ab,
häute mich wie die Schlange,
Ballast fällt von mir.

Mein Selbst löst sich auf,
bin nicht verloren,
trete ins Licht.
bade im Licht, mein Ich
vom Licht durchdrungen.

Das Licht
ist pure Liebe,
pure Liebe, die alles sprengt und
alles verbindet.

Raum- und zeitlos
schwebe ich befreit,
leicht und glücklich.

Familienbande gelöst, sicher fühlend,
sie bleibt, gewandelt, im Lebensfilm.
Abschied nehmend und versöhnt.

Essenz meines Seins völlig losgelöst
von allem, in Bezug zum ganzen Kosmos,
ganz verstehend, ganz wissend.

Ohne Worte, ich, winziger
Teil des großen Ganzen
und gleichzeitig das Ganze selbst.

Mein Credo
2008

Ich glaube an die göttliche Urkraft allen Seins,
aus der Himmel und Erde entstanden sind,

und daran, dass wir Menschen diese Kraft in uns tragen,
ein Teil ihrer sind und stets mit ihr in Verbindung stehen,
auf dass sie uns stärkt und sich in der Liebe offenbart.

Ich glaube an diese göttliche Urkraft,
die hinter allen Religionen
steht und jeder ihren tieferen Sinn schenkt.

Ich glaube, dass alles und jeder von uns dieser Kraft
entstammt
und wir im Tod zurückkehren, um mit ihr zu
verschmelzen.

Sie ist unsere Heimat,
aus der wir kommen und in die
wir zurückkehren.

Amen.

Entkörperung
2009

Die Seele heimgegangen,
abberufen, eingetaucht
in den Urgrund des Seins.

Reumütig zurückgekehrt
in die Festen des Körpers.
Zu früh, frühreif,
was du auch immer treibst.

Komm auf die Füße!
Das Leben spielt hier und jetzt.
Trinke die Liebe und fülle
dich mit dem Licht.

Ich plustere mich auf, dehne
die Hülle in alle Dimensionen,
damit die geweitete Seele
hineinpasst ins irdische Korsett
und endlich bleiben will.
Hier und jetzt.

Verbrennen
2009

Reißende Sehnsucht,
verzehrt mich,
hin zum Licht,
nur Einssein, verschmelzen.

Den Körper, die ewig
zu klein gewordene Hülle
ablegen, frei sein,
heimkommen dürfen, eintauchen
in Frieden, ewiger Frieden,
Vollkommenheit, tiefe
innere Freude, in Liebe sein.
Ganz und gar.

Vorerst der kleine Zipfel,
den ich erhaschen durfte,
damals am Saum der Liebe Gottes.
Ein Hauch des Göttlichen
umstrahlt mich hier und heute.
Neugeboren und alternd
gleichsam, hier und heute.

Zwischenbilanz
2009

Mein Leben ist ein Fest
und jeder Tag mein liebster Gast.

Die Sehnsucht tanzt mit mir
bis spät zur Nacht.

Dort haben wir ein Stelldichein
mit dem vertrauten Tod.

Der lacht und winkt
und schickt mich heim
zu meinem heiß geliebten Sein.

Ich bin und werde
EINSSEIN.

2010

Licht, ich spüre dich,
leise durchdringst du mich.
Öffnest mein Seelentor,
lockst meine Heilung vor.
Fließt in mein Herz hinein,
wandelst der Schmerzen Pein.
Schenkst meiner Hülle Kraft,
bringst mir die Lebensmacht.

Hüllst mich in Frieden ein,
fühl ich mein eigen Sein,
bin ich bei mir daheim.

2010

Neu in den Füßen stehn,
das Sein bis in die Zehen spüren.
Dort und überall quillt die Lebensfreude
und strahlt sonnengleich aus mir.
Lebenskraft ist erwacht,
bindet mein Lieben in die Welt.
Werdend will mein Wesen sich entfalten,
Schöpferkraft soll walten,
Liebe mein Leben gestalten.

Dank

Auf eine Reihenfolge meines ganz persönlichen Dankes möchte ich bewusst verzichten. Jeder war an der Stelle, an der er mir begegnete, wichtig und unerlässlich. Ich danke allen Menschen, die ich in meinem Buch namentlich oder nicht namentlich erwähne aus ganzem Herzen. All jene, die ich nicht erwähnen konnte, die aber mein Leben und meinen mühsamen Weg begleiteten, egal, ob es zu einem Beziehungsabbruch oder zur Vertiefung der Begegnung führte, gilt ebenso meine tiefe Dankbarkeit. Den ein oder anderen Namen habe ich zum Schutz dieser Menschen geändert.

Einem Menschen möchte ich doch persönlich danken. Meiner Lektorin Heike Hermann. Doch für diese Sorte Dank gibt es kein passendes Wort. Es war das Schwingungsmuster, das zwischen uns wirkte und mich befähigte, dieses Buch letztlich fertig zu schreiben. Fünf Anläufe hatte ich Jahre zuvor als unmögliches Wagnis abgebrochen.

Danke sage ich dem Patmos Verlag, dafür, dass er dieses Tabuthema verlegt!

Dezember 2012

Nachwort von Pim van Lommel

Aus dem Englischen übersetzt von Matthias Reiss

Eine Nahtoderfahrung oder eine Erfahrung der Bewusstseinserweiterung während einer lebensbedrohlichen gesundheitlichen Krise führt immer noch zu vielen ungläubigen und kritischen Fragen. Denn innerhalb unserer westlichen Kultur steht diese Erfahrung in konträrem Widerspruch zu den allgemein anerkannten Vorstellungen. Wenn man eine Nahtoderfahrung noch nicht selbst erlebt hat, ist es schwer bis unmöglich, die lebensverändernden Nachwirkungen dieser überwältigenden Erfahrung zu verstehen. Sie ist für die meisten Ärztinnen und Ärzte, Psychologinnen und Psychologen und für die Familienangehörigen und Freunde von Nahtoderfahrenen immer noch ein unfassbares und unbekanntes Phänomen. Denn wie könnte man erklären, dass Menschen klare Erinnerungen an einen Zeitraum haben, in dem sie offensichtlich nicht bei Bewusstsein waren? Oder wie ist es möglich, dass es nach einem Herzstillstand oder einer anderen gesundheitlichen Krise von nur wenigen Minuten Dauer zu permanenten Lebensveränderungen kommt?

Eine Nahtoderfahrung scheint eine unvergessliche Konfrontation mit unbegrenzten Dimensionen in unserem Bewusstsein zu sein. Die zuvor bestehende Weltanschauung verändert sich radikal. Zitat: »Es war ein Gefühl, als wäre ich eine andere Person geworden – doch mit derselben Identität.« In unserer westlichen Welt kann man eine Nahtoderfahrung daher nicht nur als gesundheitliche Krise, sondern auch als psychische oder spirituelle Krise definieren.

In der Vergangenheit ist viel über besondere oder veränderte Bewusstseinszustände geschrieben worden. Doch überraschenderweise haben viele Menschen und viele Praktiker aus dem Gesundheitswesen noch nie etwas von Nahtoderfahrungen gehört und auch nichts von den lebensverändernden Auswirkungen dieser Erfahrung. Man muss sich Folgendes klarmachen: Während eines Herzstillstands, nach dem Stillstand von Kreislauf und Atmung, während eines tiefen Komas mit einem schwer gestörten EEG oder während einer lebensbedrohlichen Krise im Endstadium von Krebs ist es gemäß den heute bei uns verbreiteten medizinischen Vorstellungen nicht möglich, Bewusstsein zu erleben. Und doch berichten Patienten paradoxerweise gerade in dieser Zeit der Bewusstlosigkeit über das Auftreten einer Bewusstseinserweiterung, die in einer Dimension erlebt wird, in der unsere herkömmlichen Begriffe von Zeit und Raum keine Rolle spielen. Kognitive Funktionen, Emotionen und das Wahrnehmen von Selbstidentität bleiben dabei erhalten. Und häufig wird von Erinnerungen aus der frühen Kindheit und Wahrnehmungen aus einer Position außerhalb des leblosen Körpers berichtet. Nach der Veröffentlichung des Buchs *Leben nach dem Tod* von Raymond Moody im Jahr 1975 wurden diese außerordentlichen Bewusstseinserfahrungen als Nahtoderfahrung oder NTE bezeichnet.

Eine solche Nahtoderfahrung lässt sich folgendermaßen definieren: Menschen haben während dieser Erfahrung eine Vielzahl von Eindrücken. Sie befinden sich in einem speziellen Zustand der Bewusstseinserweiterung. Und dazu gehört eine Reihe »universeller« Elemente wie etwa die Erfahrung vom Verlassen des eigenen Körpers, angenehme Gefühle, das Sehen eines Tunnels, eines Lichts oder verstorbener Verwandter, eine Rückschau auf das Leben oder die bewusste Rückkehr in den Körper.

Es werden viele Situationen beschrieben, bei denen über Nahtoderfahrungen berichtet wird, wie etwa Herzstillstand (klinischer Tod), Schock nach Blutverlust (zum Beispiel bei der Geburt eines Kindes), Koma nach einer traumatischen Hirnverletzung oder einem Schlaganfall, Fast-Ertrinken (meistens bei Kindern) oder Asphyxie (Atemstillstand mit nachfolgendem Herz-Kreislauf-Stillstand). Aber auch bei schweren Erkrankungen, die nicht unmittelbar lebensbedrohlich sind, während einer Depression (»existenzielle Krise«), bei Isolation, bei einer Meditation (»Erleuchtungserfahrung« oder »Erfahrung des Einsseins«), bei drohenden Verkehrsunfällen (»Todesfurcht«-Erfahrung), in der Endphase einer tödlichen Krankheit (»Erfahrung vom Ende des Lebens«) oder ohne irgendeinen offensichtlichen Grund. Die Nahtoderfahrung ist transformierend und führt immer zu tief gehenden Veränderungen der Einsicht ins Leben, zu einer erweiterten intuitiven Sensibilität und dem Verlust der Furcht vor dem Tod.

Wegen der verbesserten Überlebenschancen aufgrund moderner Techniken der Wiederbelebung und aufgrund einer besseren Behandlung lebensbedrohlicher Krankheiten kommt es immer häufiger zu Nahtoderfahrungen. Der Inhalt einer Nahtoderfahrung und die Auswirkungen auf Patientinnen und Patienten scheinen auf der ganzen Welt ähnlich zu sein, über die Kulturen und über die Zeiten hinweg. Eine Nahtoderfahrung ist jedoch im Kern subjektiv, und es gibt keinen allgemeinen Bezugsrahmen: Das führt dazu, dass individuelle, kulturelle und religiöse Faktoren die Beschreibung, den dafür verwendeten Wortschatz und die Interpretation dieser eigentlich unbeschreibbaren Erfahrung bestimmen. Aufgrund ihrer eigenen Religion, Kultur und Tradition verwenden die Menschen jeweils andere Begriffe.

Nach einer kürzlich an einer Zufallsstichprobe in Deutschland und den USA durchgeführten Umfrage sollen etwa vier Prozent der Gesamtbevölkerung in der westlichen Welt eine Nahtoderfahrung erlebt haben. Mehr als drei Millionen Menschen in Deutschland, etwa 20 Millionen Menschen in Europa und etwa neun Millionen Menschen in den USA müssen also eine Nahtoderfahrung gehabt haben!

Seit der Publikation mehrerer prospektiver Studien über Nahtoderfahrungen bei Überlebenden eines Herzstillstands, die überraschend ähnliche Ergebnisse lieferten und ähnliche Schlussfolgerungen zuließen, kann dieses Phänomen von der Wissenschaft nicht mehr ignoriert werden. Es handelt sich um eine authentische Erfahrung, die nicht einfach auf freie Fantasie, auf Furcht vor dem Tod, Halluzination, Psychose, Drogenkonsum oder Sauerstoffmangel reduziert werden kann. Und durch eine Nahtoderfahrung bei einem Herzstillstand von nur wenigen Minuten Dauer verändern sich die Menschen dauerhaft und grundlegend. Die heutige materialistische Sicht vom Zusammenhang zwischen dem Gehirn und dem Bewusstsein, an die sich die meisten Ärzte, Philosophen und Psychologen gebunden fühlen, ist für ein angemessenes Verständnis dieses Phänomens zu eng.

Für die Annahme, dass unser Bewusstsein nicht immer von der Funktionsfähigkeit unseres Gehirns abhängig ist, gibt es gute Gründe: Eine Bewusstseinserweiterung kann manchmal als etwas vom Körper Getrenntes erlebt werden. Daher muss man zwangsläufig zu der Schlussfolgerung kommen, dass das Gehirn höchstwahrscheinlich die Funktion hat, das Erlebnis von Wachbewusstsein zu fördern, und nicht, es hervorzubringen. Man sollte sich die Funktion des Gehirns als die eines Sendeempfängers, eines Übermittler-Empfängermoduls oder einer Schnittstelle vorstellen. Wenn wir in der Wissenschaft dafür eintreten, Bewusstsein als ein nichtlokales und daher allgegenwärtiges Phänomen zu verstehen, müssen wir natürlich das rein materialistische Paradigma in der Wissenschaft infrage stellen.

Für die meisten Menschen, die wie Sabine Mehne in einem fortgeschrittenen Stadium von Krebs eine Zeit mit einem solchen besonderen Bewusstseinszustand unabhängig vom physischen Körper erlebt haben, verändert sich anschließend die ganze Weltanschauung. Sie hatte keine Angst mehr vor dem Tod, sie wusste jetzt, was es bedeutet zu sterben, und sie sehnte sich zurück nach diesem Gefühl der letzten Freiheit, der Weisheit und der vorbehaltlosen Liebe, die sie empfunden hatte. Sie wollte wieder frei sein, ohne die Begrenzungen ihres kranken Körpers, aber sie wollte nicht tot sein. Sie fragte sich voller Sorge, ob sie verrückt geworden sei. Ihre stärkere Verbundenheit mit den Gefühlen und Gedanken anderer Menschen und ihre größere Offenheit gegenüber diesen Gefühlen verstand sie nicht. Es war ihr nahezu unmöglich, ihre innere Veränderung zu akzeptieren, und sie war auch nicht in der Lage, mit ihrem Mann, mit der

Familie oder mit Freunden über ihre Erfahrung zu kommunizieren; denn sie konnte ihre Erfahrung und ihre Gefühle nicht in Worte fassen. Bei dem, was mit ihr geschehen war, handelte es sich um eine unbeschreibbare Erfahrung. Sie wollte allein, draußen und in Stille sein; dann spürte sie eine intensive Verbindung zur Natur. Sie sehnte sich jedoch auch danach, wieder »normal« zu sein, von ihrem geliebten Partner akzeptiert und verstanden zu werden. Sie verstand nicht, warum sie seit ihrem besonderen Bewusstseinszustand, den sie während ihres Aufenthalts im Krankenhaus erlebt hatte, so anders geworden war. Sie dachte, sie sei die Einzige auf der Welt, die diese Art von Erfahrung gemacht hatte, und die Einzige, die so anders geworden war.

Sabine Mehne hat einen flüchtigen Blick in eine Dimension, bei der Zeit und Raum keine Rolle spielen, erhaschen dürfen. In dieser Dimension konnte sie Vergangenheit und Zukunft betrachten, fühlte sich vollständig und geheilt und machte Erfahrungen mit unendlicher Weisheit und vorbehaltloser Liebe. Diese Transformationen werden primär durch die Einsicht in Gang gesetzt, dass Liebe und Mitgefühl für die eigene Person, für andere und für die Natur von essenzieller Bedeutung sind. Nach einer Nahtoderfahrung erkennen die Menschen, dass alles und jedes miteinander verbunden ist, dass jeder Gedanke einen Einfluss auf die eigene Person und auf andere hat und dass unser Bewusstsein den physischen Tod überlebt. Diese Erkenntnis, dass alles nicht-lokal miteinander verbunden ist, verändert sowohl wissenschaftliche Theorien über den Zusammenhang zwischen Bewusstsein und Gehirn als auch unser Bild von der Menschheit und der Welt.

Aber Sabine wusste nichts von Nahtoderfahrungen. Erst nach vier Jahren des inneren Kampfes und der Zweifel wurde ihr bewusst, was ihr zugestoßen war. Sie begriff ihre Erfahrung und die Nachwirkungen der veränderten Gefühle und Einsichten dadurch, dass sie eine Fernsehsendung über Nahtoderfahrungen sah. Später war es eine große Hilfe für sie, mit Wissenschaftlern zu sprechen, die imstande waren, ihr gegenüber offen zu sein und ihr zuzuhören, und die akzeptierten, dass ihre Erfahrungen und Gefühle wahr waren. Ausgesprochen hilfreich für sie war auch der Kontakt zu anderen Menschen, die selbst eine Nahtoderfahrung erlebt hatten. Erst während dieses Prozesses der Anerkennung verstand sie, dass sie als achtjähriges Mädchen, als sie fast ertrunken war, eine Nahtoderfahrung gehabt haben musste. Und sie begriff jetzt auch, warum sie deswegen immer anders als andere Kinder gewesen ist; denn sie hatte eine erweiterte intuitive Sensibilität erlebt. Diese Sensibilität löste in ihr als Kind ein intensives Gefühl der Einsamkeit aus.

Auch gab es eine Situation, in der sie das Gefühl hatte, mit dem Bewusstsein ihres Onkels, der im Zweiten Weltkrieg gestorben war, in Kontakt zu sein. In ihrer Familie war dieser Krieg ein großes Tabu und ist es immer noch. Doch diese neue Einsicht, dass sie tatsächlich zwei Nahtoderfahrungen und auch eine sogenannte postmortale Erfahrung (oder Nachtoderfahrung) mit ihrem verstorbenen Onkel gehabt hatte, war nur ein Anfang, um ihre Erfahrungen zu akzeptieren und die intensiven und unvermeidlichen Veränderungen in Bezug auf ihre Sensibilität zu akzeptieren. Sie erkannte, was wirklich wichtig ist im Leben, und sie verlor die Furcht vor dem Tod. Leider war sie noch nicht in der

Lage, ihre Erfahrung in Worte zu fassen, als sie versuchte, etwas darüber mitzuteilen. Sie fand überhaupt kein Verständnis für ihre Erfahrung, sodass sie sich sehr einsam und traurig fühlte. Und sie hatte ein solches Heimweh. Trotzdem bemühte sie sich sehr, sich so normal wie möglich zu verhalten, aber sie schaffte es nicht. Zudem hatte sich ihr Schlafzyklus völlig verändert. Und immer noch verließ sie in schwierigen Situationen oft ihren Körper, was dazu führte, dass sie sich zumindest in diesen Momenten frei, glücklich und ruhig fühlte. Sie vertraute dem Licht mehr als sonst jemandem, der sie liebte. Und daher fürchtete sie manchmal wirklich, dass sie verrückt werden würde.

Ist diese von Sabine Mehne erlebte komplexe Transformation auch bei anderen Patientinnen und Patienten mit einer Nahtoderfahrung verbreitet? Die Antwort auf diese Frage lautet: Ja. In unserer niederländischen Studie mit Überlebenden nach einem Herzstillstand führten wir zwei und acht Jahre nach diesem Ereignis auch eine Langzeituntersuchung mit Interviews der Nahtoderfahrenen durch; zugleich untersuchten wir eine von ihren Merkmalen her vergleichbare Kontrollgruppe von Überlebenden nach einem Herzstillstand, die keine Nahtoderfahrung angaben. Wir wollten wissen, ob die transformationsähnlichen Veränderungen (wie etwa die Einsicht ins Leben, der Verlust der Furcht vor dem Tod und verstärkte intuitive Gefühle, wie sie ausführlich im Buch von Sabine Mehne berichtet werden) nur das Ergebnis der Nahtoderfahrung sind oder ob diese Veränderungen auch durch die lebensbedrohlichen Umstände selbst verursacht sein konnten. In unserer Studie fanden wir einen beachtlichen statistischen Unterschied zwischen Menschen mit und Menschen ohne Nahtoderfahrung; und nur Patientinnen und Patienten mit einer Nahtoderfahrung zeigten diese zuvor erwähnte typische Transformation. Die Nahtoderfahrung stellte sich in der Tat als eine lebensverändernde Erfahrung heraus, wie dies ja auch bei Sabine der Fall war. Das zweite Interview nach acht Jahren zeigte, dass bei Menschen mit einer Nahtoderfahrung insbesondere die Furcht vor dem Tod signifikant abgenommen hatte, während der Glaube an ein Leben nach dem Tod signifikant zugenommen hatte. Die neu gefundene Einsicht bezog sich auf das, was im alltäglichen Leben wichtig ist: Mitgefühl und vorbehaltlose Liebe für sich selbst, für andere und die Natur. Wir fanden heraus, dass sich dies auch auf das Gefühl einer allgemeinen Verbundenheit bezieht: Alles und jedes ist miteinander verbunden. Genau deswegen beschreiben einige Menschen die Nahtoderfahrung als eine Erfahrung der Einheit oder des Einsseins. Bei diesen Personen beobachteten wir ein größeres Interesse an Spiritualität und an Fragen zum Sinn des Lebens, aber auch eine größere Akzeptanz ihrer eigenen Person und ihrer Mitmenschen. Die Gespräche, die wir in unserer Längsschnittstudie führten, brachten auch zutage, dass diese Personen – oft zu ihrer eigenen Überraschung und Verwirrung – nach einer Nahtoderfahrung erweiterte intuitive Gefühle erlernt hatten. Oder sie hatten sich, wie es viele von ihnen ausdrückten, »paranormale Begabungen« angeeignet.

Diese größere Sensibilität für andere beruhte auf der Verbundenheit mit dem nicht-lokalen Bewusstsein, das unabhängig von der Zeit (inneres Wissen über künftige Ereignisse und das Vorhandensein von prognostischen »Träumen«)

und unabhängig von der Entfernung war (wie das Gefühl, etwas über einen eingehenden Telefonanruf und über Schmerzen, Krankheit oder den nahenden Tod von Menschen zu wissen, was sich dann als zutreffend erweist). Das plötzliche Auftreten dieser erweiterten Intuition kann recht problematisch sein. Denn diese Personen haben auf einmal ein plötzlich auftretendes Gefühl für andere, das extrem furchterregend sein kann. So erzählte mir jemand: »Ich konnte noch nicht einmal darüber sprechen, sonst wäre ich in eine Einrichtung für psychisch Kranke überwiesen worden.« Dies war bei Sabine genauso.

Die Tiefe der Erfahrung und vor allem die panoramahafte Rückschau auf das Leben sowie die Begegnung mit dem Licht scheinen zur Intensität und Unabwendbarkeit dieser Veränderungen beizutragen. Die populäre Literatur dazu konzentriert sich gewöhnlich darauf, wie positiv diese Veränderungen im Kern sind. Doch viele Menschen kämpfen damit, ihre neu gefundene Einsicht zu akzeptieren und zu integrieren, insbesondere wenn sie mit negativen Reaktionen bei ihrem Partner (die Scheidungsrate beträgt mehr als 50 %) und bei der Familie, Freunden und Mitarbeitern des Gesundheitswesen konfrontiert sind. Hier spricht man von **inter**personellen Problemen. Aus einleuchtenden Gründen verbinden die meisten Menschen nostalgische Gefühle mit ihrer Nahtoderfahrung. Dies liegt an den unvergesslichen Gefühlen des Friedens, der Akzeptanz und der vorbehaltlosen Liebe, denen sie während der Erfahrung begegnet sind, und am Gefühl, dass sie gezwungen werden, in ihren Körper zurückzukehren. Deshalb ist die Nahtoderfahrung auch ein traumatisches Ereignis, weil man sie zunächst kaum selbst akzeptieren kann. Dies macht den Prozess, die Erfahrung zu bewältigen, so schwierig und schmerzhaft, und er geht mit starken Gefühlen der Depression, des Heimwehs und der Einsamkeit einher, die in der Regel viele Jahre andauern. Hier spricht man von **intra**personellen Problemen. Auch Persönlichkeitsmerkmale, die schon vor der Nahtoderfahrung bestanden, wie etwa ein extravertierter oder introvertierter Charakter oder eine optimistische oder pessimistische Lebenseinstellung, sind bedeutsame Faktoren bei diesem Prozess. Wenn der Umgang mit unerwarteten Situationen immer schon eine Herausforderung war, ist es viel schwerer, mit einer Nahtoderfahrung zurechtzukommen. Auch kulturelle Faktoren spielen eine Rolle: Weil uns wissenschaftliche Studien über die Nahtoderfahrung an die Grenzen unserer gegenwärtigen medizinischen und neurophysiologischen Vorstellungen über die Breite des menschlichen Bewusstseins und des Zusammenhangs zwischen Bewusstsein und Gehirn bringen, widerspricht diese Erfahrung innerhalb der westlichen Kultur den allgemeinen Vorstellungen vollkommen.

Die soziale Unterstützung durch Familie und Freunde ist von entscheidender Bedeutung. Und die skeptische Reaktion der meisten Mitarbeiter im Gesundheitswesen und der Verwandten ist für Nahtoderfahrene eine Quelle extremer Frustration. Ich bin Menschen begegnet, die mehr als fünfzig Jahre nach dem Ereignis nicht in der Lage waren, über ihre Nahtoderfahrung und deren Konsequenzen zu sprechen. Aus Furcht vor Ablehnung hielten sie sie lebenslang geheim. Glücklicherweise war Sabine Mehne nach vielen Jahren des Zweifels, des Ringens und des Durchhaltens in der Lage und bereit, ihre Erfahrung zu akzeptieren und zu integrieren; und sie war imstande, sich selbst von einer »Betroffenen« in eine »Beschenkte« zu transformieren.

Meiner Meinung nach ist eines klar: Zumindest in der westlichen Welt kann eine Nahtoderfahrung als spirituelle Krise mit vielen traumatischen Aspekten definiert werden. Ich bin davon überzeugt, dass eine Nahtoderfahrung eine existenzielle Krise ist, nicht erst nachdem ich dieses eindrucksvolle und wichtige Buch von Sabine Mehne gelesen habe, sondern auch deshalb, weil ich mit vielen Menschen mit einer Nahtoderfahrung gesprochen und viele, viele E-Mails bekommen habe. Die Menschen berichteten mir ihre Schwierigkeiten, ihre Nahtoderfahrungen in ihr alltägliches Leben zu integrieren.

Hier ein Zitat aus einer solchen E-Mail:

»Weder Wörter noch Bilder können zum Ausdruck bringen, was ich erfahren habe. Bei zwei lebensbedrohlichen Ereignissen hatte ich eine Nahtoderfahrung, und diese Erfahrungen waren die realsten, die fesselndsten und die eindrucksvollsten, die ich je in meinem Leben gehabt habe! Ich bin Krankenschwester, bin realistisch, trinke keinen Alkohol und nehme keine Drogen. Ich sollte erwähnen, dass mir drei Patienten in dem Universitätskrankenhaus, in dem ich tätig bin, interessanterweise unaufgefordert von ihrer Nahtoderfahrung erzählt haben. Sie haben mich gebeten, keinem Arzt von ihrer Erfahrung zu berichten. Denn sie hatten Angst, dass sie an einen Psychiater überwiesen würden oder dass man über sie lachen würde. Sie erzählten mir, dass sie das Gefühl hätten, sie würden mich schon seit Langem kennen und ich würde etwas ausstrahlen, das sie an ihre eigene

Erfahrung erinnere. Seit meinen Nahtoderfahrungen bin ich außergewöhnlich sensibel, und ziemlich oft habe ich ein Gefühl für Vorkommnisse, die genau so eintreffen, wie ich es zuvor in gewisser Weise ›gewusst‹ oder ›gesehen‹ habe. Das ist immer ziemlich angsteinflößend für mich. Unglückseligerweise sind diese vorhergesehenen Ereignisse meist recht traurig. So träumte ich einmal vom plötzlichen Tod eines jungen Mannes, und am nächsten Tag bekam ich einen Telefonanruf zu seinem Tod. Ich betrachte mich nicht selbst als Wahrsagerin oder Medium, weil diese Dinge selten und ohne ersichtlichen Grund geschehen. Meine Nahtoderfahrung hat sehr, sehr viel von mir gefordert, und dies trotz der Tatsache, dass es die unbeschreiblichste und schönste Erfahrung war, die wirklich nie die Ausgeburt meines materiellen Gehirns hätte sein können. Ich kann diese Ereignisse niemandem sonst mitteilen, weil man als Krankenschwester auf dem Boden der Tatsachen bleiben und nicht mit einer Debatte über die Grundlage der westlichen medizinischen Wissenschaft aufwarten sollte. Ich liebe meine Familie, und ich werde nie auch nur in Betracht ziehen, sie zu verlassen. Aber trotzdem ist da ein unbeschreibliches Sehnen nach dem Licht, auch weil ich in dem Licht meine verstorbene Mutter und meinen verstorbenen Bruder getroffen habe. Die vorbehaltlose Liebe, die ich dort empfunden habe, lässt sich nur als absolute Vollkommenheit beschreiben. Bitte setzen Sie Ihre wissenschaftliche Forschung zur Nahtoderfahrung fort, weil sie trotz ihrer eindrucksvollen und schönen Aspekte ein Trauma ist. Wegen der Tatsache, dass wir unsere Erfahrung nicht mit unserer modernen materialistischen Weltanschauung erklären können, sind wir als ›Opfer‹ gezwungen, sie geheim zu halten, um zu verhindern, dass man uns für einen Menschen hält, der ein psychiatrisches Problem hat.«

Für Mitarbeiter im Gesundheitssystem und für sterbende Patienten und ihre Familien kann es von großer praktischer Bedeutung sein, etwas über Nahtoderfahrungen zu wissen. Alle Beteiligten sollten die außerordentlichen bewussten Erfahrungen kennen, die sich in einer Zeit des klinischen Todes oder des Komas, bei lebensbedrohlichen gesundheitlichen Krisen, am Totenbett und während des Sterbens oder sogar nach dem Tode abspielen können. Dadurch, dass Patienten und ihre Familien diesen Erfahrungen Rechnung tragen, statt sie zu bewerten, haben sie die Chance, sie in ihr übriges Leben zu integrieren. Denn das ist, wie man bei Sabine Mehne nachlesen kann, ein langer und heftiger Kampf, bei dem Empathie, Verständnis und vorbehaltlose Unterstützung erforderlich sind, damit diese persönlichen Probleme bewältigt werden.

In den Niederlanden untersuchte der Psychologe Igor Corbeau auf der Basis einer vorliegenden und weithin verwendeten Symptomliste, der *Symptomcheckliste SCL-90*, 84 Personen, um herauszufinden, welche psychischen Probleme Menschen nach einer Nahtoderfahrung hatten. Zu den Symptomen bei diesen Menschen gehören interpersonelle Probleme durch die negative Interaktion mit anderen und intrapersonelle Probleme, wie zum Beispiel eine Depression; denn es ist schwierig, die erzwungene Rückkehr ins Leben zu akzeptieren. Verglichen mit der Allgemeinbevölkerung hat die durchschnittliche Person mit einer Nahtoderfahrung bei dieser Checkliste leicht erhöhte Testwerte, doch immer noch merklich geringere als der Durchschnittsklient, der wegen psychischer Probleme an einen Psychologen überwiesen wird, und viel niedrigere als der Durchschnittspatient in der Psychiatrie. Bei der Umfrage fand man keine signifikanten Unterschiede in Bezug auf die Art der Probleme, unter denen Menschen litten, die als Kind eine Nahtoderfahrung durchgemacht hatten, und denjenigen, die sie als Erwachsene erlebt hatten. Der nur leicht erhöhte Testwert auf der *psychopathologischen Symptomcheckliste* könnte darauf hindeuten, dass Menschen mit einer Nahtoderfahrung relativ wenig psychische Probleme haben. Das Gegenteil ist jedoch richtig. Es stellte sich heraus, dass etwa 20 Prozent der Personen mit einer Nahtoderfahrung schwerere psychische Probleme haben als der Durchschnittspatient in der Psychiatrie! Nach einem mittleren Intervall für die Nachuntersuchung von 24 Jahren gab immer noch mehr als die Hälfte der Menschen mit einer Nahtoderfahrung in dieser Studie an, sie hätten das Gefühl oder weiterhin das Gefühl, dass sie Unterstützung bräuchten. Am häufigsten wurden die Dienste eines Hausarztes in Anspruch genommen. Die Beratung durch Psychologen, Psychiater, Allgemeinärzte, Pfarrer und Sozialarbeiter wurde im Allgemeinen als schlecht bis sehr schlecht eingestuft. Viele meinten, die Anbieter normaler Gesundheitsdienstleistungen würden sie nicht ernst nehmen und das Wissen des Therapeuten über die verschiedenen Aspekte einer Nahtoderfahrung sei ausgesprochen gering. Spirituelle Therapien und Transpersonale Psychotherapien scheinen die besten Resultate zu erreichen, aber die Nahtoderfahrenen schätzten auch Selbsthilfegruppen von Menschen, die ebenfalls eine Nahtoderfahrung hatten, beispielsweise bei Organisationen wie dem Netzwerk Nahtoderfahrung, der deutschen Abteilung der IANDS (International Association of Near-Death Studies). Insofern bestätigen wissenschaftliche Untersuchungen die allgemeinen psychischen Probleme; diese werden durch die universelle Transformation hervorgerufen, zu der es immer nach einer Nahtoderfahrung kommt.

In diesem wichtigen Buch von Sabine Mehne können wir Folgendes lesen: Sogar ihre positive Nahtoderfahrung, die sie bei einer lebensbedrohlichen Situation während der Zeit ihrer Krebserkrankung hatte, war ein dramatisches Ereignis. Denn sie fand nicht nur kein Verständnis bei anderen, sondern sie selbst konnte diese Erfahrung zunächst kaum auf irgendeine Weise akzeptieren. Das machte den Prozess, die Erfahrung zu bewältigen, für sie so schwierig und schmerzlich, und es folgten Jahre des Heimwehs, der Traurigkeit und der Einsamkeit. Für mich ist es sehr wichtig, dass dieses Buch geschrieben wurde; und es richtet sich nicht nur an Menschen mit einer Nahtoderfahrung, an ihre Familien und Freunde, sondern auch an Psychologinnen und Psychologen sowie an die Mitarbeiter im Gesundheitssystem. Es wird den meisten von uns die Augen öffnen. Denn wir sind jetzt endlich und zum ersten Mal in der Lage, den lange andauernden und ungeheuren lebensverändernden Einfluss einer Nahtoderfahrung sowie den Zeitaufwand, die Anstrengung und den Energieeinsatz wirklich zu verstehen, die erforderlich sind, um eine solche Erfahrung voll und ganz zu integrieren.

Dieses wundervolle Buch ist der intimste, schutzloseste und offenherzigste Bericht über die Verarbeitung einer Nahtoderfahrung, den ich je gelesen habe. Ich kann es sehr empfehlen. Sabine Mehne beschreibt darin ihren jahrelangen Kampf, die vielen tief greifenden, unvermeidbaren und komplexen Veränderungen, die eine Nahtoderfahrung für das alltägliche Leben bedeutet, zu verstehen und zu akzeptieren.

Vielen Dank für dieses Buch, Sabine. Es ist ein großartiger Beitrag für uns alle, damit wir wirklich verstehen, wie schwierig es ist, eine Nahtoderfahrung zu »überleben«. Dies kann man erreichen, indem man etwas über den Einfluss einer solchen Erfahrung und die damit verbundenen transformationalen Veränderungen liest. Und ich bin mir sicher, dass dieses Buch für alle, die jemals eine Nahtoderfahrung gemacht haben, von großer Hilfe sein wird.

Pim van Lommel, Kardiologe und Nahtodforscher,
Autor des Bestsellers *Endloses Bewusstsein*
Dezember 2012

Literatur

Bode, S.: 2011. Nachkriegskinder – Die 1950er Jahrgänge und ihre Soldatenväter. Stuttgart: Klett-Cotta

Easwaran, E.: 2008. Die Upanischaden. München: Goldmann

Ewald, G.: 1998. Die Physik und das Jenseits – Spurensuche zwischen Philosophie und Naturwissenschaft. Augsburg: Pattloch – www.prof-dr-ewald.de

Frankl, V. E.: 19. Auflage 2000. … trotzdem Ja zum Leben sagen – Ein Psychologe erlebt das Konzentrationslager. München: Kösel, 1977

Fromm, R. u. Kienast, S.: 2009. An der Schwelle zum Jenseits – Nahtod-Erlebnisse aus der Sicht von Wissenschaftlern und Betroffenen, Dokumentationsfilm, DVD educativ, 28 Min. und Home-DVD, 60 Min. Berlin: Matthias-Film gGmbH

Hampe, J. Ch.: 8. Auflage 1980. Sterben ist doch ganz anders. Stuttgart: Kreuz

Leboyer, F.: 2. Auflage 1981. Geburt ohne Gewalt. München: Kösel

Levine P. A.: 2. Auflage 2011. Sprache ohne Worte – Wie unser Körper Trauma verarbeitet und uns in die innere Balance zurückführt. München: Kösel

Kappauf, H. und Gallmeier, W. M.: 2. Auflage 1995. Nach der Diagnose Krebs – Leben ist eine Alternative. Freiburg: Herder

Knoblauch, H.: 1999. Berichte aus dem Jenseits – Mythos und Realität der Nahtod-Erfahrung, Freiburg: Herder

Lier, G.: 2010. Das Unsterblichkeitsproblem – Grundannahmen und Voraussetzungen, Teil 1 und 2. Göttingen: V&R unipress

Lommel van, P. 6. Auflage 2012. Endloses Bewusstsein – Neue medizinische Fakten zur Nahtoderfahrung. Ostfildern: Patmos – http://www.pimvanlommel.nl/?home_deutsch

Moody, R.: 1999. Leben nach dem Tod – Die Erforschung einer unerklärlichen Erfahrung. Reinbeck bei Hamburg: Rowohlt

Wiesenhütter E.: 4. Auflage 1977. Blick nach drüben – Selbsterfahrung im Sterben. Gütersloh: Gütersloher Verlagshaus

Zaleski, C.: 1995. Nah-Toderlebnisse und Jenseitsvisionen. Frankfurt am Main: Insel

Hinweise zum Netzwerk Nahtoderfahrung e. V.:

Die Tagungsbände des Netzwerkes Nahtoderfahrung enthalten unter anderem einige Aufsätze von mir. Sie sind auf der Website des Netzwerkes zu finden.

Wir freuen uns, wenn Sie uns über Ihre Erfahrungen berichten, sei es, um im Gespräch mit uns nach Bedeutung und innerer Bewältigung des Erlebten zu suchen, sei es, dass Sie uns helfen möchten, ein wissenschaftlich fundiertes Wissen über Nahtoderfahrungen und vergleichbare Erlebnisse zu gewinnen, z. B. im Rahmen von Dissertationen. Die Berichte werden archiviert und anonymisiert. Schicken Sie uns einen Brief oder eine E-Mail. Selbstverständlich gehen wir vertraulich mit dem um, was Sie uns berichten. Die gesetzlichen und Ihre persönlichen Auflagen für die weitere Verwendung werden strikt beachtet.

Geschäftsstelle des Netzwerkes Nahtoderfahrung e. V.
Borgheeserweg 90
46446 Emmerich am Rhein
E-Mail: netzwerk-nahtoderfahrung@t-online.de
www.netzwerk-nahtoderfahrung.org